Power-Sprachkurs **GRIECHISCH**

Intensivkurs für Erwachsene - effizient & selbständig lernen
Mit umfangreichem Aussprachetraining und Online-Tests

von
Aristarhos Matsukas

So benutzen Sie dieses Buch

Sie möchten Griechisch **verstehen, sprechen, lesen** und **schreiben** und sprachliche Sicherheit in allen wichtigen Alltagssituationen gewinnen.Der **Power-Sprachkurs GRIECHISCH** führt Sie schnell und sicher in die Sprache ein. Er ist unterhaltsam, motivierend und vermittelt Ihnen ein lebendiges Bild des heutigen Griechisch. Zusätzlich erfahren Sie viel Nützliches und Interessantes rund um Land, Leute und Kultur.

Wie lernen Sie mit dem Power-Sprachkurs?

Jede der zehn Lektionen umfasst vier Doppelseiten, mit denen Sie die Sprache gezielt nach den vier sprachlichen Fertigkeiten erlernen:

- **Ohren spitzen!** — Die erste Doppelseite einer Lektion ist besonders dem **Hörverstehen** in der Fremdsprache gewidmet.
- **Augen auf!** — Auf diesen Seiten trainieren Sie, anhand alltagsnaher Übungen **schriftliches Griechisch** zu verstehen.
- **Stift her!** — Hier üben Sie vor allem, auf Griechisch zu **schreiben**.
- **Mitreden!** — Kleine **Gespräche** auf Griechisch in alltäglichen Situationen sind nun ein Leichtes für Sie.

Wiederholung

Nach den Lektionen 5 und 10 können Sie in einem jeweils vierseitigen **Rückblick** Ihre Kenntnisse überprüfen, Gelerntes auffrischen und gezielt vertiefen.

Prüfen Sie Ihr Wissen mit zusätzlichen Online-Tests

Nach jeder Woche können Sie Ihr Wissen zusätzlich in einem Online-Test überprüfen.

Um zu den Tests zu gelangen, gehen Sie auf

www.pons.de/power

Dort können Sie alle passenden Tests zu Ihrem Buch mit und ohne Anmeldung nutzen. Bitte beachten Sie:
Wenn Sie sich nicht anmelden, kann Ihr Lernstand nicht gespeichert werden.

Wählen Sie die Reihe Power-Sprachkurs und Ihr Buch aus. Sie erhalten eine Übersicht über alle Online-Tests.

Jetzt können Sie den passenden Test auswählen und mit dem Lernen beginnen.

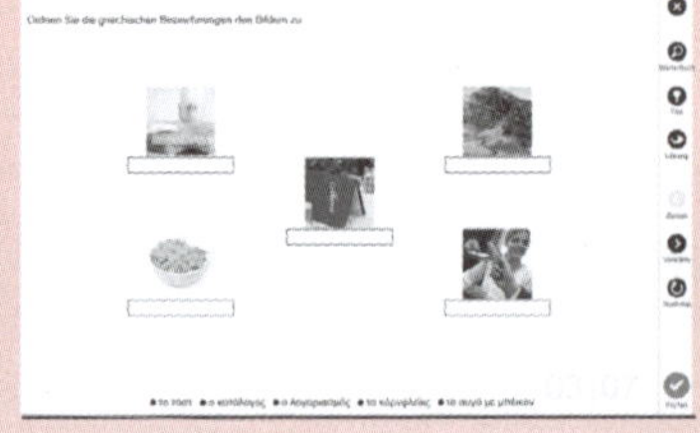

Aussprachetraining

Dieser Kurs enthält ein ausführliches **Aussprachetraining**, das Sie als Audiodateien und PDF in der **Scan2Learn-App** oder zum Download unter **www.pons.de/power-sprachkurs** finden. Geben Sie hier den Code **PGR054** ein. Sie können es vor Beginn des Sprachkurses machen oder auch mit den ersten Lektionen des Kurses beginnen und dann immer wieder zwischendurch einzelne Übungen im Aussprachetraining anhören.

Anhang

- **Lektionswortschatz:** Mithilfe des Lektionswortschatzes können Sie sich lektionsweise den griechischen Wortschatz aneignen. Für alle Wörter finden Sie hier auch die Lautschrift.
- **Lösungen:** Hier finden Sie die Lösungen zu allen Übungen im Kurs.
- **Audiotexte:** Alles, was Sie in der Scan2Learn-App oder im Audiodownload hören, können Sie hier nochmals nachlesen, sofern der Text nicht direkt in der Lektion abgedruckt ist. Hier finden Sie auch eine deutsche Übersetzung zu allen Texten.
- **Grammatik:** In der systematischen Grammatik finden Sie schnell Antworten auf Ihre Grammatikfragen.
- **Wortverzeichnis Griechisch - Deutsch / Deutsch - Griechisch:** Schlagen Sie hier nach, wenn Sie ein griechisches Wort vergessen haben oder wissen möchten, wie ein Wort auf Griechisch heißt.

Folgende **Icons** helfen Ihnen, den Überblick zu behalten:

 Verweis auf die systematische Grammatik

 Hören Sie den zugehörigen Audiotext in der Scan2Learn-App oder im Download

 Nützliche Lern- und Sprachtipps

Wortschatz-Infos

 Kulturtipps und Landeskunde

Alle **Audiotexte** des Kurses sowie das Aussprachetraining mit PDF finden Sie in der **Scan2Learn-App** oder zum Download unter **www.pons.de/power-sprachkurs** (Code: **PGR054**). Wählen Sie jeweils Ihr Buch aus, um an die passenden Materialien zu gelangen. Eine genaue Anleitung zur Scan2Learn-App finden Sie auf der vorderen Klappe des Buches.

Viel Spaß und Erfolg!

Aussprachetraining

Zu diesem Kurs erhalten Sie ein ausführliches Aussprachetraining, das Sie in der **Scan2Learn-App** oder zum Download unter **www.pons.de/power-sprachkurs** (Code: **PGR054**) finden. Scannen Sie in der Scan2Learn-App einfach diese Seite, um zu den Audios und zum PDF zu gelangen.

AUSSPRACHE 1-52

1. EINSTIEG (Tr. 1-4)

2. SCHRITT FÜR SCHRITT - Die griechischen Laute

2.1 DIE VOKALE

- Die Laute a, e, i, o **(Tr. 5-11)**
- Diphtonge: e-, i- und u-Laute **(Tr. 12-14)**

2.2 DIE KONSONANTEN

- Die Laute w, k, l, m, n, x, p, t, f **(Tr. 15-17)**
- Der Laut r **(Tr. 18-19)**
- Betonung **(Tr. 20)**
- Die Laute ch, s, ps, j **(Tr. 21-25)**
- Die stimmhaften und stimmlosen th-Laute **(Tr. 26)**
- Diphtonge: b-, d-, und z-Laut **(Tr. 27)**
- Diphtonge: af/aw-Laut und ef-/ew-Laut **(Tr. 28-29)**
- Die Laute g, ng und tz **(Tr. 30-31)**

3. VOM WORT ZUM SATZ

- Kurze Sätze und Ausdrücke flüssig sprechen **(Tr. 32-40)**
- Längere Sätze flüssig sprechen **(Tr. 41-43)**

4. MEISTERKLASSE

- Die Aussprache der Laute r, j, th, ng **(Tr. 44-47)**
- Die Aussprache des entstehenden j-Lautes **(Tr. 48)**
- Betonung/Falsche Freunde **(Tr. 49)**
- Buchstabieren **(Tr. 50)**
- Griechisch klingen **(Tr. 51)**
- Zungenbrecher **(Tr. 52)**

5. ÜBERBLICK (nur im PDF)

SYSTEMATISCHE GRAMMATIK

Schrifttraining

Lernziele: das griechische Alphabet; Groß- und Kleinschreibung; Aussprache

ΚΑΛΟ ΤΑΞΙΔΙ!

Schrifttraining will Sie auf einen kleinen Ausflug in das griechische Schreibsystem mitnehmen. Auf den nächsten Seiten werden Sie dem griechischen Schreibsystem näherkommen. Sie werden aufgefordert, aktiv teilzunehmen und einige Regeln selbst herauszufinden. Also, seien Sie bereit und segeln Sie mit! Übrigens: **Καλὸ ταξίδι** heißt *Gute Reise!*

TR. 01

WORTSCHATZ

Brauchen Sie Hilfe für die Übersetzung dieser sechs Wörter, oder schaffen Sie es allein?

Für alle Fälle:

ΤΑΞΙ - *Taxi*

ΜΕΤΡΟ - *Metro*

ΤΡΑΜ - *Tram*

ΚΑΦΕΣ - *Kaffee*

ΚΑΚΑΟ - *Kakao*

ΟΥΖΟ - *Ouzo*

SPRACHTIPP

Hier sind die Wörter mit Großbuchstaben geschrieben - zu den Kleinbuchstaben kommen wir später.

1

Sind Sie bereit? Dann lassen Sie uns anfangen! Wussten Sie, dass Sie schon etwas Griechisch können? Wenn Sie es nicht glauben, hören Sie sich die Wörter an, und nummerieren Sie sie in der gehörten Reihenfolge.

___ ΤΑΞΙ

___ ΜΕΤΡΟ

___ ΤΡΑΜ

___ ΚΑΦΕΣ

___ ΚΑΚΑΟ

___ ΟΥΖΟ

TR. 01

2

Hören Sie sich die Wörter noch einmal an und versuchen Sie herauszufinden, welcher griechische Buchstabe für F, R, S und X sowie für K, M, A, und T steht.

F = ___	**R** = ___	**S** = ___	**X** = ___
K = ___	**M** = ___	**A** = ___	**T** = ___

3

Lesen Sie die sechs Wörter laut und schreiben Sie sie anschließend auf.

1. ΤΑΞΙ ______	4. ΚΑΦΕΣ ______
2. ΜΕΤΡΟ ______	5. ΚΑΚΑΟ ______
3. ΤΡΑΜ ______	6. ΟΥΖΟ ______

4

Schauen Sie sich nun das gesamte griechische Alphabet an, die großen und die kleinen Buchstaben. Einige Buchstaben werden Ihnen bestimmt bekannt vorkommen. Markieren Sie die Buchstaben, die in beiden Sprachen gleich aussehen.

☐ Α α ☐	☐ Η η ☐	☐ Ν ν ☐	☐ Τ τ ☐
☐ Β β ☐	☐ Θ θ ☐	☐ Ξ ξ ☐	☐ Υ υ ☐
☐ Γ γ ☐	☐ Ι ι ☐	☐ Ο ο ☐	☐ Φ φ ☐
☐ Δ δ ☐	☐ Κ κ ☐	☐ Π π ☐	☐ Χ χ ☐
☐ Ε ε ☐	☐ Λ λ ☐	☐ Ρ ρ ☐	☐ Ψ ψ ☐
☐ Ζ ζ ☐	☐ Μ μ ☐	☐ Σ σ/ς ☐	☐ Ω ω ☐

LERNTIPP

Der Teil **Ohren spitzen** will Sie damit vertraut machen, Wörter oder einfache Sätze zu hören, zu verstehen und auch darauf zu reagieren. Achten Sie beim Hören auf die Betonung der Wörter sowie auf die Sprachmelodie und versuchen Sie diese beim Nachsprechen möglichst genau nachzuahmen!

5

TR. 02

Hören Sie sich die Namen der Buchstaben an und sprechen Sie sie nach. Achten Sie dabei besonders auf die folgenden Buchstaben und schreiben Sie sie anschließend ab.

SPRACHTIPP

Die Aussprache von einigen Buchstaben ist gar nicht so schwer:

Λ-λ wie [l]
Ξ-ξ wie [x]
Π-π wie [p]
Σ-σ/ς wie [s]
Φ-φ wie [f]
Ψ-ψ wie [ps]
Ω-ω wie [o]

Mit etwas Übung sind solche Schilder nun ein Leichtes für Sie.

6

Schauen Sie sich das griechische Alphabet noch einmal an und beantworten Sie die folgenden Fragen:

1. Wie viele Großbuchstaben gibt es? ____________________

2. Wie viele Kleinbuchstaben gibt es? ____________________

3. Wie viele Konsonanten gibt es insgesamt? ____________________

4. Schreiben Sie nun alle griechischen Konsonanten auf: ____________________

____

Das griechische Alphabet hat 7 Vokale: **Α α, Ε ε, Η η, Ι ι, Ο ο, Υ υ** und **Ω ω.**

Das **Σ** hat zwei Kleinbuchstaben: **σ** und **ς**. Das **σ** wird immer am Anfang oder in der Mitte eines Wortes verwendet, **ς** ausschließlich am Wortende.

LERNTIPP

Schauen Sie sich eine deutsche Tastatur an. Als Lernspiel versuchen Sie zunächst jeden Buchstaben mit dem griechischen Gegenstück zu verbinden. Kreisen Sie dann die Buchstaben ein, die gleich sind!

SPRACHTIPP

Es gibt einige Buchstaben, die im Deutschen und im Griechischen gleich aussehen und gleich ausgesprochen werden: **α, ο** und **Α, Ε, Ι, Κ, Μ, Ν, Ο, Τ, Υ.**

7

Hier sehen Sie eine griechische Computertastatur. Überlegen Sie, wie man die weiteren Kleinbuchstaben schreibt und tragen Sie sie in die leere Tastatur unten ein, sofern es sich um Buchstaben handelt.

;	ς	Ε	Ρ	Τ	Υ	Θ	Ι	Ο	Π
Α	Σ	Δ	Φ	Γ	Η	Ξ	Κ	Λ	¨
	Ζ	Χ	Ψ	Ω	Β	Ν	Μ	,	

8

Schreiben Sie nun die sechs Wörter von Übung 1 mit Kleinbuchstaben. Ein Blick auf die Computertastatur oben kann Ihnen dabei helfen!

1. ΤΑΞΙ ____________ **2.** ΜΕΤΡΟ ____________ **3.** ΤΡΑΜ ____________

4. ΚΑΦΕΣ ____________ **5.** ΚΑΚΑΟ ____________ **6.** ΟΥΖΟ ____________

9

Die Großbuchstaben haben alle die gleiche Größe, die Kleinbuchstaben dagegen haben unterschiedliche Größen. Schreiben Sie nun die Kleinbuchstaben auf und achten Sie dabei besonders auf die unterschiedlichen Größen.

Α	Ε	Η	Ι	Κ	Ν	Β	Δ	Ζ	Θ	Λ	Ξ
___	___	___	___	___	___	___	___	___	___	___	___
Ο	Π	Σ	Τ	Υ	Ω	Γ	Μ	Ρ	Φ	Χ	Ψ
___	___	___	___	___	___	___	___	___	___	___	___

10

Sie hören hier die Namen der zehn größten Städte Griechenlands. Nummerieren Sie diese in der Reihenfolge, in der Sie sie hören.

TR. 03

11

Hören Sie sich die Namen noch einmal an und schreiben Sie die Städtenamen mit Hilfe der Landkarte auf. Die jeweilige ungefähre Einwohnerzahl finden Sie in der Liste unten.

TR. 03

1.	______	5.000.000	**6.**	______	80.000
2.	______	1.100.000	**7.**	______	55.000
3.	______	170.000	**8.**	______	50.000
4.	______	125.000	**9.**	______	50.000
5.	______	120.000	**10.**	______	50.000

12

Schauen Sie sich die Landkarte noch einmal an und schreiben Sie die 10 Städtenamen in alphabetischer Reihenfolge auf!

1. ______ 6. ______
2. ______ 7. ______
3. ______ 8. ______
4. ______ 9. ______
5. ______ 10. ______

13

Überprüfen Sie Ihre Antworten aus Übung 12 mit dem Audiotrack. Können Sie herausfinden, wie die griechischen Vokallaute [a], [e], [i], und [o] geschrieben werden? Beantworten Sie die folgenden Fragen:

Rechtschreibung gibt es auch im Griechischen! Das bedeutet, dass trotz mehrerer alternativer Schreibweisen nur eine immer als richtig gilt.

1. Wie werden I und H in dem Wort ΘΕΣΣΑΛΟΝΙΚΗ ausgesprochen?
   ☐ **A** wie ein [e] ☐ **B** wie ein [i]
2. Wie werden H und EI in dem Wort ΗΡΑΚΛΕΙΟ ausgesprochen?
   ☐ **A** wie ein [e] ☐ **B** wie ein [i]
3. Wie wird O in dem Wort ΡΟΔΟΣ ausgesprochen?
   ☐ **A** wie ein [o] ☐ **B** wie ein [u]
4. Wie wird Ω in dem Wort ΙΩΑΝΝΙΝΑ ausgesprochen?
   ☐ **A** wie ein [o] ☐ **B** wie ein [u]
5. Wie wird A in dem Wort ΠΑΤΡΑ ausgesprochen?
   ☐ **A** wie ein [a] ☐ **B** wie ein [e]

14

Ergänzen Sie jetzt die Tabelle. Beachten Sie, dass die Vokallaute [e], [i] und [o] mehrere alternative Schreibweisen haben.

[a] wird nur mit **1** ___ geschrieben.
[e] wird mit **2** ___ oder **3** ___ geschrieben.
[i] wird mit **4** ___ oder **5** ___ oder **6** ___
oder **7** ___ oder **ΟΙ-οι** und **ΥΙ-υι** geschrieben.
[o] wird mit **8** ___ oder **9** ___ geschrieben.
[u] wird nur mit **10** ___ geschrieben.

15

Hier hören Sie einige neue Wörter, die Sie bestimmt auf Anhieb verstehen. Achten Sie genau auf die Aussprache (sie klingen beinahe wie ihre deutschen Entsprechungen), und schreiben Sie die Wörter unter das jeweilige Bild.

A

B

C

1. ________ 2.  ________ 3. ________

D

E

F

4. ________ 5. ________ 6. ________

TR. 04

WORTSCHATZ

Griechisch ist nicht so schwer! Ergänzen Sie selbst die Wörter oder die Übersetzungen unten.

1. ________
- *Bar*

2. **ΘΕΑΤΡΟ**
- ________

3. ________
- *Taverne*

4. **ΣΤΑΔΙΟ**
- ________

5. ________
- *Kino*

6. **ΣΧΟΛΕΙΟ**
- ________

16

Hören Sie die Wörter noch einmal und unterstreichen Sie die betonte Silbe.

ΘΕΑΤΡΟ • ΣΤΑΔΙΟ • ΣΧΟΛΕΙΟ • ΜΠΑΡ • ΤΑΒΕΡΝΑ • ΣΙΝΕΜΑ

Vergleichen Sie Ihre Antworten nun mit den Wörtern in Kleinbuchstaben und mit Akzent unten. Haben Sie die richtige Silbe unterstrichen?

θέατρο • στάδιο • σχολείο • μπαρ • ταβέρνα • σινεμά

 TR. 04

SPRACHTIPP

Der Akzent zeigt an, dass hier die Wortbetonung liegt. Alle griechischen Wörter mit zwei oder mehr Silben haben einen Akzent. Wörter mit nur einer Silbe tragen prinzipiell keinen Akzent. Wird ein Wort mit Großbuchstaben geschrieben, bekommt es keinen Akzent.

17

Hören Sie die Wörter ein weiteres Mal und beantworten Sie die Fragen:

1. Wie wird das **Δ-δ** ausgesprochen?
   - ☐ **A** wie das th im englischen „theatre"
   - ☐ **B** wie das th im englischen „this"
2. Wie wird das **Ρ-ρ** ausgesprochen?
   - ☐ **A** gerollt
   - ☐ **B** nicht gerollt
3. Wie wird das **Θ-θ** ausgesprochen?
   - ☐ **A** wie das th im englischen „theatre"
   - ☐ **B** wie das Th im deutschen „Theater"
4. Wie wird das **Σ-σ/ς** ausgesprochen?
   - ☐ **A** wie das s in „Maus"
   - ☐ **B** wie das sch in „Schloss"

TR. 04

LERNTIPP
Eine sehr gute Lernmethode ist es, Ihr persönliches Umfeld zu integrieren. Zum Beispiel können Sie die griechischen Namen Ihrer Freunde oder Bekannten auf Karteikarten schreiben.

18

Kennen Sie schon ein paar griechische Namen? Nachfolgend sehen Sie fünf bekannte Frauen- und Männernamen. Versuchen Sie, ihre deutschen Entsprechungen zu finden.

1. Μαρία	___ **A** Christina	**6.** Γιάννης	___ **A** Nikolas
2. Ελένη	___ **B** Johanna	**7.** Γιώργος	___ **B** Dimitris
3. Ιωάννα	___ **C** Maria	**8.** Νικόλαος	___ **C** Johannes
4. Χριστίνα	___ **D** Katharina	**9.** Κωνσταντίνος	___ **D** Konstantin
5. Κατερίνα	___ **E** Helen	**10.** Δημήτρης	___ **E** Georg

Es gibt einige Buchstaben, die im Deutschen und Griechischen zwar gleich aussehen, aber nicht gleich ausgesprochen werden. Diese werden ‚falsche Freunde' genannt. Lassen Sie sich von diesen Buchstaben nicht verwirren!
Bei den Vornamen oben waren folgende ‚falsche Freunde' dabei: **χ, ρ, ν.**

Hier nun eine Liste aller ‚falschen Freunde' und ihrer Aussprache:

Die Großbuchstaben sind: **Β, Ζ, Η, Ρ,** und **Χ. Β** wird wie [w] ausgesprochen, **Ζ** wie [s] (immer stimmhaft), **Η** wie [i], **Ρ** wie [r], **Χ** wie [h] oder [ch].

Die Kleinbuchstaben sind: **β, ν, ρ** und **υ**:
β wie [w], **ν** wie [n], **ρ** wie [r], **υ** wie [i].

19

TR. 05

Es folgen einige Wörter aus den Bereichen Sport, Musik, Schule und Gastronomie. Hören Sie sich die Wörter zunächst an und nummerieren Sie sie in der gehörten Reihenfolge. Hören Sie dann noch einmal und sprechen Sie nach.

ΣΠΟΡ	ΜΟΥΣΙΚΗ	ΣΧΟΛΕΙΟ	ΤΑΒΕΡΝΑ
___ **A** γκολφ	___ **D** τζαζ	___ **G** φυσική	___ **J** σπαγγέτι
___ **B** μπάσκετ	___ **E** ροκ	___ **H** χημεία	___ **K** κέτσαπ
___ **C** σκι	___ **F** ντίσκο	___ **I** ψυχολογία	___ **L** τζατζίκι

20

Hier nun die deutsche Übersetzung der Wörter aus Übung 19. Wiederholen Sie die griechischen Wörter noch einmal und schreiben Sie sie auf.

Sport	Musik	Schule	Taverne
Golf ___	*Jazz* ___	*Physik* ___	*Spaghetti* ___
Basketball ___	*Rock* ___	*Chemie* ___	*Ketchup* ___
Ski ___	*Disko* ___	*Psychologie* ___	*Tzatziki* ___

21

Hören Sie die Wörter nun noch einmal an und lesen Sie gleichzeitig mit. Können Sie einige Aussprachereglen herausfinden?

TR. 05

1. Wie wird das **γκ** ausgesprochen?
   ☐ **A** wie ein [g] ☐ **B** wie ein [j]
2. Wie wird das **μπ** ausgesprochen?
   ☐ **A** wie ein [b] ☐ **B** wie ein [p]
3. Wie wird das **τζ** ausgesprochen?
   ☐ **A** wie ein [dz] ☐ **B** wie ein [z]
4. Wie wird das **γγ** ausgesprochen?
   ☐ **A** wie ein [g] ☐ **B** wie ein [j]
5. Wie wird das **ντ** ausgesprochen?
   ☐ **A** wie ein [d] ☐ **B** wie ein [t]
6. Wie wird das **τσ** ausgesprochen?
   ☐ **A** wie ein [z] ☐ **B** wie ein [dz]

22

Wie sehen deutsche Namen auf Griechisch aus? Ordnen Sie in der Tabelle unten die deutschen Namen ihren griechischen Pendants zu und finden Sie dabei gleichzeitig einige Rechtschreibregeln heraus.

1. Claudia **2.** Dagmar **3.** Bettina **4.** Gabi
5. Jochen **6.** Bernd **7.** Gerd **8.** Uli

___ **A** Μπερντ	___ **B** Γκάμπι	___ **C** Κλάουντια	___ **D** Ούλι
___ **E** Γκερντ	___ **F** Ντάγκμαρ	___ **G** Γιόχεν	___ **H** Μπεττίνα

Welche zwei griechischen Buchstaben braucht man für:

[b] ________ , [d] ________ , [g] ________ , [z] ________ ?

Welche einzelnen griechischen Buchstaben braucht man für:

[ch] ________ , [ck] ________ , [ph] ________ , [ps] ________ ?

23

Und nun die letzte Übung für die erste Lektion. Fühlen Sie sich schon fit genug, für die folgenden Bereiche ein oder zwei griechische Wörter aufzuschreiben? Nur Mut!

1 **ΤΑΞΙΔΙ**
____
____

2 **ΤΑΒΕΡΝΑ**
____
____

3 **ΣΠΟΡ**
____
____

4 **ΣΧΟΛΕΙΟ**
____
____

5 **ΜΠΑΡ**
____
____

LERNTIPP

Das war Ihr erster Blick auf das griechische Alphabet! Sie brauchen Zeit und viel Geduld, um sich mit diesem neuen Alphabet vertraut zu machen. Wir empfehlen Ihnen daher, die Lektion „Schrifttraining" noch öfter zu besuchen und zu wiederholen!

Καλό ταξίδι weiterhin!

Hallo!

Lernziele: Begrüßungen, Vorstellungen, und Verabschiedungen; nach dem Befinden fragen

 TR. 06

 WORTSCHATZ

Καλημέρα! - *Guten Morgen!*

Γεια! - *Hallo/Tschüß!*

Γεια σου! - *Hallo (Du-Form)*

Γεια χαρά! - *Hallo/Tschüß!*

Χαίρετε! - *Ich grüße Sie! Auf Wiedersehen!*

Τα λέμε! - *Bis bald!*

Καλησπέρα! - *Guten Abend! (nach 14 Uhr)*

Καληνύχτα! - *Gute Nacht!*

1

Hören Sie, wie man sich auf Griechisch begrüßen und voneinander verabschieden kann. Kreuzen Sie die Wörter an, die Sie schon kennen. Hören Sie dann noch einmal zu und sprechen Sie nach.

☐ Καλημέρα!

☐ Γεια!

☐ Γεια σου!

☐ Γεια χαρά!

☐ Χαίρετε!

☐ Τα λέμε!

☐ Καλησπέρα!

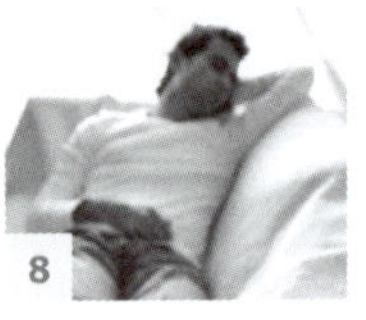

☐ Καληνύχτα!

 TR. 07

2

Im Folgenden hören Sie drei kurze Gespräche. Ordnen Sie jeden Dialog dem passenden Bild zu.

Dialog ☐ 1 ☐ 2 ☐ 3

Dialog ☐ 1 ☐ 2 ☐ 3

Dialog ☐ 1 ☐ 2 ☐ 3

 KULTURTIPP

In Griechenland ist der Händedruck als Begrüßung lediglich beim ersten Kennenlernen oder bei geschäftlichen Treffen üblich. Freunde und Verwandte begrüßen sich eher mit einer Umarmung, oft auch mit einem Kuss links und rechts. Auch gleichgeschlechtliche Personen küssen sich. Erwachsene küssen Kinder meistens zur Begrüßung.

3

Hören Sie die Dialoge nun noch einmal an. Können Sie heraushören, welche Personen in welchem Dialog vorkommen? Welcher Gruß wird verwendet? Kreuzen Sie den Dialog unten an.

Name	Ελένη	Dialog ☐ 1 ☐ 2 ☐ 3
	Άννα	Dialog ☐ 1 ☐ 2 ☐ 3
	Νικολάου	Dialog ☐ 1 ☐ 2 ☐ 3
	Μαρία	Dialog ☐ 1 ☐ 2 ☐ 3
Ausdruck	Γεια σου!	Dialog ☐ 1 ☐ 2 ☐ 3
	Τα λέμε!	Dialog ☐ 1 ☐ 2 ☐ 3
	Γεια χαρά!	Dialog ☐ 1 ☐ 2 ☐ 3
	Χαίρετε!	Dialog ☐ 1 ☐ 2 ☐ 3

4

Hier sehen Sie die drei Gespräche ausgeschrieben. Hören Sie noch einmal zu und lesen Sie gleichzeitig mit. Beantworten Sie anschließend die folgenden Fragen.

Dialog 1	Dialog 2	Dialog 3
• Γεια σου Νίκο. • Γεια χαρά Άννα. Τι κάνεις; • Καλά, εσύ;	• Χαίρετε κύριε Νικολάου. • Καλημέρα κυρία Καψή. Τι κάνετε; • Πολύ καλά, εσείς;	• Ελένη, γεια! • Γεια σου Μαρία. Τα λέμε! • Ναι, τα λέμε.

1. Wie sehen diese Satzzeichen im Griechischen aus? **. , !** ______
2. Wie sieht das Fragezeichen im Griechischen aus? ______
3. Wie antwortet man auf die Frage **Τι κάνεις;**

______

4. Was ist der Unterschied zwischen **Τι κάνεις;** und **Τι κάνετε;**?

______

ABC WORTSCHATZ

Τι κάνεις; – *Wie geht es dir?*
καλά – *gut*
εσύ – *(und) dir*
κύριε – *Herr (Anrede)*
η κυρία – *Frau*
Τι κάνετε; – *Wie geht es Ihnen?*
πολύ – *sehr*
εσείς – *(und) Ihnen*
ναι – *ja*

5

TR. 08

Νίκος (Niko), Άννα (Anna), Ελένη (Helen) und Μαρία (Maria) stellen sich vor. Können Sie erraten, welche Ausdrücke formell (f) und welche informell (i) sind? Schreiben Sie (f) oder (i) in die Kästchen.

1. Γεια σας, είμαι ο Νίκος. ☐
2. Γεια χαρά. Με λένε Άννα. ☐
3. Χαίρετε! Με λένε Ελένη. ☐
4. Γεια. Είμαι η Μαρία. ☐

6

Bestimmt haben Sie schon bemerkt, wie oft das Wort ‚**γεια**' auftaucht, als **γεια, γεια σου** und **γεια σας**. Dieses Wort ist vielleicht das häufigste Wort im griechischen Alltag. Neben der Bedeutung *Hallo* und *Tschüss* gibt es noch weitere Verwendungen. Überlegen Sie, welche der folgenden Aussagen richtig sein könnten und kreuzen Sie die korrekten Aussagen an.

1. **Γεια, Γεια σου** oder **Γεια σας** bedeutet *Gesundheit!*, wenn jemand niest. ☐
2. **Γεια, Γεια σου** oder **Γεια σας** bedeutet *Prost!* oder *Zum Wohl!*. ☐
3. **Γεια σας** ist nicht nur die Höflichkeitsform für eine Person, sondern auch die Pluralform für viele Personen. ☐

ABC WORTSCHATZ

είμαι – *ich bin* (1. P. Sg.)
η/ο – *die/der*
με λένε – *ich heiße* (1. P. Sg.)

SPRACHTIPP

Griechen sprechen sich meist schon bei der ersten Begegnung mit dem Vornamen an. Nur in formellen Situationen stellt man sich mit Vor- und Nachnamen vor.

SPRACHTIPP

Um sich selbst vorzustellen, benutzt man den Ausdruck **Με λένε** + den Namen oder **Είμαι** + Artikel (ο/η) + den Namen. Der bestimmte Artikel (ο/η) steht im Griechischen immer vor dem Namen, wenn dieser mit **είμαι** beginnt.

Beginnt der Satz dagegen mit **Με λένε**, fällt der Artikel weg.

Um andere Leute vorzustellen, benutzt man den Ausdruck **Από εδώ** + Artikel (ο/η) + den Namen.

7

Beantworten Sie folgende Fragen. Es können mehrere Antworten richtig sein.

1. Wie begrüßt man sich auf Griechisch?
- ☐ **A** Καλημέρα!
- ☐ **B** Καληνύχτα!
- ☐ **C** Γεια χαρά!
- ☐ **D** Τα λέμε!

2. Wie verabschiedet man sich?
- ☐ **A** Χαίρετε!
- ☐ **B** Γεια σου!
- ☐ **C** Καλησπέρα!
- ☐ **D** Καληνύχτα!

3. Wie fragt man als erster jemanden nach dem Befinden?
- ☐ **A** Τι κάνεις;
- ☐ **B** Καλά, εσύ;
- ☐ **C** Τι κάνετε;
- ☐ **D** Πολύ καλά, εσείς;

4. Wie stellt man sich vor?
- ☐ **A** Γεια σας, είμαι ο/η ...
- ☐ **B** Χαίρετε! Είμαι ο/η ...
- ☐ **C** Καλημέρα. Με λένε ...
- ☐ **D** Είμαι ο κύριος/η κυρία ...

8

Γιώργος (Georg) stellt Κατερίνα (Katharina) seinem Bekannten Γιάννης (Johannes) vor. Lesen Sie den Dialog und unterstreichen Sie die griechischen Ausdrücke für *Das ist...* und *Angenehm!*.

Γιώργος	Γεια σου Γιάννη. Τι κάνεις;
Γιάννης	Έτσι κι έτσι! Εσύ πώς είσαι;
Γιώργος	Καλά είμαι. Γιάννη, από εδώ η Κατερίνα.
Γιάννης	Γεια σου Κατερίνα. Χαίρω πολύ!
Κατερίνα	Κι εγώ!
Γιάννης	Τι κάνεις; Είσαι καλά;
Κατερίνα	Είμαι έτσι κι έτσι.

WORTSCHATZ

από - *von/aus*
εδώ - *hier*
από εδώ - *das ist ...*
έτσι - *so*
έτσι κι έτσι - *so lala!*
Πώς είσαι; - *Wie geht es dir?*
κι - *und/auch*
χαίρω πολύ! - *(sehr) angenehm!*

9

Lesen Sie den Dialog noch einmal und beantworten Sie dann die Fragen. Die Wortschatzliste links hilft Ihnen, aber versuchen Sie es doch zunächst ohne!

1. Έτσι κι έτσι bedeutet:	☐ **A** *geht so*	☐ **B** *sehr gut*
2. Εγώ / Εσύ bedeuten:	☐ **A** *Ich - Du*	☐ **B** *Ich - Sie*
3. Από εδώ... braucht den Namen:	☐ **A** mit Artikel	☐ **B** ohne Artikel
4. Χαίρω πολύ! bedeutet wörtlich:	☐ **A** *angenehm*	☐ **B** *sehr angenehm*

§ 5

Man unterscheidet im Griechischen wie im Deutschen drei **Genera** *(Geschlechter)*: **Maskulinum** *(männlich)*, **Femininum** *(weiblich)* und **Neutrum** *(sächlich)*.

Welches Geschlecht ein Substantiv hat, lässt sich oft an der Endung erkennen. Eigennamen wie z. B. Vornamen, welche auch Substantive sind, haben oft die Endung **-ας**, **-ης** oder **-ος** für Männernamen und **-α** oder **-η** für Frauennamen.

10

In Übung 4 haben Sie kennengelernt: **εσύ** - *du* und **εσεις** - *Sie*. In Übung 8 kam hinzu: **εγώ** - *ich*. Hier folgen nun alle griechischen Personalpronomen. Vervollständigen Sie die Tabelle und unterstreichen Sie, was Ihnen auffällt.

1	______	- *ich*		**εμεις**	- *wir*
2	______	- *du*	3	______	- *ihr/Sie*
	αυτός	- *er*		**αυτοί**	- *sie* (m/m+f)
	αυτή	- *sie*		**αυτές**	- *sie* (f)
	αυτό	- *es*		**αυτά**	- *sie* (n)

SPRACHTIPP

Haben Sie bemerkt, dass **εσεις** nicht nur für die Höflichkeitsform *Sie*, sondern auch für die Pluralform *ihr* steht? Und es gibt drei verschiedene Pluralformen für *sie*, eine für jedes Geschlecht!

11

TR. 09

Hören Sie jetzt die griechischen Personalpronomen. Sprechen Sie sie nach und achten Sie dabei besonders auf die unbetonte Vokalkombination **αυ** und auf die anderen Doppelvokale! Beantworten Sie anschließend die Fragen.

1. Wie wird **αυ** hier ausgesprochen? ☐ **A** [af] ☐ **B** [aw]
2. Wie werden **ει** und **οι** ausgesprochen? ☐ **A** [e] ☐ **B** [i]
3. Wie werden **υ** und **η** ausgesprochen? ☐ **A** [e] ☐ **B** [i]

12

Können Sie den Sätzen auf der linken Seite die richtigen Antworten der rechten Seite zuordnen? Die korrekten Antworten ergeben einen kurzen Dialog, in dem Παύλος (Pavlos) Ιωάννα (Joanna) kennenlernt. Lesen Sie den Dialog laut vor.

1. Καλημέρα!	____ **A** Γεια σου. Χαίρω πολύ.
2. Εσύ είσαι ο Παύλος;	____ **B** Τι κάνεις;
3. Εγώ είμαι η Ιωάννα!	____ **C** Γεια χαρά!
4. Κι εγώ χαίρω πολύ!	____ **D** Ναι εγώ είμαι. Εσύ;
5. Καλά είμαι. Εσύ, πώς είσαι;	____ **E** Κι εγώ καλά είμαι.

SPRACHTIPP

Die griechischen Personalpronomen werden im Gegensatz zum Deutschen gewöhnlich im Zusammenhang mit Verben weggelassen. Ausnahme: Man möchte die Person ausdrücklich betonen, oder das Weglassen würde zu Missverständnissen führen.

13

Lesen Sie den Dialog noch einmal und antworten Sie schriftlich.

1. Es gibt zwei Alternativen für die Frage *Wie geht's (dir)?*. Wie lauten sie?

   ____

2. Wie antworten Pavlos und Joanna auf die Frage: *Wie geht's (dir)?*

   ____

3. Wie antwortet man, wenn man den Ausdruck *Angenehm!* hört?

   ____

TR. 10

14

Sie hören nun das Gespräch von Pavlos und Ioanna aus Übung 12. Üben Sie das Schreiben einiger griechischer Wörter. Überprüfen Sie Ihre Antworten aus Übung 12 und ergänzen Sie den folgenden Text.

- Καλημέρα!
- Γεια ______ 1 !
- Εσύ είσαι ο Παύλος;
- ______ 2 εγώ είμαι. Εσύ;
- Εγώ είμαι η Ιωάννα.
- Γεια σου. Χαίρω πολύ!
- ______ 3 εγώ χαίρω πολύ!
- ______ 4 κάνεις;
- ______ 5 είμαι. Εσύ ______ 6 είσαι;
- Κι εγώ είμαι καλά.

LERNTIPP
Ordnen Sie neue Wörter in thematischen Einheiten: Fragewörter z. B. **τι – πώς**, oder Pronomen: z. B. **εγώ – εσύ**, oder Begrüßungswörter: z. B. **καλημέρα – καλησπέρα.** So fällt es Ihnen leichter, sich an diese zu erinnern und die Wörter bleiben im Kopf!

15

Versuchen Sie hier, die sechs Wörter aus Übung 14 mit Großbuchstaben zu schreiben. Ein Blick auf das Alphabet auf Seite 9 hilft Ihnen!

1. __ __ 2. __ __ 3. __ __ __ 4. __ __ __ 5. __ __ __ __ 6. __ __ __ __

10

Verbformen: Infinitiv = 1. Person Singular, Präsens
Im Gegensatz zum Deutschen gibt es im Griechischen keinen Unterschied zwischen dem Infinitiv (z. B. *sein*) und der ersten Person Singular im Präsens (z. B. *ich bin*). Diese beiden Verbformen sind im Griechischen immer gleich! Das heißt, **είμαι** finden Sie einerseits im Lexikon als Übersetzung von *sein* und auch *ich bin,* wie im Dialog oben.

TR. 11

16

Sind Sie bereit? Dann hören Sie nun, wie das Verb **είμαι** - *sein* im Präsens konjugiert wird. Ergänzen Sie dann die fehlenden Formen oder Übersetzungen.

1. ______	*ich bin*	**4. είμαστε**	______
2. ______	*du bist*	**5. είστε**	*Sie sind/* ______
3. ______	*er/sie/es ist*	**6. είναι**	______

Fragesätze unterscheiden sich im Griechischen oft nicht durch ihre Wortstellung von einem Aussagesatz. Daher ist die Satzmelodie sehr wichtig, denn nur daran erkennt man den Unterschied zwischen Aussage- und Fragesätzen.

17

TR. 12

In den folgenden Kurzdialogen erfahren Sie, wie man jemanden ansprechen kann. Die Personalpronomen können wie erwähnt weggelassen werden. Sie hören die Kurzdialoge daher ohne Personalpronomen. Versuchen Sie, die fehlenden Pronomen zu finden. Tragen Sie diese in die folgende Tabelle ein.

Dialog 1	Dialog 2	Dialog 3
• Συγνώμη, είστε η κυρία Πετρίδη; • Ναι, είμαι. Είστε η κυρία Αποστόλου; • Μάλιστα!	• Γεια σου. Είσαι ο Πέτρος; • Όχι. Είμαι ο Νίκος. Ο κύριος εδώ είναι ο Πέτρος. • Ευχαριστώ πολύ!	• Είναι η Βασιλική και η Γεωργία εδώ; • Είναι η Κωνσταντίνα. • Είμαστε εδώ ...
1. ______ είστε 2. ______ είμαι 3. ______ είστε	4. ______ είσαι 5. ______ είμαι 6. ______ είναι	7. ______ είναι 8. ______ είναι 9. ______ είμαστε

18

TR. 12

Hören Sie die Kurzdialoge noch einmal und beantworten Sie die Fragen. Was sagen Sie, wenn Sie ...

1. ... jemanden auf sich aufmerksam machen möchten? ______
2. ... etwas annehmen oder ablehnen möchten? ______
3. ... sich bei jemandem bedanken möchten? ______
4. ... fragen möchten: *Ist Herr Andreadis hier?* ______

19

TR. 13

Im Kasten unten finden Sie einige Antworten auf die Fragen **Πώς είσαι;** bzw. **Πώς είστε;** oder **Τι κάνεις;** bzw. **Τι κάνετε;**. Ordnen Sie die Wörter den deutschen Übersetzungen zu. Überprüfen Sie Ihre Antworten mit dem Audiotrack.

Άσχημα | Έτσι κι έτσι | Μια χαρά | Πολύ καλά | Χάλια

1. ______ *Sehr gut!*
2. ______ *Gut* (eher: *sehr gut*).
3. ______ *Es geht so.*
4. ______ *Schlecht.*
5. ______ *Sehr schlecht!*

20

Sie hören nun ein Gespräch zwischen **Σταύρος** (Stavros) und **Παύλος** (Pavlos). Hören Sie zunächst den Dialog und ergänzen Sie die Wörter unten. Hören Sie dann nur den Text von Stavros und sprechen die Sätze von Pavlos.

Σταύρος : Καλημέρα. Εγώ είμαι ο Σταύρος.
Παύλος : Πώς; Πώς ______ **1** λένε;
Σταύρος : ______ **2** λένε Σταύρο. Κι από 'δω είναι ο Σάββας.
Παύλος : Τι; Σιγά – σιγά! Πώς τον λένε;
Σταύρος : ______ **3** λένε Σάββα.
Παύλος : Α! Σάββα. Γεια ______ **4** Σάββα.

Τον
σε
Με
σου

Die Vokalkombination **αυ** wird immer wie [af] in Afrika ausgesprochen, wenn danach die Buchstaben **θ, κ, π, τ, φ** und **χ** folgen, z. B. **αυτός**. Sie wird immer wie [aw], [av] in Lawine oder Lava ausgesprochen, wenn die Buchstaben **β, γ, δ, ζ, λ, μ, ν, ρ** oder ein Vokal folgt, z. B. **Σταύρος** oder **Παύλος**! Vgl. auch § 2 im Anhang.

21

Jetzt fällt es Ihnen sicher nicht mehr schwer, die folgenden Situationen zu meistern.

Was sagen Sie, wenn Sie ...

1. ... jemanden nach seinem Namen fragen? ______
2. ... jemanden vorstellen möchten? ______
3. ... sich selbst vorstellen? ______
4. ... etwas verstanden haben? ______
5. ... etwas nicht verstehen? ______

9

SPRACHTIPP

Machen Sie sich keine Sorgen über die vielen Formen. Üben Sie zuerst die allerwichtigsten, und zwar: **Πώς σε λένε;** und **Με λένε ...**

Als Pavlos und Stavros sich in Übung 20 vorstellen, sagen sie übersetzt nicht wörtlich *Wie heißt du?* und *Ich heiße*, sondern: *Wie nennt man dich?* und *Mich nennt man ...* . Im Griechischen werden hier Personalpronomen im Akkusativ verwendet.
Im Folgenden finden Sie die griechischen Personalpronomen im Akkusativ.
Die starken Formen werden im Griechischen oft weggelassen und nur zur speziellen Betonung verwendet. Die Bedeutung bleibt gleich: **(Εμένα) με λένε Τασία. (Εσένα) πώς σε λένε;**

stark	schwach		stark	schwach	
εμένα	**με**	*mich*	**εμάς**	**μας**	*uns*
εσένα	**σε**	*dich*	**εσάς**	**σας**	*euch / Ihnen*
αυτό(ν)	**τον**	*ihn*	**αυτούς**	**τους**	*sie (m)*
αυτή(ν)	**τη(ν)**	*sie*	**αυτές**	**τις / τες**	*sie (f)*
αυτό	**το**	*es*	**αυτά**	**τα**	*sie (n)*

22

Sehen Sie sich die Bilder an und hören Sie die Fragen. Ordnen Sie die Fragen den Bildern zu. Nicht alle Fragen aus dem Kasten werden benötigt!

TR. 15

Πώς την λένε; Πώς τον λένε; Πώς σε λένε;

Πώς τις λένε; Πώς σας λένε; Πώς τους λένε;

1 ____________

2 ____________

3 ____________

4 ____________

23

Kreuzen Sie nun die Namen an, die Sie im Audiotrack nicht gehört haben! Lesen Sie dann die übrigen Namen laut vor!

☐ 1 Αλέξανδρος ☐ 2 Ηλίας ☐ 3 Θωμάς ☐ 4 Πέτρος ☐ 5 Πάνος
☐ 6 Ζωή ☐ 7 Λένα ☐ 8 Όλγα ☐ 9 Ρένα ☐ 10 Χριστίνα

KULTURTIPP

Griechische Vornamen haben oft Kurz- bzw. Koseformen. So kommt z. B. **Λένα** von **Ελένη**, **Ρένα** von **Ειρήνη**, **Παναγής** oder **Πάνος** von **Παναγιώτης** und **Νίκος** von **Νικόλαος**.

24

Welches Wort fehlt hier? Vervollständigen Sie die Sätze und lesen Sie laut.

1. ____________ με λένε Θωμά.

2. ____________ τον λένε Πέτρο.

3. Αυτή ____________ λένε Χριστίνα.

4. Εσένα, πώς ____________ λένε;

5. ____________ πώς σας λένε;

6. Αυτές ________ λένε Μαρία κι Όλγα.

25

Fassen wir die wichtigsten Phrasen der Lektion zusammen. Können Sie den Fragen unten die richtigen Antworten zuordnen? Lesen Sie die Fragen anschließend laut; wenn Sie möchten, können Sie die Antworten auch durch Ihre eigenen Antworten ersetzen.

1. Γεια σου Νίκο!
2. Τι κάνεις;
3. Τι κάνετε;
4. Είσαι η Ελένη;
5. Πώς σε λένε;
6. Πώς σας λένε;
7. Χαίρω πολύ!

___ **A** Πολύ καλά, εσείς;
___ **B** Με λένε Νίκο Νικολάου.
___ **C** Κι εγώ χαίρω πολύ!
___ **D** Καλά, εσύ;
___ **E** Γεια χαρά Άννα!
___ **F** Ναι, είμαι η Ελένη.
___ **G** Με λένε Όλγα.

LERNTIPP

Das war die letzte Aufgabe in Lektion 2.

Nein, nicht ganz!

Etwas können Sie noch tun: Erstellen Sie eine Top-10-Liste mit den Wörtern und Ausdrücken, die Ihnen am besten gefallen haben! Wiederholen Sie diese nach jeder Lektion.

LEKTION 3 Woher kommst du?

Lernziele: nach Herkunft bzw. Nationalität, Sprachen und Beruf fragen und darauf antworten

1

TR. 16

Einige Personen erzählen, woher sie kommen. Hören Sie zu und tragen Sie die Nummer der Städte in der Reihenfolge, in der Sie sie hören, unten in die Kästchen ein.

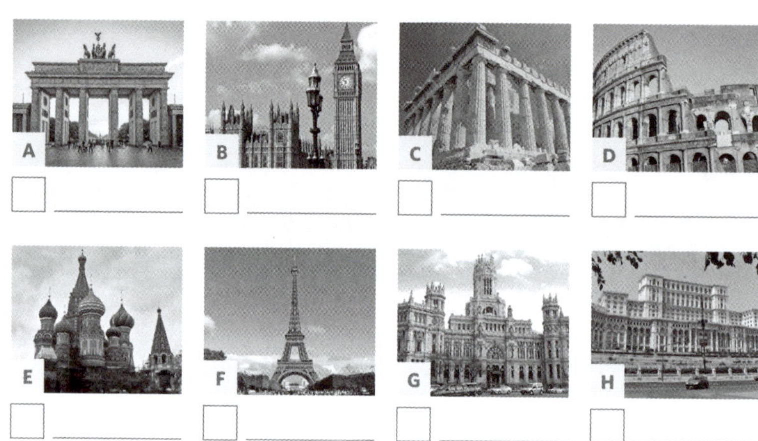

2

TR. 16

Hier sind einige europäische Städte aufgelistet. Schreiben Sie die Städtenamen unter die Bilder in Aufgabe 1. Hören Sie nun Track 16 noch einmal und sprechen Sie nach!

η Μαδρίτη η Ρώμη η Αθήνα η Μόσχα
το Λονδίνο το Βερολίνο το Βουκουρέστι το Παρίσι

3

Es folgen nun die Namen der Länder, in denen die oben genannten Städte liegen. Können Sie herausfinden, welches Land zu welcher der beiden Städte unten gehört? Kreuzen Sie Ihre Antworten in der Liste an.

SPRACHTIPP

Die Länder- und Städtenamen werden groß geschrieben! Vgl. auch S. 141 im Anhang.

1. η Γερμανία
☐ **A** το Βερολίνο
☐ **B** η Μόσχα

2. η Αγγλία
☐ **A** το Παρίσι
☐ **B** το Λονδίνο

3. η Ελλάδα
☐ **A** η Μαδρίτη
☐ **B** η Αθήνα

4. η Ιταλία
☐ **A** η Ρώμη
☐ **B** το Παρίσι

5. η Ρωσία
☐ **A** η Μόσχα
☐ **B** η Μαδρίτη

6. η Γαλλία
☐ **A** η Αθήνα
☐ **B** το Παρίσι

7. η Ισπανία
☐ **A** το Λονδίνο
☐ **B** η Μαδρίτη

8. η Ρουμανία
☐ **A** το Βουκουρέστι
☐ **B** η Μαδρίτη

4

 TR. 17

Im Folgenden hören Sie Personen, die sich über ihren Geburtsort und Wohnsitz unterhalten. Entscheiden Sie, welcher der Dialoge eher formell und welcher informell ist. Kreuzen Sie die richtige Antwort an.

Dialog 1 ☐ formell ☐ informell | **Dialog 2** ☐ formell ☐ informell

LERNTIPP

Um das Hörverstehen zu trainieren, arbeiten Sie möglichst oft mit den Audiotracks. Hören Sie einfach mit. Lassen Sie sich nicht entmutigen, wenn Sie beim ersten Hören nicht jedes Wort verstehen. Konzentrieren Sie sich auf den Inhalt, einzelne Wörter werden Sie mit der Zeit heraushören und verstehen.

5

Hören Sie die Dialoge noch einmal und lesen Sie unten mit. Wie kann man auf Griechisch nach Herkunft und Wohnort fragen? Schreiben Sie Ihre Übersetzung unten auf.

- Γιώργο, από πού είσαι;
- Είμαι από την Καβάλα.
- Και πού μένεις τώρα;
- Τώρα μένω στην Πάτρα.
- Κι εγώ!
- Τι; Είσαι από την Καβάλα και μένεις στην Πάτρα;
- Μάλιστα!

- Γεια σας κύριε Πετρίδη.
- Χαίρετε!
- Είστε από την Αθήνα;
- Όχι, δεν είμαι. Εσείς από πού είστε;
- Από την Αθήνα.
- Και πού μένετε τώρα;
- Στην Θεσσαλονίκη.
- Ωραία! Κι εγώ!

1. *Woher kommst du?* __________
2. *Woher kommen Sie?* __________
3. *Wo wohnst du?* __________
4. *Wo wohnen Sie?* __________

SPRACHTIPP

Die griechische Verneinung wird mit dem Wort **δεν** gebildet. **Δεν** steht anders als im Deutschen vor dem konjugierten Verb, z. B.

Όχι, δεν είμαι.
Nein, ich bin nicht.

6

Vervollständigen Sie mit Hilfe der beiden Dialoge die folgende Tabelle, indem Sie das regelmäßige Verb **μένω** *(wohnen/leben)* eintragen. Achten Sie dabei besonders auf die Endungen und unterstreichen Sie diese!

εγώ	_____	*ich wohne*	εμείς	**μένουμε**	*wir wohnen*
εσύ	_____	*du wohnst*	εσείς	_____	*Sie wohnen/ ihr wohnt*
αυτός	_____	*er wohnt*	αυτοί	_____	
αυτή	**μένει**	*sie wohnt*	αυτές	**μένουν**	*sie wohnen*
αυτό	_____	*es wohnt*	αυτά	_____	

SPRACHTIPP

Die Grundform eines griechischen Verbs besteht aus dem Verbstamm, z.B. hier **μέν-** und der Endung der ersten Person Singular, **-ω**.
Sie erinnern sich: Personalpronomen werden nur verwendet, um eine Person besonders hervorzuheben.

7

Hier sehen Sie einige europäische Ländernamen und Nationalitäten. Ordnen Sie den Ländern ihre Bewohner zu. Achten Sie dabei auf die Endungen!

1. Γερμανία	___	**A** Ιταλός – Ιταλίδα
2. Ελλάδα	___	**B** Ισπανός – Ισπανίδα
3. Ισπανία	___	**C** Γερμανός – Γερμανίδα
4. Γαλλία	___	**D** Γάλλος – Γαλλίδα
5. Αγγλία	___	**E** Άγγλος – Αγγλίδα
6. Ιταλία	___	**F** Έλληνας – Ελληνίδα

 5

Bestimmt können Sie auf der Basis von Übung 7 einige **Endungsregelungen** selbst aufstellen! Die Nationalität von männlichen Personen endet meist auf ______ 1, seltener auf ______ 2. Die Nationalitäten weiblicher Personen enden meistens auf ______ 3. Und wie enden die meisten Ländernamen? Auf ______ 4.

8

ABC **WORTSCHATZ**

η Μαδρίτη - *Madrid*
η Ρώμη - *Rom*
το Λονδίνο - *London*
το Παρίσι - *Paris*

Ergänzen Sie die folgenden Sätze und lesen Sie sie anschließend laut vor!

1. Ο Χοσέ είναι Ισπαν ___ ___ ___ από την Μαδρίτη.
2. Η Άννα είναι Ιταλ ___ ___ ___ από την Ρώμη.
3. Η Ούτε είναι Γερμαν ___ ___ ___ από το Βερολίνο.
4. Ο Κώστας είναι Έλλην ___ ___ ___ από το Ηράκλειο.
5. Η Σούζαν είναι Αγγλ ___ ___ ___ από το Λονδίνο.
6. Η Ναταλί είναι Γαλλ ___ ___ ___ από το Παρίσι.

9

Tragen Sie die fehlenden Länder- und Städtenamen sowie die Nationalitätsbezeichnungen in die Tabelle ein. Bilden Sie dann mit diesen Worten drei Sätze in Anlehnung an Übung 8.

Χώρα - *Land*	**Πόλη** - *Stadt*	**Εθνικότητα** - *Nationalität*
1	Αθήνα	2
Γερμανία	3	4
5	6	Άγγλος – Αγγλίδα
7	Μαδρίτη	8
Γαλλία	9	10

SPRACHTIPP

Man verwendet:

Είμαι από τον/την/το ...
Herkunft

Μένω στον/στην/στο ...
Wohnort

Είμαι ...
Nationalität

10

TR. 18

In dieser Übung trifft Άγγελος (Angelos) auf Μαριάννα (Marianna). Die beiden unterhalten sich darüber, wo sie herkommen, wo sie wohnen und über die Sprache, die sie sprechen. Hören und lesen Sie den Dialog. Kreuzen Sie unten an, ob die Aussagen richtig oder falsch sind.

Άγγελος: Συγνώμη, είσαι Ιταλίδα;
Μαριάννα: Ναι. Είμαι από τη Ρώμη, αλλά τώρα μένω στην Λάρισα. Εσύ;
Άγγελος: Κι εγώ μένω εδώ τώρα, αλλά είμαι από την Θεσσαλονίκη. Μιλάς πολύ ωραία Ελληνικά!
Μαριάννα: Ευχαριστώ. Εσύ μιλάς Ιταλικά;
Άγγελος: Όχι. Μιλάω μόνο Αγγλικά και λίγο Γαλλικά. Ξέρεις Γαλλικά;
Μαριάννα: Καθόλου, αλλά πολύ καλά Γερμανικά.

	richtig	falsch
1. Η Μαριάννα μένει στην Ρώμη.	☐	☐
2. Ο Άγγελος μένει στην Λάρισα.	☐	☐
3. Η Μαριάννα είναι από την Ρώμη.	☐	☐
4. Ο Άγγελος είναι από την Λάρισα.	☐	☐
5. Η Μαριάννα ξέρει καλά Γαλλικά.	☐	☐
6. Ο Άγγελος μιλάει καλά Γερμανικά.	☐	☐

WORTSCHATZ

αλλά - *aber*
τώρα - *jetzt*
η Λάρισα - *Larisa*
μιλάς - *du sprichst* (2. P. Sg.)
ωραία - *schön, gut* (n., Pl.)
τα Ελληνικά - *Griechisch*
ευχαριστώ - *danke*
μιλάω - *ich spreche* (1. P. Sg.)
τα Ιταλικά - *Italienisch*
μόνο - *nur*
τα Αγγλικά - *Englisch*
λίγο - *wenig, bisschen*
τα Γαλλικά - *Französisch*
ξέρεις - *du kannst* (2. P. Sg.)
καθόλου - *gar nichts*
πολύ καλά - *sehr gut*
τα Γερμανικά - *Deutsch*

11

Lesen Sie den Dialog noch einmal. Übersetzen Sie dann die Sätze unten.

1. *Sprichst du Griechisch?* ____________________
2. *Kannst du Deutsch?* ____________________
3. *Ich spreche sehr gut Englisch.* ____________________
4. *Ich kann ein bisschen Französisch.* ____________________

SPRACHTIPP

Um auszudrücken, dass man geringe Sprachkenntnisse hat, sagt man eher "**λίγα Γερμανικά/Γαλλικά**" statt "**λίγο Γερμανικά/Γαλλικά**".

12

TR. 19

Wie gut sind die Sprachkenntnisse der vier Personen? Hören Sie zu und kreuzen Sie die korrekte Antwort an.

1.	☐ πολύ λίγο	☐ λίγο	☐ πολύ καλά
2.	☐ καθόλου καλά	☐ καλά	☐ καθόλου
3.	☐ καλά	☐ πολύ καλά	☐ λίγο
4.	☐ καθόλου καλά	☐ καλά	☐ καθόλου

 TR. 20

13

Hören und lesen Sie, wie Πέτρος (Petros) und seine Freundin Πέτρα (Petra) sich vorstellen. Beide erzählen, wo sie wohnen und welche Sprachen sie sprechen. Vervollständigen Sie den Lückentext.

Πέτρος

Γεια σου! Είμαι ο Πέτρος. Είμαι από την ____________ 1 , από την Ρόδο. ____________ 2 μένω στην Λάρισα, γιατί δουλεύω εκεί. ____________ 3 καλά Αγγλικά, λίγα Ιταλικά και πολύ λίγα Γαλλικά.

Πέτρα

Γεια χαρά! Εμένα με λένε Πέτρα. Είμαι από την ____________ 4 . Είμαι από το Μόναχο αλλά τώρα ____________ 5 στο Βερολίνο. Μιλώ Ελληνικά και Γερμανικά καλά ____________ 6 καθόλου Αγγλικά!

 WORTSCHATZ

η Ρόδος - *Rhodos*

γιατί - *weil*

δουλεύω - *ich arbeite* (1. P. Sg.)

εκεί - *dort/da*

το Μόναχο - *München*

14

 4,5

Für Substantive gibt es im Griechischen viele Regeln, die den Umgang mit diesen erleichtern. Versuchen Sie hier, einige dieser Regeln selbst herauszufinden. Ein Blick zurück zu den Übungen 3 und 10 kann Ihnen helfen, die richtige Antwort zu finden!

1. Verwendet man vor Städtenamen einen Artikel?	☐ ja	☐ nein
2. Die Endungen **-α** oder **-η** sind meistens ...	☐ weiblich	☐ sächlich
3. Die Endungen **-ι** oder **-ο** sind immer ...	☐ weiblich	☐ sächlich
4. Verwendet man bei Ländernamen einen Artikel?	☐ ja	☐ nein
5. Die meisten Ländernamen sind ...	☐ weiblich	☐ sächlich
6. Die meisten Sprachen enden auf **-κά**.	☐ ja	☐ nein

 SPRACHTIPP

Es gibt im Griechischen eine kurze und eine lange Form für das Wort *und*: **κι** oder **και**.

Beginnt das nachfolgende Wort mit einem Vokal, dann folgt **κι**; folgt ein Konsonant, dann verwendet man **και**.

15

Und nun eine kleine Herausforderung! Beschreiben Sie sich selbst, so wie Petros und Petra in Übung 13.

____

____

____

____

____

____

16

TR. 21

Auf den Fotos sind verschiedene Berufe abgebildet. Ordnen Sie die Berufsbezeichnungen den passenden Bildern zu und schreiben Sie die richtige Bezeichnung unter das jeweilige Bild. Hören Sie anschließend die Berufsbezeichnungen und überprüfen Sie Ihre Antworten.

LERNTIPP

Wenn Sie etwa ihre Berufsbezeichnung auf Griechisch nicht kennen, dann können Sie z. B. fragen:

Πώς είναι ‚Direktor' στα Ελληνικά?
Was heißt ‚Direktor' auf Griechisch?

σερβιτόρος   φοιτητής   φωτογράφος   νοσοκόμα

ηθοποιός   δασκάλα   γιατρός   γραμματέας

17

Es gibt drei verschiedene Möglichkeiten, eine Berufsbezeichnung im Griechischen zu bilden. Fügen Sie die fehlenden Formen in die Lücken ein!

§ 5

Gruppe I: **-ος, -α** (maskulin auf -ος, feminin auf -α)	**Gruppe II:** **-ης, -ρια** (maskulin auf -ης, feminin auf -ρια)	**Gruppe III:** **-ός/-ας, -ός/-ας** (maskulin auf -ός/-ας, feminin auf -ός/-ας)
ο ______ 1 η σερβιτόρ-α	ο πωλητ-ής η ______ 3	ο ηθοποι-ός η ______ 5
ο δάσκαλ-ος η ______ 2	ο ______ 4 η φοιτήτ-ρια	ο ______ 6 η γραμματέ-ας

LERNTIPP

Prägen Sie sich die drei Gruppen als Faustregel ein! So wird es Ihnen leicht fallen, maskuline und feminine Berufsbezeichnungen zu erkennen und zu unterscheiden. Beim Ausfüllen der Tabelle unten hilft auch ein Blick zurück zu Übung 16.

SPRACHTIPP

Man sagt: **δουλεύω σε γραφείο** oder auch **δουλεύω σ'ένα (σε + ένα) γραφείο.** Beide Sätze bedeuten: *Ich arbeite in einem Büro.* **Σε** bedeutet in diesem Fall *in*, nicht nur *bei!*

18

Wer arbeitet wo? Bringen Sie die Arbeitsorte (**A-G**) mit den Berufsbezeichnungen aus Übung 16 zusammen. Achtung, manche Orte passen zu mehreren Berufen, und ein Beruf bleibt übrig!

___ **A** σε φωτογραφείο
___ **B** σε γραφείο
___ **C** σε θέατρο
___ **D** σε ιατρείο
___ **E** σε πανεπιστήμιο
___ **F** σε ταβέρνα
___ **G** σε νοσοκομείο

TR. 22

19

Welche Antwort gehört zu welcher Frage? Ordnen Sie zu und überprüfen Sie Ihre Antworten mit dem Audiotrack. Hören Sie dann noch einmal und sprechen Sie mit!

1. Πώς σε λένε;
2. Από πού είσαι;
3. Πού μένεις;
4. Μιλάς Γερμανικά;
5. Τι δουλειά κάνεις;
6. Πού δουλεύεις;

___ **A** Είμαι από την Ελλάδα.
___ **B** Είμαι φωτογράφος.
___ **C** Ναι, λίγο.
___ **D** Δεν δουλεύω τώρα ...
___ **E** Μένω στην Αθήνα.
___ **F** Με λένε Γιώργο.

LERNTIPP

Lernen Sie Fragewörter, z. B. **πώς** - *wie*, **πού** - *wo*, **τι** - *was*, etc. nicht alleine, sondern immer im Kontext:

Πώς σε λένε;
Wie heißt du?

Τι δουλειά κάνεις;
Was machst du von Beruf? oder

Πού δουλεύεις;
Wo arbeitest du?

So wird es Ihnen leichter fallen, sich zu erinnern, und Sie wiederholen gleichzeitig Vokabeln.

Die Fragestellung im Griechischen wurde bereits erwähnt.
Hier nun etwas ausführlicher:

A. Fragen ohne Fragewort (Ja/Nein-Fragen)

1. Die Intonationsfrage: Diese Frage gleicht von der Form her einer Aussage. Damit zu hören ist, dass es sich um eine Frage handelt, wird der Satz mit steigender Intonation gesprochen:

Η Μαρία μένει εδώ. ↘ *Maria wohnt hier.*
Η Μαρία μένει εδώ; ↗ *Wohnt Maria hier?*

2. Die Inversionsfrage: Bei dieser Frage werden, wie im Deutschen, im Vergleich zum Aussagesatz Subjekt und Verb umgestellt:

Η Μαρία μένει εδώ. ↘ *Hier wohnt Maria.*
Εδώ μένει η Μαρία; ↗ *Wohnt Maria hier? (Wörtlich: Hier wohnt [die] Maria?)*

B. Fragen mit Fragewort (Πώς; Τι; Πού; etc.)

1. Die Ergänzungsfrage: Hier ist die Reihenfolge wie im Deutschen:
Fragewort, Verb und am Ende - wenn ausgedrückt - das Subjekt - z. B.

Πού μένει η Μαρία; ↗ *Wo wohnt Maria?*
Τι κάνεις; ↗ *Was machst du?* oder *Wie geht's dir?*

LERNTIPP

Lernen Sie das Verb **είμαι** - *sein*! Es tritt häufig auf, etwa bei:

Namen:
Είμαι ο/η ...

Herkunft:
Είμαι από ...

Beruf:
Είμαι ...

20

Die Fragen in Übung 19 stehen in der Einzahl. Setzen Sie sie nun in die Höflichkeitsform (2. Person Plural) und schreiben Sie sie auf!

1. ______________ 4. ______________

2. ______________ 5. ______________

3. ______________ 6. ______________

21

Welche Berufe und Arbeitsorte sind im folgenden Suchrätsel versteckt? Finden Sie sieben Wörter (waagerecht und senkrecht) und schreiben Sie diese nach Geschlecht sortiert auf. Drei Fragewörter haben sich auch noch mit versteckt!

Γ	Ι	Α	Τ	Ρ	Ο	Σ	Σ	Δ
Τ	Λ	Π	Ω	Σ	Α	Μ	Χ	Α
Ι	Γ	Ρ	Α	Φ	Ε	Ι	Ο	Σ
Θ	Ε	Α	Τ	Ρ	Ο	Τ	Λ	Κ
Ι	Α	Τ	Ρ	Ε	Ι	Ο	Ε	Α
Ε	Χ	Π	Ο	Υ	Κ	Ε	Ι	Λ
Τ	Α	Β	Ε	Ρ	Ν	Α	Ο	Α

Maskulin
Feminin
Neutrum
Fragewörter

22

Die Griechen gelten als kommunikative, offene und impulsive Menschen. Kein Wunder, dass auch die Körpersprache bei Griechen ein wichtiges Kommunikationsmittel ist, das manchmal sogar Worte ersetzen kann. Sehen Sie sich die Bilder unten an. Können Sie die abgebildeten Gesten verstehen? Ordnen Sie die Beschreibung (A-F) den passenden Bildern zu.

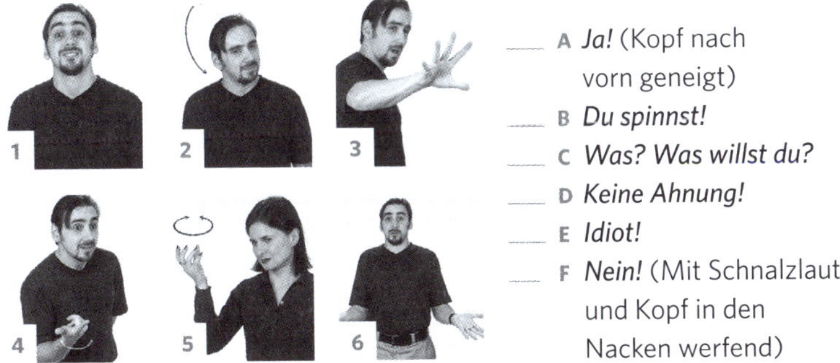

___ A *Ja!* (Kopf nach vorn geneigt)

___ B *Du spinnst!*

___ C *Was? Was willst du?*

___ D *Keine Ahnung!*

___ E *Idiot!*

___ F *Nein!* (Mit Schnalzlaut und Kopf in den Nacken werfend)

Jetzt ist es Zeit für den ersten Online-Test.
Gehen Sie auf **www.pons.de/power** und zeigen Sie, was Sie können!

LEKTION 4 Einen Orangensaft bitte!

Lernziele: Getränke und Snacks bestellen; nach dem Preis fragen; die Zahlen von 1 bis 100

TR. 23

1

Speisen und Getränke bestellen ist wohl eines der häufigsten Dinge, die man in einer fremden Sprache tut. Hören Sie die griechischen Namen einiger Getränke. Nummerieren Sie die Bilder in der Reihenfolge, in der Sie sie hören.

A ☐ ______ B ☐ ______ C ☐ ______ D ☐ ______

E ☐ ______ F ☐ ______ G ☐ ______ H ☐ ______

TR. 23

2

Hier finden Sie die Namen der Getränke aus Übung 1. Schreiben Sie die passende Bezeichnung unter das jeweilige Bild oben. Hören Sie dann noch einmal und sprechen Sie die Getränke nach.

ο καφές ο χυμός η λεμονάδα η μπύρα

το γάλα το νερό το τσάι το κρασί

TR. 24

3

Sie hören ein Gespräch zwischen **Ευαγγελία** (Evangelia), **Ευτυχία** (Eftichia) und **Σταμάτης** (Stamatis). Die drei unterhalten sich darüber, was sie gerne trinken. Kreuzen Sie unten an, welche Getränke jeder von ihnen mag.

ποτό	**1.** Ευαγγελία	**2.** Ευτυχία	**3.** Σταμάτης
A ο καφές	☐	☐	☐
B ο χυμός	☐	☐	☐
C η λεμονάδα	☐	☐	☐
D η μπύρα	☐	☐	☐
E το τσάι	☐	☐	☐
F το κρασί	☐	☐	☐

4

Sie hören, wie Leute in einem Café etwas zu trinken bestellen. Was bestellen sie? Ordnen Sie den drei Situationen auf den Bildern oben die passenden Getränke zu und tragen Sie die entsprechenden Buchstaben ein.

TR. 25

1. ______ 2. ______ 3. ______ 4. ______ 5. ______ 6. ______

KULTURTIPP

Ein *Café* kann in Griechenland mehreres sein: ein **καφενείο**, wo sich meist ältere Männer treffen und Frauen die Ausnahme sind, eine **καφετέρια**, in der sich meist junge Leute treffen, oder aber ein **ζαχαροπλαστείο**, was einer deutschen *Konditorei* entspricht.

5

Hören Sie die Dialoge noch einmal und lesen Sie unten laut mit. Übersetzen Sie anschließend die Aussagen 1 - 4 ins Griechische!

TR. 25

• Έναν καφέ παρακαλώ! • Μία λεμονάδα παρακαλώ!	• Μία μπύρα για 'μένα! • Κι εγώ έναν χυμό.	• Θα ήθελα ένα τσάι. • Εγώ θέλω ένα κρασί.

1. *Ich möchte ...* ______
2. *Ich hätte gern ...* ______
3. *Einen/Eine/Ein ... bitte!* ______
4. *Einen/Eine/Ein ... für mich!* ______

Die Substantive in den Dialogen oben stehen nicht allein, sondern stets mit einem Begleiter, dem unbestimmten Artikel. Ergänzen Sie hier die unbestimmten Artikel Singular für das jeweilige Geschlecht:

1. Männlich: ______ **2.** Weiblich: ______ **3.** Sächlich: ______

Haben Sie bemerkt, dass bei maskulinen (männlichen) Substantiven wie **καφές** oder **χυμός** der Endbuchstabe **-ς** wegfällt? Das liegt daran, dass diese Substantive im Akkusativ stehen, wie z. B. *Ich möchte einen Kaffee bitte!* **Θέλω έναν καφέ παρακαλώ!**

Der unbestimmte Artikel im Femininum (weiblich) und im Neutrum (sächlich) dagegen besitzt für Akkusativ und Nominativ nur eine Form. Übersetzen Sie die Artikel unten und vervollständigen Sie!

A Nominativ:	**ένας**	______	______	*eine*	**ένα**	______
B Akkusativ:	______	*einen*	**μία**	______	______	*ein*

LERNTIPP

Lernen Sie mit Karteikarten! Schreiben Sie die neuen Vokabeln auf Kärtchen und notieren Sie grammatische Merkmale, Besonderheiten der Aussprache oder andere Hinweise, die Ihnen das Lernen erleichtern. Finden Sie jeweils einen Beispielsatz, damit das neue Wort in einem Zusammenhang steht.

4

SPRACHTIPP

Wenn man etwas zu essen oder trinken bestellt, sagt man meistens **Για 'μένα ένα/μία...** - *Für mich einen/eine...*, **Έναν (καφέ) παρακαλώ** - *Einen (Kaffee) bitte* oder **Θα ήθελα....**, - *Ich hätte gerne*, weniger **θέλω** - *ich will*.

TR. 26

6

Hier hören Sie die Dialoge nun mit dem Part des Kellners. Hören Sie zu und bringen Sie die Dialoge unten in die richtige Reihenfolge. Schreiben Sie die Antworten des Kellners anschließend neben die deutsche Übersetzung.

A	B	C
___ • Μία λεμονάδα παρακαλώ!	___ • Κι εγώ έναν χυμό.	___ • Αμέσως, έφτασε!
___ • Έναν καφέ παρακαλώ!	___ • Μία μπύρα για 'μένα.	___ • Θα ήθελα ένα τσάι.
___ • Τι θα πάρετε;	___ • Τι θέλετε παρακαλώ;	___ • Εγώ θέλω ένα κρασί.

1. ______________________ *Was möchten Sie?*
2. ______________________ *Kommt sofort!*
3. ______________________ *Was nehmen Sie?*

7

Schauen Sie sich jetzt die Karte unten an und formulieren Sie Bestellungen. Fragen Sie immer nach einem Getränk und einem Snack. Schreiben Sie Ihre Bestellung auf.

1. ______________________

____

2. ______________________

____

3. ______________________

____

ΚΑΦΕΤΕΡΙΑ "Η ΑΚΡΟΠΟΛΗ"

ΕΙΔΗ ΚΑΦΕ		ΠΟΤΑ	
Νες καφέ	3,50 €	Μύθος	3,65 €
Φραπές	4,50 €	Ούζο	3,40 €
Ελληνικός	2,50 €	Ρετσίνα	3,80 €
ΑΝΑΨΥΚΤΙΚΑ		**ΣΝΑΚ**	
Λεμονάδα	1,70 €	Τυρόπιτα	1,65 €
Πορτοκαλάδα	1,70 €	Κρουασάν	1,30 €
Χυμός	3,20 €	Τοστ	2,45 €

ABC WORTSCHATZ

η καφετέρια - *Café*

η Ακροπόλη - *Akropolis*

είδη (n) **καφέ** (m) - *Kaffeesorten* (Pl.)

τα αναψυκτικά - *Getränke* (Pl.)

η πορτοκολάδα - *Orangenlimonade*

τα ποτά - *alkoholische Getränke* (Pl.)

το ούζο - *Ouzo*

η ρετσίνα - *Retsina (Wein)*

το κρουασάν - *Croissant*

8

Schauen Sie sich die Karte noch einmal an und beantworten Sie folgende Fragen.

	ja	nein
1. **Νες καφέ** ist ein warmer Instantkaffee	☐	☐
2. **Φραπές** ist ein kalter Kaffee	☐	☐
3. **Ελληνικός** ist der Mokka	☐	☐
4. **Μύθος** ist eine Biermarke	☐	☐
5. **Τυρόπιτα** ist eine Blätterteigtasche mit Schafskäse	☐	☐
6. **Τοστ** ist ein Toast	☐	☐

9

Und was isst man in Griechenland zum Frühstück? Ordnen Sie die Bilder den Vokabeln im Kasten zu.

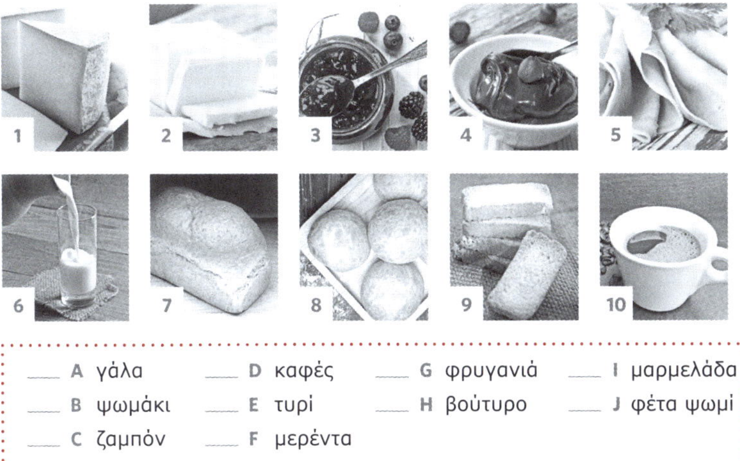

___ A γάλα	___ D καφές	___ G φρυγανιά	___ I μαρμελάδα
___ B ψωμάκι	___ E τυρί	___ H βούτυρο	___ J φέτα ψωμί
___ C ζαμπόν	___ F μερέντα		

10

Lesen Sie hier ein Gespräch zwischen Αντώνη (Anton) und Ευανθία (Evanthia). Beantworten Sie die Fragen unten.

- Έχετε δημητριακά με γάλα;
- Όχι, δεν έχουμε!
- Φτιάχνετε αυγά με μπέικον;
- Όχι, δεν κάνουμε!
- Μήπως έχετε γιαούρτι με μέλι;
- Όχι, δεν έχουμε!
- Τότε, τι έχετε;
- Έχουμε μόνο σάντουιτς και τοστ!

1. Bekommen sie, was sie möchten? ☐ A Ναι! ☐ B Όχι!
2. Wie fragt Anton nach Müsli? ☐ A Κάνετε ...; ☐ B Έχετε ...;
3. Wie fragt Evanthia nach Ei mit Speck? ☐ A Φτιάχνετε ...; ☐ B Έχετε...;

Plural

Substantive, die im Singular (Einzahl) auf **-ι** enden, wie **μέλι** oder **γιαούρτι**, oder auf **-ο**, wie **αυγό** oder **ούζο**, sind im Griechischen immer neutral. Substantive auf **-ι** bekommen im Plural ein **-α** angehängt: **το μέλι - τα μέλια, το γιαούρτι - τα γιαούρτια**. Substantive auf **-ο** enden im Plural auf **-α**, wobei das **-ο** wegfällt: **το αυγό - τα αυγά, το ούζο - τα ούζα**.

Fremdwörter wie **μπέικον** - *Bacon* oder **τοστ** - *Toast* sind ebenfalls meist sächlich. Diese Substantive sind im Singular und Plural gleich: **το μπέικον - τα μπέικον, το τοστ - τα τοστ**.

WORTSCHATZ

έχετε - *Sie haben* (2. P. Pl.)

τα δημητριακά - *Müsli*

έχουμε - *wir haben* (1. P. Pl.)

φτιάχνετε - *Sie bereiten zu/ihr bereitet zu* (2. P. Pl.)

τα αυγά/αβγά - *Eier*

με - *mit*

μήπως - *vielleicht*

έχει - *es gibt* (3. P. Sg.)

το μέλι - *Honig*

τότε - *(Na) dann*

και - *und*

4, 5

TR. 27

11

Sie hören nun acht Wörter mit den Vokalkombinationen **αυ** oder **ευ**. Kreuzen Sie in der Tabelle unten an, um welche Aussprache es sich jeweils handelt. Hören Sie die Wörter dann noch einmal und sprechen Sie sie nach.

	1.	2.	3.	4.	5.	6.	7.	8.
A [af]	☐	☐	☐	☐	☐	☐	☐	☐
B [aw]	☐	☐	☐	☐	☐	☐	☐	☐
C [ef]	☐	☐	☐	☐	☐	☐	☐	☐
D [ew]	☐	☐	☐	☐	☐	☐	☐	☐

12

Ordnen Sie die Wörter nun entsprechend ihrer Aussprache zu!

αυτός · ευχαριστώ · Σταύρος · Ευανθία · δουλεύω · Παύλος · αυτές · Ευτυχία

[af] 1. ________ 2. ________ [ef] 3. ________ 4. ________

[aw] 5. ________ 6. ________ [ew] 7. ________ 8. ________

TR. 28

13

Γρηγόρης (Gregor) und Αγγελική (Angelika) bestellen etwas in einer **καφετέρια** *(Café)*. Hören Sie zu und ergänzen Sie die fehlenden Wörter.

- Τι ________ 1 πάρετε παρακαλώ;
- ________ 2 μπύρα. Έχετε Μύθο;
- ________ 3 έχουμε! Κι ο κύριος;
- Ένα ούζο ________ 4 'μένα.
- Αμέσως, έφτασε!

KULTURTIPP

In Griechenland gibt es meist drei Sorten Bier: Amstel®, Heineken®, oder Mythos®, das einzige griechische Bier.

Ouzo bestellt man, indem man den Markennamen, wie **Ούζο 12, Ούζο Πλωμάρι** oder **Ούζο Μυτιλήνης** etc. nennt. Oder man bestellt **τοπικό**, das ist das jeweils lokale „No-Name Produkt".

14

Lesen Sie den Dialog aus Übung 13 noch einmal und beantworten Sie die folgenden Fragen.

1. Was bestellt Γρηγόρης?	☐ **A** μπύρα	☐ **B** ούζο
2. Was bestellt Αγγελική?	☐ **A** μπύρα	☐ **B** ούζο
3. Gibt es Bier?	☐ **A** ναι	☐ **B** όχι
4. Κι ο κύριος ... bedeutet:	☐ **A** *Und der Herr*	☐ **B** *Und die Dame*
5. Der Kellner bringt alles sofort.	☐ **A** ναι	☐ **B** όχι
6. Αμέσως bedeutet *sofort*:	☐ **A** ναι	☐ **B** όχι

15

 TR. 29

Hören Sie zwei kurze Dialoge und vervollständigen Sie sie anschließend.

Wie sagt man, dass man etwas nicht möchte?

- Τσάι με λεμόνι;
- 1. ______

Wie sagt man, dass man etwas möchte?

- Καφέ με γάλα;
- 2. ______

 KULTURTIPP

Hier lernen Sie die griechischen Ausdrücke für *Ja, bitte* und *Nein, danke!* Die Griechen selbst verwenden allerdings oft nur ein einfaches *Ja* oder *Nein*, freuen sich aber über die besondere Höflichkeit der Ausländer.

16

Auf Fragen richtig zu reagieren ist oft nicht einfach, besonders wenn man schnell oder überraschend angesprochen wird. Im Folgenden sehen Sie eine Frage mit zwei möglichen Antworten. Beide sind sprachlich korrekt, aber nur eine Antwort ist passend.

1. Τι θα πάρετε παρακαλώ; ☐ A Όχι, ευχαριστώ! ☐ B Ένα τσάι.
2. Θέλετε τσάι με λεμόνι ή γάλα; ☐ A Ναι, παρακαλώ! ☐ B Μόνο γάλα.
3. Παρακαλώ, τι θα θέλατε; ☐ A Μου φέρνετε τον κατάλογο παρακαλώ; ☐ B Όχι, ευχαριστώ!
4. Ναι, ο κύριος παρακαλώ; ☐ A Τον λογαριασμό παρακαλώ! ☐ B Χωρίς ζάχαρη!

17

Gehen Sie die Übungen 15 und 16 noch einmal durch und suchen Sie die für Sie neuen Vokabeln heraus. Ordnen Sie nun die deutschen Wörter ihrer griechischen Übersetzung zu.

1. η ζάχαρη ___ A *die Rechnung*
2. το γάλα ___ B *die Zitrone*
3. το λεμόνι ___ C *mit*
4. ο κατάλογος ___ D *der Zucker*
5. ο λογαριασμός ___ E *ohne*
6. με ___ F *die Milch*
7. χωρίς ___ G *die Speisekarte*

 KULTURTIPP

In Griechenland ist es üblich, alles zusammen zu bezahlen: **Όλα μαζί!** Wollen Sie getrennt bezahlen, sagen Sie einfach **Χωριστά!, Ξεχωριστά!** oder **Χώρια!**

18

Wie sagt man Folgendes auf Griechisch? Schreiben Sie auf!

1. Wie bittet man um die Speisekarte? ______
2. *Mit Milch, ohne Zucker.* ______
3. *Ja, bitte!* ______
4. *Nein, danke!* ______

19

 TR. 30

Sie hören, wie Ανέστης (Anestis) und Σοφία (Sofia) in einem Café bestellen. Lesen Sie mit und setzen Sie die Wörter aus dem Kasten unten ein. Nach dem ersten Durchlauf hören Sie nur den Kellner und Anestis. Übernehmen Sie nun die Rolle von Sofia und bestellen Sie etwas zu essen und trinken.

WORTSCHATZ

τίποτ' άλλο; - *noch etwas?*

επίσης - *auch*

το μπουκάλι - *Flasche*

κάτι άλλο; - *außerdem?*

πόσο κάνουν; - *was kostet das?*

ζαμπόν | γλυκό | τυρόπιτα | μέτριο | πορτοκάλι | νερό

- Ναι, παρακαλώ;
- Θα ήθελα ένα ________ 1 κι έναν χυμό ________ 2.
- Η κυρία;
- Εγώ θα ήθελα έναν φραπέ. ________ 3 με γάλα.
- Τίποτ' άλλο;
- Επίσης ένα μπουκάλι ________ 4 κι ένα τοστ με ________ 5 και τυρί.
- Κάτι άλλο;
- Και μία ________ 6. Πόσο κάνουν;

LANDESKUNDE

1. Ο καφέ(ς) wird in Griechenland **σκέτο(ς)** - *ohne Zucker,* **μέτριο(ς)** - *mit einem Löffel Zucker* oder **γλυκό(ς)** - *mit zwei Löffeln Zucker* serviert. **Φραπέ(ς)** ist immer ein kalter Kaffee, den man auch in den Varianten **σκέτος**, **μέτριος** oder **γλυκός** bestellt, aber auch **με γάλα** - *mit Milch* oder **χωρίς γάλα** - *ohne Milch.* **Ένα ποτήρι νερό** - *ein Glas Wasser* ist immer mit dabei!

2. Es gibt viele verschiedene Säfte, wie z. B.: **χυμός πορτοκάλι** - *Orangensaft,* **χυμός ροδάκινο** - *Pfirsichsaft oder* **χυμός ανάμεικτος** - *Multivitaminsaft.* Saft mit Mineralwasser gemischt, wie Apfelsaftschorle, ist dagegen nicht üblich!

3. Το τοστ - *Toast* wird normalerweise entweder mit **τυρί** - *Käse,* **ντομάτα** - *Tomate* und/oder **ζαμπόν** - *Schinken,* oder einfach nur mit Käse serviert. Toast ist immer ein Sandwichtoast und wird warm serviert, manchmal auch mit Chips.

4. Η τυρόπιτα - *Blätterteigtasche mit Schafskäse,* **η σπανακόπιτα** - *Blätterteigtasche mit Spinat* und **η μπουγάτσα** - *Blätterteigtasche mit einer süßen, vanilligen Füllung* werden oft morgens zum Frühstück mit einer Tasse Kaffee verzehrt. **Τα κουλουράκια** - *verschiedene Kekse* gibt es ebenfalls meist zum Kaffee dazu.

LERNTIPP

Versuchen Sie, auf Ihren Karteikarten gleich mehrere Alternativen und Vokabelkombinationen zusammenzufassen. Das könnte so aussehen:

με/χωρίς γάλα/ζάχαρη

θέλω έναν σκέτο/μέτριο/γλυκό καφέ...

20

 TR. 30

Üben Sie jetzt den Dialog aus Übung 19 mit Alternativen. Bestellen Sie z. B. **έναν φραπέ** nicht **μέτριο**, sondern **σκέτο**, nicht **με γάλα**, sondern **χωρίς γάλα**, nicht **ένα μπουκάλι νερό**, sondern **ένα ποτήρι νερό** usw. Versuchen Sie es auch ohne den Text! Stellen Sie sich vor, Sie möchten etwa in einer Strandbar Getränke und Snacks bestellen.

21

TR. 31

Für die Fragen **Πόσο κάνει;** *Wie viel kostet es?* (Sg.) oder **Πόσο κάνουν;** *Wie viel kosten sie?* (Pl.) sollten Sie natürlich auch die Zahlen beherrschen. Sie hören nun Zahlen zwischen 1 und 100. Kreuzen Sie die Zahlen an, die Sie hören. Sprechen Sie anschließend nach.

☐	1	ένα	☐	8	οχτώ	☐	40	σαράντα
☐	2	δύο	☐	9	εννιά	☐	50	πενήντα
☐	3	τρία	☐	10	δέκα	☐	60	εξήντα
☐	4	τέσσερα	☐	11	έντεκα	☐	70	εβδομήντα
☐	5	πέντε	☐	12	δώδεκα	☐	80	ογδόντα
☐	6	έξι	☐	20	είκοσι	☐	90	ενενήντα
☐	7	εφτά	☐	30	τριάντα	☐	100	εκατό

LERNTIPP

Sie brauchen bestimmt einige Zeit, bis Ihnen die griechischen Zahlen vertraut sind. Eine Möglichkeit zum Üben sind die Seitenzahlen in jeder Einheit! Denken Sie auch an Wörter wie Triathlon, Pentagon, Hexagon, Dekathlon usw., die Sie vielleicht kennen und in denen sich bereits eine griechische Zahl verbirgt.

22

TR. 32

Was kostet das? Hören Sie die Aufnahme und kreuzen Sie dann unten den korrekten Preis an. Hören Sie dann noch einmal und vergleichen Sie mit der Speisekarte aus Übung 7. Versuchen Sie nun selbst, laut die korrekten Preise zu nennen.

1.	2.	3.	4.	5.	6.
☐ 3,50 €	☐ 1,70 €	☐ 3,40 €	☐ 1,65 €	☐ 2,45 €	☐ 2,50 €
☐ 4,50 €	☐ 3,20 €	☐ 3,80 €	☐ 1,30 €	☐ 2,50 €	☐ 3,65 €

SPRACHTIPP

Das Verb κάνω wird sehr vielseitig verwendet:

Τι κάνει ο Πέτρος;
Wie geht es Peter?

Τι δουλειά κάνει;
Was macht er von Beruf?

Πόσο κάνει;
Wie viel kostet es?

23

TR. 33

Jetzt sind Sie an der Reihe: Fragen Sie nach dem Preis der Produkte auf den Bildern unten. Versuchen Sie es zunächst allein und hören Sie sich dann die Aufnahme an. Kreuzen Sie unter den Bildern die Preise an, die Sie hören.

☐ A 3,50 €	☐ A 5,70 €	☐ A 4,00 €	☐ A 2,85 €	☐ A 1,20 €	☐ A 7,81 €
☐ B 5,50 €	☐ B 7,50 €	☐ B 3,00 €	☐ B 2,95 €	☐ B 1,30 €	☐ B 8,71 €

WORTSCHATZ

το γιαούρτι - *Joghurt*
η κρέπα - *Crêpe*

24

TR. 33

Hören Sie die Aufnahme noch einmal und übersetzen Sie:

1. Das Wort für *Euro* ist ... ______
2. Das Wort für *Cent* ist ... ______
3. Das Wort für *genau* ist ... ______
4. *4,00 €, nicht 3,00 €* ... ______

Wo ist die Akropolis?

Lernziele: Verkehrsmittel; Orts- und Wegbeschreibungen; die Uhr

1

TR. 34

Einige Personen erzählen, wie sie zur Arbeit kommen. Hören Sie die Namen verschiedener Verkehrsmittel und nummerieren Sie sie in der gehörten Reihenfolge.

___ A το αυτοκίνητο	___ D το λεωφορείο	___ G το μετρό
___ B το μηχανάκι	___ E το ποδήλατο	___ H το ταξί
___ C το τρόλεϊ	___ F το τραμ	___ I τα πόδια

2

TR. 34

Schauen Sie sich die Bilder an und ordnen Sie ihnen die Verkehrsmittel aus Aufgabe 1 zu, indem Sie diese unter das jeweilige Bild schreiben. Überprüfen Sie Ihre Antworten mit dem Audiotrack und sprechen Sie noch einmal mit.

1 ___

2 ___

3 ___

4 ___

5 ___

6 ___

7 ___

8 ___

9 ___

ABC WORTSCHATZ

πάω - *ich gehe / ich fahre* (1. P. Sg.)

συχνά - *oft*

παιρνω - *ich nehme* (1. P. Sg.)

σπάνια - *selten*

πολλές φορές - *oft*

περπατάω - *ich laufe* (1. P. Sg.)

πάντα - *immer*

ποτέ - *niemals*

το περίπτερο - *Kiosk*

το ταχυδρομείο - *Post*

η πλατεία - *(Markt)Platz*

το γραφείο - *Büro*

3

TR. 35

Fünf Personen erzählen, wie sie zum Büro, zur Schule, zur Post, zum Marktplatz und zum Kiosk gelangen. Hören Sie zu und verbinden Sie die passenden Aussagen.

1. Εγώ πάω συχνά με το ... •	**A** ... το ποδήλατο στην πλατεία.
2. Εγώ παίρνω σπάνια ... •	**B** ... στο περίπτερο.
3. Εγώ πάω πολλές φορές ... •	**C** ... τραμ στο ταχυδρομείο.
4. Εγώ περπατάω πάντα ... •	**D** ... με λεωφορείο στο σχολείο.
5. Εγώ ποτέ δεν πάω ... •	**E** ... με ταξί στο γραφείο.

4

Wie lange dauert die Fahrt? Die Personen aus Übung 3 unterhalten sich darüber, wie lange es dauert, bis sie ihr Ziel erreichen. Notieren Sie die Zeit in der Tabelle unten. Vielleicht werden Sie das Gespräch ein weiteres Mal hören müssen, denn Zeitangaben sind nicht einfach zu verstehen!

1. στην πλατεία	**2.** στο περίπτερο	**3.** στο ταχυδρομείο	**4.** στο σχολείο	**5.** στο γραφείο
______	______	______	______	______

SPRACHTIPP

Das Verb **κάνω** kommt hier mit zwei neuen Bedeutungen vor: **Πόση ώρα κάνετε;** *Wie viel Zeit (Wie lange) brauchen Sie?* Und **Πόση ώρα κάνει;** *Wie viel Zeit (Wie lange) dauert es?* Zur Erinnerung: Die anderen Bedeutungen von **κάνω** finden Sie auf Seite 39.

5

Hören Sie noch einmal zu. Wie sagt man folgende Sätze auf Griechisch?

TR. 36

1. *Wie viel Zeit/Wie lange brauchen Sie?* ______

2. *Ich brauche fünf Minuten!* ______

3. *Wie lange (wie viel Zeit) dauert es?* ______

4. *Es dauert nur zehn Minuten!* ______

SPRACHTIPP

Im Griechischen muss bei Angabe der Uhrzeit das Wort *Uhr* nicht unbedingt hinzugefügt werden. **Στις οκτώ** bedeutet *Um acht (Uhr)*. **Στις** – *um* verwendet man für alle Stundenangaben. Ausnahme: *Um 1:00 Uhr* – **Στη μία**.

6

Vervollständigen Sie den Dialog mit den Wörtern unten. Versuchen Sie laut mitzulesen.

TR. 37

A γύρω **B** από **C** με **D** μέχρι

- Γιώργο, πώς πας στη δουλειά; ______ **1** το αυτοκίνητο ή το λεωφορείο;
- Πάω συχνά με το λεωφορείο.
- Πόση ώρα κάνει ______ **2** το σπίτι;
- Κάνει περίπου είκοσι πέντε λεπτά.
- Τι ώρα παίρνεις το λεωφορείο;
- ______ **3** στις οχτώ η ώρα.
- Τι ώρα τελειώνεις την δουλειά;
- Δουλεύω ______ **4** τις πέντε η ώρα.
- Μετά τι κάνεις;
- Πάω σ' ένα μπαρ με τα πόδια.

WORTSCHATZ

πας – *du fährst* (2. P. Sg.)

στη δουλειά – *zur Arbeit*

περίπου – *circa*

τα λεπτά – *Minuten* (Pl.)

γύρω – *herum*

η ώρα – *Uhr/Stunde*

στις οχτώ – *um 8:00 Uhr*

τελειώνεις – *du beendest* (2. P. Sg.)

μετά – *danach, nachher*

πάω – *ich gehe* (1. P. Sg.)

SPRACHTIPP

Die Frage nach der Uhrzeit lautet: **Τι ώρα είναι;** – *Wie viel Uhr ist es?* Wörtlich übersetzt bedeutet dies *Was Uhr ist es?*

Weitere Redewendungen rund um die Uhrzeit sind:

Από τις ... μέχρι τις – *Von ... bis*

σε ... λεπτά – *in ... Minuten.*

7

Lesen Sie den Dialog noch einmal und kreuzen Sie an, welche Antworten Γιώργος gibt.

1. ☐ **A** Πάω με το τραμ. ☐ **B** Πάω με το λεωφορείο.
2. ☐ **A** Κάνει πέντε λεπτά. ☐ **B** Κάνει περίπου 25 λεπτά.
3. ☐ **A** Γύρω στις εφτά. ☐ **B** Γύρω στις οχτώ.
4. ☐ **A** Περίπου στις πέντε. ☐ **B** Μέχρι τις πέντε.
5. ☐ **A** Πάω σ' ένα μπαρ. ☐ **B** Πάω στο σπίτι.

§ 5

Der Plural

Wie im Deutschen gibt es auch im Griechischen drei Artikel, maskulin, feminin und neutrum: **ο σταθμός** – *der Bahnhof*, **η ώρα** – *die Stunde/Uhr*, **το σπίτι** – *das Haus.*

Im Griechischen bilden die Substantive (Hauptwörter), die im Singular (Einzahl) auf **-ας**, **-α**, oder **-η** enden, den Plural (Mehrzahl) auf **-ες**. Substantive, die im Singular auf **-ος** enden, erhalten im Plural ein **-οι** anstelle des **-ος**. Sächliche Substantive, die im Singular auf **-ο** enden (vgl. Lektion 4), erhalten im Plural ein **-α** anstelle des **-ο**. Bei den Substantiven, die auf **-ι** enden, wird im Plural ein **-α** angehängt.

Im Griechischen sind Substantive, die im Singular auf **-ας** oder auf **-ος** enden, meist männlich. Substantive, die im Singular auf **-α** oder **-η** auf enden, sind meist weiblich, und die Substantive, die im Singular auf **-ι** oder **-ο** enden, sind immer sächlich! Beachten Sie die Beispiele unten; weitere Beispiele finden Sie im Anhang.

Maskulinum	Femininum	Neutrum
ο άντρ-ας, οι άντρ-ες *(der Mann, die Männer)*	**η ώρ-α, οι ώρ-ες** *(die Stunde, die Stunden)*	**το σπίτ-ι, τα σπίτ-ια** *(das Haus, die Häuser)*
ο σταθμ-ός, οι σταθμ-οί *(die Station, die Stationen)*	**η φων-ή, οι φων-ές** *(die Stimme, die Stimmen)*	**το λεπτ-ό, τα λεπτ-ά** *(die Minute, die Minuten)*

TR. 38

8

Schreiben Sie die Pluralform der Wörter im Kasten in die Tabelle unten. Überprüfen Sie Ihre Antworten dann mit der Aufnahme.

σταθμός χυμός πλατεία δουλειά γραφείο μπουκάλι τραμ μετρό

Maskulin	Feminin	Neutrum	Fremdwörter
___	___	___	___
___	___	___	___

§ 10

Verben

Hier sehen Sie drei Verben aus dieser Lektion, die jeweils unterschiedlich konjugiert werden.

	παίρνω - *nehmen*	**περπατάω -** *laufen*	**πάω -** *gehen/fahren*
(εγώ)	παίρν-ω	περπατ-άω/ώ	πά-ω
(εσύ)	παίρν-εις	περπατ-άς	πα-ς
(αυτός/-ή/-ό)	παίρν-ει	περπατ-άει/ά	πά-ει
(εμείς)	παίρν-ουμε	περπατ-άμε	πά-με
(εσείς)	παίρν-ετε	περπατ-άτε	πά-τε
(αυτοί/-ές /-ά)	παίρν-ουν(ε)	περπατ-άν(ε)/ούν(ε)	πά-ν(ε)

Die meisten griechischen Verben werden wie **παίρνω** konjugiert.

Verben, die wie **περπατάω** oder **περπατώ** konjugiert werden, enden auf **-άω/-ώ**. Ein Verb aus dieser Gruppe, das Sie schon kennen, ist **μιλάω/μιλώ** - *sprechen*. Das Besondere an dieser zweiten Verbgruppe ist, dass es für die 1. und die 3. Person Singular zwei alternative Schreibweisen gibt. Beide Formen werden verwendet, auch in der Bedeutung gibt es keinen Unterschied.

Verben wie **πάω**, die dritte Gruppe, werden unregelmäßige Verben genannt. Das Verb **λέω** - *sagen, nennen* wird wie **πάω** konjugiert.

° 9

Sie befinden sich im Fremdenverkehrsbüro von Rhodos und haben um einen Stadtplan gebeten. Auf dem Plan sehen Sie Bilder von Gebäuden, Orten und Sehenswürdigkeiten. Schreiben Sie die Namen der Örtlichkeiten unter die Bilder.

A η στάση **B** ο Κολοσσός **C** η πλατεία **D** το ξενοδοχείο

E το κάστρο **F** το ταχυδρομείο **G** η Μητρόπολη **H** η παλιά πόλη

1 ______

2 ______

3 ______

4 ______

5 ______

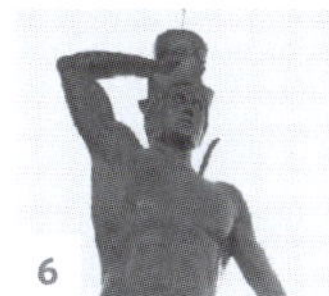
6 ______

7 ______

8 ______

10

TR. 39

Der Angestellte des Fremdenverkehrsamts erklärt Ihnen, wo sich die Gebäude bzw. Sehenswürdigkeiten befinden. Sehen Sie sich die Bilder an und ordnen Sie sie den Aussagen unten zu. Anschließend können Sie sich im Audiotrack ein paar Hörbeispiele anhören.

WORTSCHATZ

δεξιά - *rechts*
αριστερά - *links*
τρίτο - *drittes* (n)
δεύτερη - *zweite* (f)
όλο - *immer*
το τέλος - *Ende*
μετά - *nach*
το φανάρι - *Ampel*

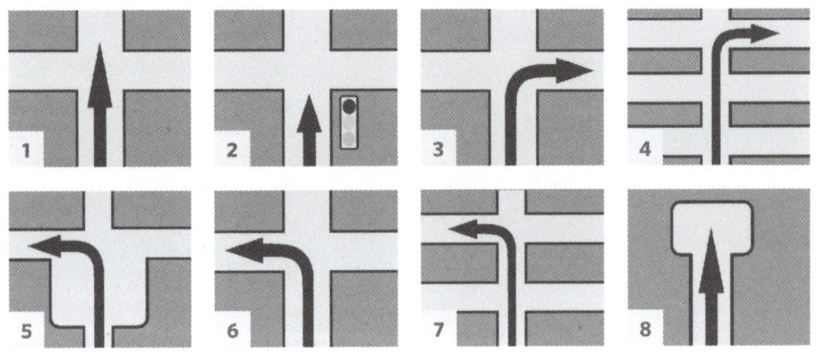

___ **A** ... στον τρίτο δρόμο δεξιά
___ **B** ... αριστερά
___ **C** ... στη δεύτερη οδό αριστερά
___ **D** ... δεξιά
___ **E** ... όλο ευθεία/όλο ίσια
___ **F** ... στο τέλος του δρόμου
___ **G** ... μετά την πλατεία αριστερά
___ **H** ... μετά τα φανάρια

§ 6, 7

Beachten Sie, wenn Sie die Frage **Πού είναι...;** stellen, dass dann folgende Ortsangaben - wie im Deutschen - im Nominativ stehen.

Πού είναι...	**ο σταθμός;**	*Wo ist...*	*der Bahnhof?*
	η ταβέρνα;		*die Taverne?*
	το μουσείο;		*das Museum?*

Als Wegbeschreibung werden im Griechischen oft die Straßen gezählt, etwa „die 3. Straße rechts". Dabei werden **ο δρόμος** - *die Straße*, **η οδός** - *der Weg (die Straße)*, **το στενό** - *die Gasse* verwendet. Für diese Art der Beschreibung sind natürlich auch die Ordnungszahlen sehr wichtig: **πρώτος/-η/-ο** - *erster/-e/-es*, **δεύτερος/-η/-ο** - *zweiter/-e/-es*, **τρίτος/-η/-ο** - *dritter/-e/-es*.

Die Ordnungszahlen fungieren hier als Adjektive. Adjektive (Eigenschaftswörter) richten sich immer nach dem Genus (Geschlecht) des Substantivs, das sie begleiten. Oft gibt es auch eine phonetische Übereinstimmung zwischen den Endungen des Adjektivs und des Substantivs.

Nominativ	Akkusativ	
Ο πρώτος δρόμος ... δεξιά. *Die erste Straße ... rechts.*	**Ο σταθμός είναι ...** *Der Bahnhof ist ...*	
Η δεύτερη οδός ... αριστερά. *Der zweite Weg ... links.*	**στον πρώτο δρόμο**	*an der ersten Straße*
	στην δεύτερη οδό	*am zweiten Weg*
Το τρίτο στενό ... δεξιά. *Die dritte Gasse ... rechts.*	**στο τρίτο στενό**	*an der dritten Gasse*

° 11

Ein Tourist hat Fragen an einen Einheimischen. Lesen Sie mit und beantworten Sie anschließend die Fragen unten.

- Καλημέρα σας. Υπάρχει κανένας τηλεφωνικός θάλαμος εδώ κοντά;
- Ναι, υπάρχει ένας θάλαμος μετά από δύο τετράγωνα.
- Μήπως υπάρχει και καμία ταβέρνα;
- Είναι ακριβώς εδώ στη γωνία.
- Συγνώμη, αλλά υπάρχει και κανένα μουσείο εδώ κοντά;
- Ναι, υπάρχουν τρία μουσεία. Ξέρετε τ'όνομα;
- Μάλιστα! Ψάχνω το αρχαιολογικό μουσείο.
- Αυτό είναι στον τρίτο δρόμο δεξιά.
- Πού είναι η Ακρόπολη; Ξέρετε;

1. Der Tourist sucht eine Telefonzelle. ☐ **A** Ναι! ☐ **B** Όχι!
2. Ist die Telefonzelle weit entfernt? ☐ **A** Ναι! ☐ **B** Όχι!
3. Er sucht auch eine Taverne. ☐ **A** Ναι! ☐ **B** Όχι!
4. Es gibt eine Taverne um die Ecke. ☐ **A** Ναι! ☐ **B** Όχι!
5. Er möchte auch ein Museum besuchen. ☐ **A** Ναι! ☐ **B** Όχι!

WORTSCHATZ

υπάρχει - *es gibt* (Sg.)
κανένας - *irgendein*
ο θάλαμος - *Zelle*
τηλεφωνικός - *telefon(isch)*
κοντά - *in der Nähe*
το τετράγωνο - *Block*
μήπως - *vielleicht*
καμία - *(irgend)eine* (f)
ακριβώς - *genau*
υπάρχουν - *es gibt* (Pl.)
μάλιστα - *ja, richtig*
ψάχνω - *ich suche*
αρχαιολογικό - *archäologisch* (n)

9

Ein Verb, das im Griechischen sehr oft verwendet wird, ist **υπάρχει** - *es gibt* (Singular) und **υπάρχουν** - *es gibt* (Plural). In der Tabelle unten finden Sie Beispiele. Beachten Sie besonders die Wörter, die die Aussage, Frage oder Verneinung begleiten!

	Singular	Plural
?	Υπάρχει ... κανένας (M) θάλαμος; καμία (F) ταβέρνα; κανένα (N) μουσείο;	Υπάρχουν ... τηλεφωνικοί θάλαμοι; ελληνικές ταβέρνες; αρχαιολογικά μουσεία;
X	Όχι, δεν υπάρχει ... κανένας (M) θάλαμος. καμία (F) ταβέρνα. κανένα (N) μουσείο.	Όχι, δεν υπάρχουν.
√	Ναι, υπάρχει ... ένας (M) τηλεφωνικός θάλαμος. μία (F) ελληνική ταβέρνα. ένα (N) αρχαιολογικό μουσείο.	Ναι, υπάρχουν ... πολλοί θάλαμοι. πολλές ταβέρνες. πολλά μουσεία.

Achten Sie auf die phonetischen Übereinstimmungen zwischen den Adjektiven und den Substantiven.

TR. 40

12

Welche dieser Orte befinden sich in Ihrer Nähe? Kreuzen Sie an und sprechen Sie dann mit dem Audiotrack nach.

KULTURTIPP

In Griechenland ist es ziemlich ungewöhnlich, jemanden anhand einer Karte nach einem bestimmten Ort zu fragen! Griechen erklären den Weg meistens lieber mündlich und mit vielen Gesten, als sich die Mühe zu machen, sich auf der Karte zurechtzufinden. Wenn Sie an der Rezeption eines Hotels fragen, haben Sie die größte Chance, den Weg anhand Ihrer Karte beschrieben zu bekommen.

1
☐ αεροδρόμιο

2
☐ νοσοκομείο

3
☐ μουσείο

4
☐ κλαμπ

5
☐ αγορά

6
☐ σταθμός

7
☐ θέατρο

8
☐ σινεμά

13

Für Ihre nächste Griechenlandreise möchten Sie herausfinden, ob oder wo sich bestimmte Örtlichkeiten in der Stadt befinden, die Sie bereisen möchten. Schlagen Sie unbekannte Wörter in der Wortliste nach und rufen Sie dann im Touristenbüro an. Fragen Sie nach den Orten in den Klammern und verwenden Sie **υπάρχει/υπάρχουν** oder **πού είναι**.

1. *(Bahnhof)* ____________

2. *(Museum)* ____________

3. *(Altstadt)* ____________

4. *(Kirche)* ____________

5. *(Markt)* ____________

6. *(Krankenhaus)* ____________

7. *(Akropolis)* ____________

8. *(Platz)* ____________

TR. 41

14

Jemand fragt Sie, ob es bestimmte Örtlichkeiten in Ihrer Heimatstadt gibt. Hören Sie sich den Audiotrack an und schreiben Sie die vollständigen Antworten auf.

1. (όχι) ____________

2. (ναι) ____________

3. (ναι) ____________

4. (όχι) ____________

5. (όχι) ____________

6. (ναι) ____________

15

TR. 42

Schauen Sie sich die folgenden Zeichen an. Wie können Sie den Leuten dabei helfen, zu dem Ort zu gelangen, an den sie wollen? Formulieren Sie Ihre Antworten und hören Sie anschließend nach.

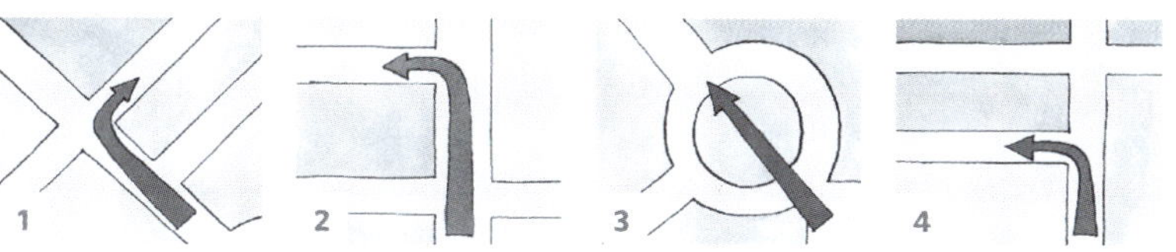

LERNTIPP

Nehmen Sie sich auf! Dies gibt Ihnen Gelegenheit, Ihr Griechisch einmal «objektiv» zu hören. Der Vergleich mit den muttersprachlich gesprochenen Audiotracks kann sehr hilfreich sein, da Sie so die Unterschiede hören, aber auch hören werden, wie gut Ihnen vieles schon gelingt. Nur Mut!

16

Sie erzählen einem griechischen Bekannten, welche Verkehrsmittel Sie in Ihrer Heimatstadt nutzen und wie oft. Bilden Sie nun Sätze mit dem Zeitadverb und dem Verkehrsmittel in Klammern und schreiben Sie diese unten auf.

1. *(Bus; immer)* ______
2. *(Auto; sehr oft)* ______
3. *(Metro; manchmal)* ______
4. *(zu Fuß; selten)* ______
5. *(Straßenbahn; niemals)* ______

17

TR. 43

Hören Sie die Fragen und versuchen Sie zu antworten. Die Angaben in Klammern sind eine Hilfe für Sie. Anschließend können Sie die richtige Antwort hören.

1. • Πώς πας στην δουλειά; • *(U-Bahn)* ______
2. • Τι ώρα πας στην δουλειά; • *(um 8:30)* ______
3. • Τι ώρα τελειώνεις την δουλειά; • *(um 17:00)* ______
4. • Είναι κοντά στο ταχυδρομείο; • *(Nein)* ______
5. • Τι κάνεις μετά την δουλειά; • *(Taverne)* ______

LERNTIPP

Haben Sie nach wie vor Spaß an Ihrer Top-10-Liste? Schreiben Sie Ihre Favoriten aus jeder Einheit auf Karteikärtchen! Auf Ihrer nächsten Reise können diese Karten nützliche Begleiter sein.

18

TR. 44

Wie sagt man auf Griechisch? Unten finden Sie 5 Sätze rund um die Uhrzeit Formulieren Sie die Fragen und hören Sie dann nach.

1. *Wie spät ist es?*
2. *Ich arbeite von 9:00 bis 17:00 Uhr.*
3. *Wie lange dauert es?*
4. *Es dauert 25 Minuten.*
5. *Um wie viel Uhr nehmen Sie den Bus?*

RÜCKBLICK 1

Hier haben Sie die Gelegenheit, Ihre Kenntnisse zu überprüfen und zu vertiefen.

TR. 45

1

Hören Sie zu und schreiben Sie die Namen der Personen auf.

1

2

3

4

2

Verbinden Sie die folgenden Wörter mit ihrem Gegenteil.

1. Καλημέρα!	5. Εδώ	___ A Πολύ καλά.	___ E Εκεί
2. Χάλια!	6. Άσχημα.	___ B Όχι, δεν είμαι.	___ F Χωρίς γάλα.
3. Γεια σας!	7. Ναι, είμαι.	___ C Ελληνίδα	___ G Μια χαρά!
4. Έλληνας	8. Με γάλα.	___ D Καληνύχτα!	___ H Γεια σου!

LERNTIPP

Schreiben Sie die Wortpaare, die Sie häufig verwenden, zusammen auf eine Karteikarte.

3

Lesen Sie die folgenden Sätze oder Fragen und kreuzen Sie die korrekte Antwort an.

1. Χαίρω πολύ!	☐ A Κι εγώ!	☐ B Γεια χαρά!
2. Τι κάνεις;	☐ A Καλά είμαι.	☐ B Ναι. Εσύ;
3. Πώς είσαι;	☐ A Χάλια.	☐ B Είμαι ο Νίκος.
4. Είναι ο Νίκος εδώ;	☐ A Όχι, δεν είναι.	☐ B Ναι, εγώ είμαι.
5. Είσαι ο Πέτρος;	☐ A Όχι, δεν είναι.	☐ B Όχι, δεν είμαι.

TR. 46

4

Sie sehen hier verschiedene Uhren. Hören Sie sich die Uhrzeiten an. Welche Uhr gibt die Uhrzeit der Aussage wieder?

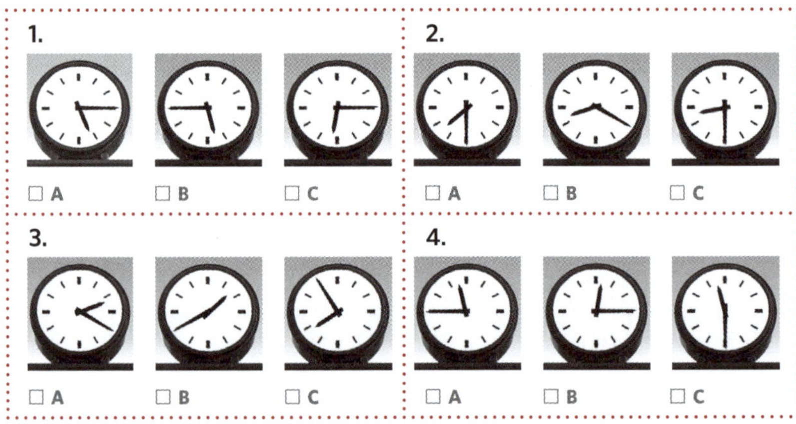

5

Wie viele Wörter haben sich im Wortgitter unten versteckt? Finden Sie die Wörter und ordnen Sie sie anschließend den richtigen Bereichen zu.

Μ	Ε	Τ	Ρ	Ο	Ε
Τ	Ρ	Α	Μ	Κ	Ν
Δ	Ε	Ξ	Ι	Α	Α
Ι	Σ	Ι	Α	Τ	Ι
Π	Ο	Υ	Π	Ω	Σ
Θ	Η	Ε	Ν	Α	Σ

Waagerecht		Senkrecht
1	5	9
2	6	10
3	7	11
4	8	12

A Verkehr	**B** Richtung	**C** Zahlen	**D** Fragewörter
1. ______	**4.** ______	**7.** ______	**10.** ______
2. ______	**5.** ______	**8.** ______	**11.** ______
3. ______	**6.** ______	**9.** ______	**12.** ______

6

Schauen Sie sich die drei Visitenkarten unten an und entscheiden Sie sich, welche Sie brauchen, wenn ...

A ... Sie etwas essen möchten.

B ... Sie mit einem Freund etwas trinken möchten.

C ... Sie jemandem die Adresse des Museums zeigen möchten, das Sie vor kurzem besucht haben.

Schreiben Sie A, B oder C auf die jeweilige Visitenkarte.

LERNTIPP

In dieser Übung sollten Sie nach Schlüsselwörtern suchen, die Ihnen bei der Lösung helfen. Seien Sie geduldig mit neuen Wörtern. In jedem Originaldokument steckt das eine oder andere unbekannte Wort oder ein völlig neuer Ausdruck!

1 ☐

ΜΠΑΡ ΑΛΧΗΜΕΙΑ
Ιπποκράτους 75
Εξάρχεια
Τηλ.: 210 5467892
Κινητό: 6945634298

2 ☐

ΤΟ ΝΕΟ ΜΟΥΣΕΙΟ
Η ΑΡΧΑΙΑ ΑΚΡΟΠΟΛΗ
Οδός Ακροπόλεως 4
Πλάκα
Τηλέφωνο: 210 5438761
Φαξ: 219 5489765

3 ☐

ΤΑΒΕΡΝΑ
Ο ΜΕΡΑΚΛΗΣ
Πλατεία Παγκρατίου
Παγκράτι
Τηλ.: 210 7645322
Email: mera@mail.gr

7

Hier ist ein Detektivspiel für Sie mit den drei Visitenkarten von oben. Was bedeuten die folgenden Wörter auf Griechisch?

1. *Feinschmecker; jd., der etw. gern tut* ______ **4.** *Platz* ______

2. *Straße* ______ **5.** *Alchemie* ______

3. *antik/alt* ______ **6.** *Spaß* ______

TR. 47

8

Drei Leute stellen sich vor. Hören Sie zu und entscheiden Sie, welche Visitenkarte aus Übung 6 zu wem gehört. Versuchen Sie dann, die Namen der Personen zu verstehen. Schreiben Sie diese unter die Bilder.

A ☐ ______ ______

B ☐ ______ ______

C ☐ ______ ______

TR. 48

9

Auf der Karte unten finden Sie ein Museum, eine Taverne und eine Bar eingezeichnet. Hören Sie die Ortsbeschreibungen. Stimmt das Gehörte mit der Karte überein? Schreiben Sie ΝΑΙ für die richtigen Beschreibungen, ΌΧΙ für die falschen.

A Μουσείο: ______

B Ταβέρνα: ______

C Μπαρ: ______

ΜΠΑΡ ΤΑΒΕΡΝΑ
ΜΕΤΡΟ ΜΟΥΣΕΙΟ
Πλατεία
Οδός Παγκρατίου
Οδός Θερμοπυλών
ΤΑΞΙ ΜΗΤΡΟΠΟΛΗ
ΤΑΧΥΔΡΟΜΕΙΟ ΠΕΡΙΠΤΕΡΟ

TR. 48

10

Hören Sie die Beschreibungen noch einmal. Kreuzen Sie die richtige Antwort an.

1. Το μουσείο είναι ☐ **A** δίπλα στον σταθμό. ☐ **B** μακριά από τον σταθμό.
2. Η ταβέρνα είναι ☐ **A** απέναντι από την πλατεία. ☐ **B** μακριά από την πλατεία.
3. Το μπαρ είναι ☐ **A** στην πλατεία Παγκρατίου ☐ **B** στην οδό Παγκρατίου.

TR. 49

11

Beantworten Sie die Fragen auf Griechisch.

1. Πώς σας λένε; *(Bettina)* ______
2. Από πού είστε; *(Deutschland)* ______
3. Πού μένετε; *(Patra)* ______
4. Μιλάτε Ελληνικά; *(sehr gut)* ______
5. Τι δουλειά κάνετε; *(Lehrerin)* ______
6. Πού δουλεύετε; *(Schule)* ______

12

TR. 50

Sie sind in einem Café. Der Ober scheint schlecht zu hören. Lesen und hören Sie die Fragen, bevor Sie wiederholen, was Sie genau möchten.

1. Θέλετε έναν καφέ μέτριο;
2. Κι ένα μπουκάλι νερό;
3. Το τοστ με ντομάτα και τυρί;
4. Κι ένα παγωτό σοκολάτα;

A *Nein, ohne Zucker bitte!*
B *Ja, eine kleine bitte!*
C *Bitte auch mit Schinken!*
D *Nein, Vanilleeis bitte!*

13

TR. 51

Sie sitzen in einem griechischen Café und genießen das schöne Wetter! Sie versuchen, die Gespräche an den Nachbartischen mitzuhören. Welches Foto passt zu welchem Dialog?

A

Dialog ☐ 1 ☐ 2 ☐ 3

B

Dialog ☐ 1 ☐ 2 ☐ 3

C

Dialog ☐ 1 ☐ 2 ☐ 3

14

Hören Sie die drei Dialoge noch einmal und ergänzen Sie die fehlenden Wörter.

τυρί φραπέ καράφα ούζο χυμό

Dialog 1

- Τι θα πάρετε παρακαλώ;
- Έναν ______ 1 μέτριο με γάλα.
- Η κυρία;
- Έναν ______ 2 πορτοκάλι.
- Αμέσως!

Dialog 2

- Τι θέλετε παρακαλώ;
- Μια πορτοκαλάδα μπλε.
- Ο κύριος;
- Ένα τοστ με ζαμπόν και ______ 3, έναν μέτριο κι ένα ποτήρι νερό.
- Τώρα, αμέσως!

Dialog 3

- Ναι, παρακαλώ!
- Ένα ______ 4 παρακαλώ.
- Με νερό και παγάκια;
- Μόνο παγάκια και μία ______ 5 νερό.
- Αμέσως, έφτασε!

Sind Sie bereit für den nächsten Online-Test? Sie finden ihn unter **www.pons.de/power**.

LEKTION 6 Ein Kilo Feta Dodonis bitte!

Lernziele: Lebensmittel; einkaufen und bezahlen; Mengenangaben; Preise; 100 - 1000

1

TR. 52

Sie sehen hier neun Spezialitäten aus verschiedenen Regionen Griechenlands. Nummerieren Sie die Produkte in der gehörten Reihenfolge.

Λάδι Μυτιλήνης · Ούζο Χίου · Κρασί Αχαΐας · Πορτοκάλια Κρήτης · Ντομάτες Ρόδου

Μήλα Τρίπολης · Κοτόπουλα Άρτας · Τυρί Μετσόβου · Ελιές Καλαμάτας

2

TR. 52

Wie lautet die griechische Bezeichnung für die Wörter unten? Hören Sie noch einmal zu und nummerieren Sie dann die Produkte in der gehörten Reihenfolge. Ein Blick auf Übung 1 kann Ihnen behilflich sein!

___ A *Orangen*	___ D *Ouzo*	___ G *Tomaten*
___ B *Hühnchen*	___ E *Käse*	___ H *Äpfel*
___ C *Öl*	___ F *Oliven*	___ I *Wein*

3

TR. 53

In den folgenden Dialogen hören Sie Menschen beim Einkaufen auf dem Markt. Hören und lesen Sie mit und füllen Sie die Lücken mit dem korrekten Wort aus dem Kasten.

μήλα · κιλό · μισό · αγγούρια · εκατό · τυρί

Dialog 1

- Καλημέρα, τι θέλετε παρακαλώ;
- Θα ήθελα ένα ______________ 1 ντομάτες.
- Τίποτ' άλλο;
- Ναι, ______________ 2 γραμμάρια ελιές Καλαμάτας. Μήπως έχετε και ______________ 3 Τρίπολης;
- Αμέ, βέβαια!

Dialog 2

- Γεια σας κυρία Ελπίδα!
- Χαίρετε, κύριε Κώστα! Έχετε ______________ 4 Μετσόβου;
- Όπως πάντα ναι. Πόσο θέλετε;
- ______________ 5 κιλό και τρία μικρά ______________ 6 Κρήτης.
- Αμέσως, κυρία μου!

4

Lesen Sie die Dialoge noch einmal. Kreuzen Sie die richtige Übersetzung der folgenden Redewendungen an.

1. *Was möchten Sie bitte?* ☐ **A** Τι θέλετε παρακαλώ; ☐ **B** Πόσο θέλετε παρακαλώ;
2. *Wie viel möchten Sie?* ☐ **A** Τι θέλετε; ☐ **B** Πόσο θέλετε;
3. *Ein halbes Kilo!* ☐ **A** Ένα κιλό! ☐ **B** Μισό κιλό!
4. *Sofort!* ☐ **A** Αμέ, βέβαια! ☐ **B** Αμέσως!
5. *Haben Sie vielleicht ... ?* ☐ **A** Μήπως έχετε ...; ☐ **B** Πόσο θέλετε ...;

5

TR. 54

Wir befinden uns weiterhin auf dem Markt. Die folgenden Gespräche sind ein wenig durcheinander geraten. Hören Sie die Dialoge und bringen Sie sie in die richtige Reihenfolge. Der Anfang ist für Sie gemacht.

Dialog 1

1. Χαίρετε κυρία Μαυρίδη.

___ Τι φέτα έχετε σήμερα;

___ Τι θέλετε σήμερα;

___ Φέτα Δωδώνης και φέτα Μυτιλήνης.

___ Γεια σας κύριε Κώστα!

___ Θέλω μισό κιλό φέτα.

___ Δώστε μου Δωδώνης.

Dialog 2

___ Θέλω λίγες ελιές.

___ Βέβαια! Πόσες θέλετε;

___ Καλησπέρα κύριε Γιώργο.

___ Τι θέλετε σήμερα;

1. Γεια σου κυρία Άννα.

___ Πράσινες ή μαύρες;

___ Πράσινες. Είναι καλές;

6

TR. 54

Es kann in einem Gespräch durchaus vorkommen, dass Sie die Bedeutung einiger Wörter zunächst erraten müssen. Dies ist völlig normal in einer neuen Sprache. Hören Sie die Dialoge aus Übung 5 noch einmal und entscheiden Sie anschließend!

1. Das Wort **σήμερα** bedeutet ... ☐ **A** *jetzt* ☐ **B** *heute*
2. **Δώστε μου** bedeutet ... ☐ **A** *Geben Sie mir ...* ☐ **B** *Sagen Sie mir ...*
3. *Ich hätte gern* heißt ... ☐ **A** Θέλω ... ☐ **B** Θα ήθελα ...
4. *Ich möchte* heißt ... ☐ **A** Θέλω ... ☐ **B** Θα ήθελα ...
5. *Grüne Oliven* sind ... ☐ **A** πράσινες ελιές ☐ **B** μαύρες ελιές
6. *Schwarze Oliven* sind ... ☐ **A** πράσινες ελιές ☐ **B** μαύρες ελιές

Bestimmt haben Sie bemerkt, dass anders als im Deutschen (Kölner Dom) im Griechischen der Herkunftsort nach dem Produktnamen steht, z. B. **τυρί Μετσόβου**. Die Ortsangabe steht dabei im Genitiv. Der Genitiv antwortet auf die Frage: *Wessen?* Als Beispiele hier nochmals die Produktnamen aus Übung 1:

Λάδι Μυτιλήνης	**Πορτοκάλια Κρήτης**	**Κοτόπουλα Άρτας**
Ούζο Χίου	**Ντομάτες Ρόδου**	**Τυρί Μετσόβου**
Κρασί Αχαΐας	**Μήλα Τρίπολης**	**Ελιές Καλαμάτας**

Wie Sie sehen, sind alle Ortsangaben weiblich, außer **Μετσόβο**, welches sächlich ist. Die meisten Städtenamen oder Ortsangaben im Griechischen sind weiblich. Beachten Sie auch die sich verändernden Endungen unten.

(F) auf **-α**	(F) auf **-η**
η Αχαΐα → της Αχαΐας **η Άρτα → της Άρτας** **η Καλαμάτα → της Καλαμάτας**	**η Μυτιλήνη → της Μυτιλήνης** **η Κρήτη → της Κρήτης** **η Τρίπολη → της Τρίπολης**
(F) auf **-ος**	(N) auf **-ο**
η Χίος → της Χίου **η Ρόδος → της Ρόδου**	**το Μέτσοβο → του Μετσόβου**

Auch der bestimmte Artikel ändert sich:
(m) **ο → του** (f) **η → της** (n) **το → του**

Bevor Sie sich der nächsten Übung widmen, werfen Sie einen Blick in den Grammatikanhang S. 137!

ABC **WORTSCHATZ**

τρία τέταρτα - *3/4*
το σταφύλι - *Traube*
ένα τέταρτο - *1/4*
ο χαλβάς - *Süßspeise*
διακόσια - *zweihundert*
το γραμμάρι - *Gramm*
το μέλι - *Honig*
πατατες - *Kartoffeln*

7

Nachfolgend finden Sie griechische Lebensmittel aus bestimmten Städten. Lesen Sie und kreuzen Sie die korrekte Form der Ortsangabe an.

	A	B
1. Ένα κιλό μήλα ...	☐ **A** Βόλου	☐ **B** Βόλος
2. Ένα κιλό πατάτες ...	☐ **A** Ξάνθη	☐ **B** Ξάνθης
3. Μισό κιλό φέτα ...	☐ **A** Δωδώνη	☐ **B** Δωδώνης
4. Τρία τέταρτα σταφύλια ...	☐ **A** Τρίπολης	☐ **B** Τρίπολη
5. Ένα τέταρτο χαλβάς ...	☐ **A** Φαρσάλων	☐ **B** Φάρσαλα
6. Διακόσια γραμμάρια μέλι ...	☐ **A** Αττικής	☐ **B** Αττική

8

Ordnen Sie die Mengenangaben ihren deutschen Entsprechungen zu.

1. Εκατό γραμμάρια ...	___	A *Ein Viertel ...*
2. Διακόσια γραμμάρια ...	___	B *Drei Viertel ...*
3. Ένα τέταρτο ...	___	C *Ein Kilo ...*
4. Τρία τέταρτα ...	___	D *Ein halbes Kilo ...*
5. Μισό κιλό ...	___	E *Zweihundert Gramm ...*
6. Ένα κιλό ...	___	F *Einhundert Gramm ...*

9

Diese Zutaten benötigen Sie für **χωριάτικη σαλάτα**, einen *griechischen Bauernsalat.* Lesen Sie das Rezept und beantworten Sie die Fragen.

Μια χωριάτικη σαλάτα έχει: Δύο ή τρεις ντομάτες, μισό αγγούρι, πράσινη πιπεριά, μαύρες ή πράσινες ελιές, κρεμμύδι, 50 – 100 γραμμάρια φέτα, λάδι, ξύδι, αλάτι, πιπέρι και ρίγανη.

1. Das Wort für *Gurke* lautet:	☐ **A** αγγούρι	☐ **B** κρεμμύδι
2. Das Wort für *Pfeffer* lautet:	☐ **A** πιπεριά	☐ **B** πιπέρι
3. Das Wort für *Essig* lautet:	☐ **A** λάδι	☐ **B** ξύδι
4. Das Wort für *Oliven* lautet:	☐ **A** λάδι	☐ **B** ελιές
5. Das Wort für *Oregano* lautet:	☐ **A** ρίγανη	☐ **B** αγγούρι

10

Schauen Sie sich die Vokabeln in Übung 9 noch einmal an und tragen Sie sie nach Geschlecht sortiert in die Liste unten ein.

Weiblich				
1. ______	**2.** ______	**3.** ______	**4.** ______	**5.** ______
Sächlich				
6. ______	**7.** ______	**8.** ______	**9.** ______	**10.** ______

11

TR. 55

Ελπίδα kauft auf der **αγορά**, dem *Markt* ein. Hören Sie zu und kreuzen Sie die Lebensmittel an, die sie kauft.

1 ☐ ζαμπόν

2 ☐ γάλα

3 ☐ αυγά

4 ☐ γιαούρτι

5 ☐ μαρμελάδα

WORTSCHATZ

η μαρμελάδα - *Marmelade*

η φέτα - *Scheibe*

η κονσέρβα - *Dose*

η σαρδέλα - *Sardine*

το κομμάτι - *Stück*

η φρατζόλα - *Laib*

τα μακαρόνια - *Spaghetti*

12

Wie heißen die folgenden Produkte auf Griechisch? Ordnen Sie die Wörter unten den Bildern zu.

1 ______

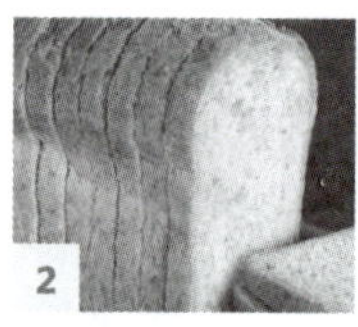
2 ______

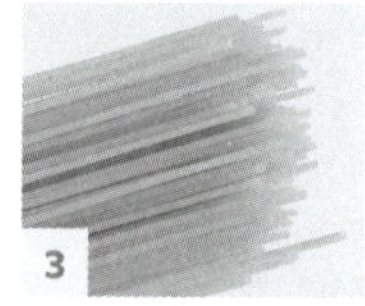
3 ______

4 ______

5 ______

6 ______

7 ______

8 ______

___ **A** ένα βαζάκι μαρμελάδα
___ **B** ένα πακέτο μακαρόνια
___ **C** ένα ποτήρι κρασί
___ **D** ένα μπουκάλι νερό
___ **E** μία φέτα ψωμί
___ **F** μία κονσέρβα σαρδέλες
___ **G** ένα κουτί λεμονάδα
___ **H** ένα κομμάτι τυρί

13

TR. 56

Sie befinden sich in einem Lebensmittelgeschäft. Wie viel kosten die aufgelisteten Produkte? Hören Sie mit und notieren Sie die Preise unten.

1. μαρμελάδα ______
2. μακαρόνια ______
3. κρασί ______
4. νερό ______
5. ψωμί ______
6. σαρδέλες ______
7. λεμονάδα ______
8. τυρί ______

14

Πόσο κάνει; wird für die Frage im Singular verwendet, **Πόσο κάνουν;** für die Frage im Plural. Vervollständigen Sie die Sätze unten mit **κάνει** oder **κάνουν**.

1. Πόσο ______ δύο πακέτα μακαρόνια;
2. Πόσο ______ ένα μπουκάλι νερό;
3. Πόσο ______ ένα ποτήρι κρασί;
4. Πόσο ______ δύο κιλά πατάτες;
5. Πόσο ______ ένα κομμάτι τυρί;
6. Πόσο ______ μία φρατζόλα ψωμί;

15

Wenn Sie auf dem Markt einkaufen gehen, ist es hilfreich, die Zahlen zwischen 100 und 1000 zu beherrschen. So können Sie die gewünschte Menge in Gramm ausdrücken. Ergänzen Sie die fehlenden Zahlen im Kästchen unten. Ein Tipp: Denken Sie dabei an die Zahlen 1–9!

100 **εκατό**	200 A ______	300 **τριακόσια**
400 B ______	500 **πεντακόσια**	600 C ______
700 **εφτακόσια**	800 D ______	900 **εννιακόσια**
1000 E ______		

16

TR. 57

Überprüfen Sie Ihre Antworten nun mit dem Audiotrack und sprechen Sie alle Zahlen laut nach. Versuchen Sie doch auch, die neuen Zahlen rechts auf Griechisch zu schreiben!

230 ______	670 ______
450 ______	890 ______

17

Sie sehen hier den Prospekt eines großen **σούπερ μάρκετ** mit den Sonderangeboten einiger Abteilungen. Finden Sie das Produkt, das jeweils in der falschen Abteilung gelistet ist, und tragen Sie es in die richtige Abteilung ein.

1

2

3

1. κιμάς	**5.** μπριζόλες	**9.** κουλουράκια
2. κοτόπουλα	**6.** μπανάνες	**10.** σταφύλια
3. ψωμί	**7.** λεμόνια	**11.** κρουασάν
4. λουκάνικα	**8.** μήλα	**12.** μπισκότα
A ______	B ______	C ______

SPRACHTIPP

Sie kennen das sicher: Sie lesen einen Werbeprospekt in der Fremdsprache, und die Liste unbekannter Wörter wird immer länger. Lassen Sie sich nicht entmutigen; nicht jedes Wort ist wichtig, um den Prospekt zu verstehen. Halten Sie nach Fotos Ausschau und lesen Sie Wörter laut. Diese Tricks können Ihnen beim Verstehen oft weiterhelfen.

 TR. 58

18

Sie sind im **κρεοπωλειο** (*Metzgerei*): Fragen Sie nach dem Preis für 0,5 kg Hackfleisch, 1 kg Kotelett, 1,5 kg Wurst und 2 kg Hühnchen. Hören Sie dann, ob Sie die Fragen richtig formuliert haben, und kreuzen Sie anschließend den richtigen Preis für jeden Posten an.

1. 1/2 κιλό κιμά	**2.** 1 κιλό μπριζόλες	**3.** 1 1/2 κιλό λουκάνικα	**4.** 2 κιλά κοτόπουλο
☐ A **7,80 €**	☐ A **14,60 €**	☐ A **9,20 €**	☐ A **6,55 €**
☐ B **8,70 €**	☐ B **16,40 €**	☐ B **9,40 €**	☐ B **5,65 €**

TR. 59

19

Übernehmen Sie nun einen Part in den beiden Dialogen unten. Die Anleitungen in Klammern sollen Ihnen dabei helfen. Versuchen Sie zunächst für sich, Ihren Part zu sprechen und aufzuschreiben. Hören Sie dann den Dialog.

ABC WORTSCHATZ

το λουκάνικο - *Wurst*
η μπριζόλα - *Steak*
το λεμόνι - *Zitrone*
το κουλουράκι - *Buttergebäck*
το σταφύλι - *Weintraube*
το μπισκότο - *Keks*
Κάτι άλλο; - *Noch etwas?*
μικρός/-ή/-ό - *klein*
μεγάλος/-η/-ο - *groß*
Πόσο κάνουν ...; - *Wie viel kosten ... ?*
όλα - *alles*
μαζί - *zusammen*
Τίποτα άλλο ...; - *Außerdem ... ?*

1.
- Καλημέρα! Τι θέλει η κυρία;
- *(Ich möchte gerne eine Gurke und etwas Knoblauch.)*

1 ______________________________
- Κάτι άλλο;
- *(Ja, und einen Joghurt bitte.)*

2 ______________________________
- Μικρό ή μεγάλο;
- *(Groß, bitte. Was macht das zusammen?)*

3 ______________________________

2.
- Γεια σας! Τι θέλει ο κύριος;
- *(Ich hätte gerne eine Knolle Knoblauch.)*

1 ______________________________
- Τίποτα άλλο;
- *(Ja! Und eine Aubergine.)*

2 ______________________________
- Μεγάλη ή μικρή;
- *(Klein, bitte. Wie viel kostet das alles?)*

3 ______________________________

20

Die Personen aus Übung 19 haben Zutaten für Tzatziki und für Auberginensalat gekauft. Welche Person will Tzatziki, welche Auberginensalat machen?

1. το τζατζίκι ☐ Dialog 1 ☐ Dialog 2
2. η μελιτζανοσαλάτα ☐ Dialog 1 ☐ Dialog 2

Das Wort **πόσο** *wie viel* wird wie ein Adjektiv verwendet, d. h. es hat eine männliche, eine weibliche und eine sächliche Endung. Schauen Sie sich die Beispiele an!

Πόσος κόσμος είναι εδώ; *Wie viele Menschen sind hier?*	**Πόσοι άνθρωποι είναι εδώ;** *Wie viele Leute sind hier?*
Πόση ώρα θέλεις; *Wie viel Zeit willst/brauchst du?*	**Πόσες γυναίκες είναι εδώ;** *Wie viele Frauen sind hier?*
Πόσο βούτυρο θέλεις; *Wie viel Butter willst du?*	**Πόσα παιδιά είναι εδώ;** *Wie viele Kinder sind hier?*

Wie Sie aus den Beispielen ersehen können, sind die Endungen der Adjektive und der entsprechenden Nomen meist identisch. Behalten Sie sich diese Regel. In Übung 5 hatten Sie dazu bereits Beispiele mit dem Nomen **ελιές** und seinen entsprechenden Adjektiven: **καλές, λίγες, πράσινες, μαύρες ελιές**!

 6, 9

 LERNTIPP

Denken Sie auch an Ihre Top 10-Liste der wichtigsten Wörter aus jeder Einheit? Sie könnten diese Listen in ein Vokabelheft übertragen oder auf Karteikarten geschrieben in einem Vokabelkasten sammeln. Die Verwendung verschiedener Farben, etwa blau für Substantive, grün für Verben etc. erleichtert Ihnen die Übersicht.

21

 TR. 60

Formulieren Sie nun die folgenden Fragen auf Griechisch. Überprüfen Sie Ihre Antworten mit der CD.

1. *Wie viel kostet die Butter?* ____________
2. *Wie viel kosten die Tomaten?* ____________
3. *Wie viele Äpfel möchtest du?* ____________
4. *Wie viel brauchst du?* ____________
5. *Wie lange dauert es?* ____________
6. *Wie viel kosten die grünen Oliven?* ____________

22

TR. 61

Der Verkäufer hört schlecht. Hören Sie seine Fragen, lesen Sie mit und sagen ihm dann exakt, was Sie möchten. Schreiben Sie Ihre Antworten (auf Griechisch!) unten auf.

1. Θέλετε ένα κιλό φέτα Μυτιλήνης;
   Nein, ein Kilo Feta Dodonis bitte! ____________
2. Θέλετε ένα κιλό ντομάτες;
   Nicht 1 kg, sondern ein halbes! ____________
3. Θέλετε τρία τέταρτα ελιές Καλαμάτας;
   Nein, ein Viertel, nicht drei Viertel! ____________
4. Θέλετε διακόσια γραμμάρια βούτυρο;
   Nein, nur einhundert Gramm bitte! ____________

Das steht Ihnen sehr gut!

Lernziele: Kleidung und Farben; Konfektionsgrößen; Geschenke besorgen

1

TR. 62

Hören Sie sich **τα χρώματα** (*Farben*) an und sprechen Sie sie mehrmals laut nach. Einige Farben können Sie bestimmt erkennen. Ordnen Sie die Farben unten ihrer deutschen Entsprechung zu.

1. μπλε	**6.** μαύρο	___ **A** *braun*	___ **F** *orange*
2. κόκκινο	**7.** γκρι	___ **B** *schwarz*	___ **G** *rosa*
3. πορτοκαλί	**8.** πράσινο	___ **C** *grau*	___ **H** *gelb*
4. καφέ	**9.** κίτρινο	___ **D** *blau*	___ **I** *rot*
5. άσπρο	**10.** ροζ	___ **E** *grün*	___ **J** *weiß*

2

TR. 63

Wie heißen die folgenden Kleidungsstücke auf Griechisch? Hören Sie zu und sprechen Sie nach. Schreiben Sie die Wörter dann unter das entsprechende Bild.

SPRACHTIPP

Viele Kleidungsstücke sind im Griechischen sächlich. So auch in dieser Übung, außer

η φούστα - *der Rock.*

Neutrale Substantive sind im Griechischen an ihrer Endung erkennbar, z. B.

-ο, -ι und oft **-μα.**

1 ______

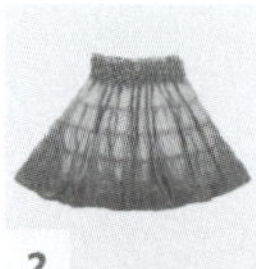
2 ______

3 ______

4 ______

5 ______

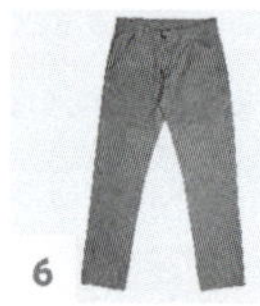
6 ______

7 ______

8 ______

9 ______

10 ______

3

TR. 64

Welche Farbe haben die Kleidungsstücke? Hören Sie zu und ordnen Sie die Farben den Kleidungsstücken zu. Schreiben Sie die Farben dann unten auf.

SPRACHTIPP

Viele Fremdwörter sind im Griechischen sächlichen Geschlechts:

το πουλόβερ - *Pullover*

το τζιν - *Jeans*

το φούτερ - *Sweatshirt*

1. άσπρο	___ **A**	______	παντελόνι
2. μαύρο	___ **B**	______	σακάκι
3. ροζ	___ **C**	______	φούστα
4. πράσινο	___ **D**	______	φουστάνι
5. καφέ	___ **E**	______	πουλόβερ
6. κίτρινο	___ **F**	______	πουκάμισο
7. κόκκινο	___ **G**	______	φανελάκι
8. πορτοκαλί	___ **H**	______	παπούτσια
9. μπλε	___ **I**	______	τζιν
10. γκρι	___ **J**	______	κάλτσες

4

Drei Freunde unterhalten sich darüber, was für ein Geschenk sie Κατερίνα zu ihrem **γενέθλια** *(Geburtstag)* machen sollen. Hören Sie den Dialog und kreuzen Sie an, welche Aussage auf welche Person zutrifft.

TR. 65

SPRACHTIPP

Synonym für **φουστάνι** (Kleid) - **φόρεμα**

	Αντωνία	Μιχάλης	Χρήστος
1. Μια κίτρινη φούστα.	☐ A	☐ B	☐ C
2. Ένα κίτρινο φουστάνι.	☐ A	☐ B	☐ C
3. Ένα άσπρο πουλόβερ.	☐ A	☐ B	☐ C
4. Ένα μαύρο πουλόβερ.	☐ A	☐ B	☐ C
5. Ένα τζιν.	☐ A	☐ B	☐ C
6. Ένα πράσινο φούτερ.	☐ A	☐ B	☐ C
7. Ένα κόκκινο φούτερ.	☐ A	☐ B	☐ C

KULTURTIPP

Konfektionsgrößen in Griechenland entsprechen etwa den Maßen S - M - L - XL. Oft hört man die Wörter **μικρό – μεσαίο – μεγάλο – έξτρα μεγάλο.**

5

Hören Sie sich den Dialog noch einmal an. Auf welches Geschenk einigen sich die drei Freunde? Zum Mitlesen finden Sie den Dialog im Anhang.

TR. 65

☐ **A** μία κίτρινη φούστα ☐ **B** ένα κίτρινο φουστάνι ☐ **C** ένα κόκκινο φούτερ

6

Welches Adjektiv passt zu welchem Bild? Hören Sie zu und üben Sie zunächst die Aussprache, bevor Sie die Wörter den Bildern zuordnen. Schreiben Sie die Wörter dann unter das passende Bild.

TR. 66

___ **A** φαρδύς/-ιά/-ύ ___ **D** στενός/-ή/-ό ___ **G** μακρύς/-ιά/-ύ
___ **B** ακριβός/-ή/-ό ___ **E** απλός/-ή/-ό ___ **H** κοντός/-ή/-ό
___ **C** φτηνός/-ή/-ό ___ **F** έξαλλος/-η/-ο

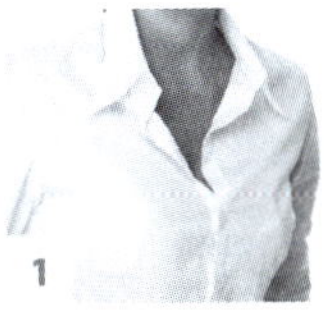
1 ______

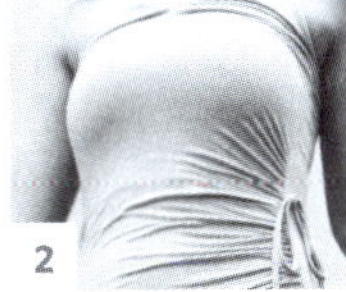
2 ______

3 ______

4 ______

5 ______

6 ______

7 ______

8 ______

SPRACHTIPP

Die Farben sind als Substantive wie im Deutschen sächlich, z. B. **το μπλε** - *das Blau* oder **το κίτρινο** - *das Gelb.* Meist werden Farben jedoch als Adjektiv verwendet und richten sich dann nach dem Substantiv: **το κόκκινο λουλούδι** - *die rote Blume*, aber **τα κόκκινα λουλούδια** - *die roten Blumen;* **η κόκκινη φούστα** - *der rote Rock*, **οι κόκκινες φούστες** - *die roten Röcke.*

TR. 65

7

Lesen Sie nun den Dialog von Übung 4 und ergänzen die Lücken mit den folgenden Wörtern. Hören Sie dann den Dialog noch einmal, lesen Sie laut mit und überprüfen Sie Ihre Antworten.

λέω | νομίζω | προτείνω | πιστεύω | έχω | μου αρέσει

Μιχάλης: Αντωνία, εσύ τι λες;
Αντωνία: Εγώ ________ 1 ένα κίτρινο φουστάνι ή μία κίτρινη φούστα.
Μιχάλης: Το κίτρινο χρώμα δεν ________ 2. Εγώ ________ 3 ένα άσπρο ή ένα μαύρο πουλόβερ.
Χρήστος: Πουλόβερ; Εγώ ________ 4 ένα τζιν ή ένα φούτερ.
Μιχάλης: Μπράβο Χρήστο! Καλή ιδέα ένα φούτερ! Αλλά τι χρώμα;
Χρήστος: Εγώ ________ 5 ένα πράσινο ή κόκκινο φούτερ. Τι λες Αντωνία;
Αντωνία: Δεν ________ 6 ιδέα! Μήπως ...κόκκινο; Ναι, ναι, κόκκινο!

ABC WORTSCHATZ

Τι λες; - *Was sagst du?*
το χρώμα - *Farbe*
η ιδέα - *Idee*
μήπως - *vielleicht*

8

Lesen Sie den Dialog aus Übung 7 noch einmal und ordnen Sie die sechs Verben unten ihrer deutschen Entsprechung zu.

1. λέω ...
2. νομίζω ...
3. προτείνω ...
4. πιστεύω ...
5. έχω ...
6. μου αρέσει ...

___ A *ich habe ...*
___ B *ich schlage (etwas) vor ...*
___ C *ich denke ...*
___ D *ich glaube ...*
___ E *ich mag ... / mir gefällt ...*
___ F *ich sage ...*

SPRACHTIPP

Eine andere Möglichkeit, seine Zustimmung bzw. Ablehnung auszudrücken, ist das Verb **συμφωνώ** (*zustimmen*), **συμφωνώ** - *ich stimme zu*, **δεν συμφωνώ** - *ich stimme nicht zu.*

9

Lesen Sie den Dialog ein weiteres Mal. Schreiben Sie auf, wie man Folgendes auf Griechisch ausdrückt. Mehrere Antworten können möglich sein.

1. Sie wollen einen Vorschlag von jemandem hören:
____

2. Sie machen selbst einen Vorschlag:
____

3. Sie sind mit dem Vorschlag einverstanden:
____

4. Sie sind mit dem Vorschlag nicht einverstanden:
____

5. Sie haben wirklich keine Ahnung:
____

10

Sie erinnern sich: Adjektive richten sich in Zahl und Geschlecht nach dem Substantiv, das sie begleiten. Denken Sie daran, wenn Sie diese Übung bearbeiten! Vervollständigen Sie die folgenden Sätze.

1. Ένα ______ πουλόβερ. ☐ A άσπρος ☐ B άσπρο
2. Μια ______ φούστα. ☐ A μαύρη ☐ B μαύρο
3. Ένας ______ χυμός. ☐ A φτηνός ☐ B φτηνή
4. Ένα ______ χρώμα ☐ A απλή ☐ B απλό
5. Ένα ______ παντελόνι. ☐ A φαρδύς ☐ B φαρδύ
6. Μια ______ φούστα. ☐ A μακριά ☐ B μακρύ
7. Ένα ______ φούτερ. ☐ A έξαλλος ☐ B έξαλλο
8. Ένα ______ τζιν. ☐ A κοντό ☐ B κοντή

LERNTIPP

Am besten lernt man Adjektive gleich zusammen mit ihrem Gegenteil, z. B.

φτηνός ≠ ακριβός

φαρδύς ≠ στενός

μίνι ≠ μάξι

Natürlich können Sie auch einfach **όχι** vor das Adjektiv setzen; das Gegenteil von **φτηνό** etwa ist **ακριβό** oder aber **όχι φτηνό**.

11

Lassen Sie uns jetzt einige Regeln für die griechischen Adjektive aufstellen. Ein Blick auf die Sprachtipps aus Übung 6 kann Ihnen bei der Bearbeitung dieser Aufgabe helfen.

1. Griechische Adjektive enden normalerweise auf

   1 (m) - ___ / 2 (f) - ___ / 3 (n) - ___

   Geben Sie zwei Beispiele: ______, ______
2. Manchmal enden Adjektive auch auf 1 (m) - ___ / 2 (f) - ___ / 3 (n) - ___

   Geben Sie zwei Beispiele: ______, ______
3. Gibt es Adjektive mit der gleichen Endung für (m), (f) und (n)? ☐ A ja ☐ B nein

   Wenn ja, geben Sie zwei Beispiele: ______, ______

 6

12

Αλέξανδρος begleitet Αντιγόνη in eine **μπουτίκ**. Lesen Sie den Dialog und unterstreichen Sie alle Adjektive.

Αλέξανδρος: Αυτό είναι ένα ωραίο φουστάνι!
Αντιγόνη: Έτσι λες; Νομίζω ότι είναι λίγο στενό.
Αλέξανδρος: Ίσως λίγο μακρύ αλλά όχι στενό ...
Αντιγόνη: Δεν ξέρω. Σου αρέσει το χρώμα;
Αλέξανδρος: Έχει έξαλλο χρώμα αλλά είναι μοντέρνο και σικ χρώμα ...
Αντιγόνη: Μήπως προτείνεις ένα άλλο χρώμα;
Αλέξανδρος: Δεν έχω καμιά καλή ιδέα. Πιστεύω όμως ότι σου πάει ...

WORTSCHATZ

αυτό - *das, es*

Έτσι λες; - *Meinst du?*

ότι - *dass*

λίγο - *ein bisschen*

ίσως - *vielleicht*

δεν ξέρω - *ich weiß nicht* (1. P. Sg.)

μοντέρν-ος, -η, -ο - *modern*

σικ - *chic*

μήπως - *wahrscheinlich*

άλλο - *anderes* (n)

καμιά - *keine* (f)

όμως - *trotzdem, aber*

σου πάει - *das steht dir* (2. P. Sg.)

13

Im folgenden Text fehlen u. a. die Adjektive! Versuchen Sie, die Lücken wieder zu füllen. Vergleichen Sie Ihre Antworten dann mit dem Dialog in Übung 12.

A καλός/-ή/-ό **C** ωραίος/-α/-ο **E** έξαλλος/-η/-ο **G** μοντέρνος/-η/-ο
B άλλος/-η/-ο **D** στενός/-ή/-ό **F** μακρύς/-ιά/-ύ **H** στενός/-ή/-ό

LERNTIPP
Üben Sie Wörter in Wortgruppen, z. B. Früchte, Gemüse, Kleidung, Verkehrsmittel, Ihr Hobby etc. Leiten Sie dabei gleich die Pluralformen mit ab. Wenn Sie sich nicht sicher sind, fragen Sie einen Muttersprachler oder schlagen Sie im PONS Wörterbuch nach!

Αλέξανδρος: Αυτό είναι ένα ______ 1 φουστάνι!
Αντιγόνη: Έτσι λες; Νομίζω ότι είναι λίγο ______ 2 .
Αλέξανδρος: Ίσως λίγο ______ 3 αλλά όχι ______ ... 4 φουστάνι
Αντιγόνη: Δεν ξέρω. Σου αρέσει το χρώμα;
Αλέξανδρος: Έχει ______ 5 χρώμα αλλά είναι ______ 6 και σικ χρώμα ...
Αντιγόνη: Μήπως προτείνεις ένα ______ 7 χρώμα;
Αλέξανδρος: Δεν έχω καμιά ______ 8 ιδέα. Πιστεύω όμως ότι σου πάει ...

14

Finden Sie zu den folgenden Beispielen die Singular- oder Pluralform!

1. ένα κόκκινο φανελάκι → δύο ______
2. ένα ______ → δύο μπλε πουκάμισα
3. μία άσπρη μπλούζα → δύο ______
4. ένας ______ → δύο φρέσκοι χυμοί

15

§ 4, 5

Kommen wir nun zu den Plural-Endungen von griechischen Substantiven. Ergänzen Sie die folgende Tabelle. Mehr über Substantive finden Sie im Anhang auf Seite 140. Substantive im Plural enden auf:

maskulin	feminin	neutrum
ο χυμ- ___ 1	**η φούστ-α**	**το πουκάμισ-** ___ 2
→ οι χυμ-οί	**→ οι φούστ-** ___ 3	**→ τα πουκάμισ-α**
ο καφ-ές	**η κάλτσ-α**	**το παπούτσ-** ___ 4
→ οι καφ- ___ 5	**οι κάλτσ-** ___ 6	**→ τα παπούτσ-ια**

Was passiert mit Fremdwörtern im Griechischen?
Diese Wörter sind normalerweise ______ 7!
το τζιν: τα ______ 8, **το φούτερ: τα** ______ 9,
το πουλόβερ: τα ______ 10

16

Brigitte kauft sich Schuhe. Lesen Sie den Dialog und beantworten Sie die Fragen.

Πωλήτρια: Τι χρώμα προτιμάτε; Μαύρο, καφέ ή κόκκινο;
Μπριγκίττε: Μαύρο νομίζω. Ίσως και καφέ. Εσείς τι λέτε;
Πωλήτρια: Πιστεύω το μαύρο σας πάει καλύτερα.
Μπριγκίττε: Τότε μαύρο.
Πωλήτρια: Τι νούμερο φοράτε;
Μπριγκίττε: Τράντα εφτά συνήθως ή τριάντα εφτάμιση σπάνια.
Πωλήτρια: Σας φέρνω το τριάντα εφτά αμέσως.
Μπριγκίττε: Μισό λεπτό! Μπορώ να δω επίσης και το ...;

1. Η Μπριγκίττε θέλει ...
☐ **A** μαύρο χρώμα ☐ **B** καφέ χρώμα ☐ **C** κόκκινο χρώμα

2. Η Μπριγκίττε φοράει ...
☐ **A** το 36 νούμερο ☐ **B** το 37 νούμερο ☐ **C** το 38 νούμερο

3. Η Μπριγκίττε θέλει να δει ...
☐ **A** μόνο αυτό ... ☐ **B** επίσης και ... ☐ **C** ένα καφέ ...

WORTSCHATZ

η πωλήτρια - *Verkäuferin*
καλύτερα - *besser*
τότε - *dann*
το νούμερο - *Nummer, Größe*
συνήθως - *normalerweise*
σπάνια - *selten*
φέρνω - *bringen*
αμέσως - *gleich/ sofort*
μισό λεπτό - *Moment!*
μπορώ - *können*
να δω - *(zu) sehen*
επίσης - *auch*

SPRACHTIPP

Hemd (für Männer) und *Bluse* (für Frauen) heißt auf Griechisch **πουκάμισο**.

Shirt heißt auf Griechisch **μπλούζα**.

17

Lesen Sie den Dialog noch einmal und finden Sie im Text folgende Fragen oder Aussagen. Leiten Sie dann die Du-Form ab und schreiben Sie sie auf.

1. *Welche Farbe bevorzugen Sie?* ______
2. *Was denken Sie?* ______
3. *Welche Schuhgröße haben Sie?* ______
4. *Schwarz steht Ihnen besser.* ______
5. *Ich bringe Ihnen sofort Größe 37.* ______

18

Lesen Sie die folgenden Sätze. Unterstreichen Sie alle Adjektive. Übersetzen Sie die Sätze dann ins Deutsche.

1. Μπορώ να δω μία μαύρη φούστα; ______
2. Το έχετε ένα νούμερο πιο μεγάλο; ______
3. Είναι λίγο στενό το παντελόνι. ______
4. Είναι έξαλλη μπλούζα για 'σένα. ______
5. Δεν είναι καθόλου φτηνό φούτερ. ______
6. Νομίζω ότι σας πάει το μάξι φουστάνι. ______

WORTSCHATZ

πιο - *mehr*
πιο μεγάλος/-η/-ο - *größer*
η μπλούζα - *Shirt*
για 'σένα - *für dich*
καθόλου - *gar nicht*
μάξι - *maxi*

19

TR. 67

Sie hören drei Freunden beim Einkaufen zu. Was fragen sie jeweils die Verkäuferin? Tragen Sie die Buchstaben in die Kästchen ein.

1. Μπορώ να δω ένα ... ☐ ☐ ;
2. Μπορώ να έχω ένα ... ☐ ☐ ;
3. Μπορώ να δοκιμάσω ένα ... ☐ ☐ ;

A ... πιο φτηνό πουκάμισο
B ... πιο μεγάλο τζιν
C ... πιο μικρό φούτερ
D ... πιο μακρύ παντελόνι
E ... πιο απλό σακάκι
F ... πιο κοντό φουστάνι

20

SPRACHTIPP

Diese Ausdrücke sind hilfreich, wenn Sie einkaufen gehen:

Μπορώ να δω ...; – *Kann ich ... sehen?*

Μπορώ να έχω ...; – *Kann ich ... haben?*

Μπορώ να δοκιμάσω ...; – *Kann ich ... anprobieren?*

Das Wort **πιο** wird für die Steigerung des Adjektivs verwendet.

Jetzt sind Sie dran! Lesen Sie die deutschen Sätze unten und schlüpfen Sie in die Rolle des/der Kunden/in. Sagen Sie, was Sie möchten und schreiben Sie es auf.

1. *Kann ich ein kürzeres Kleid anprobieren?*

____

2. *Kann ich ein kleineres Jackett haben?*

____

3. *Kann ich ein günstigeres Hemd sehen?*

____

4. *Kann ich eine kürzere Hose anprobieren?*

____

21

TR. 68

KULTURTIPP

Die Liste in dieser Übung beinhaltet viele der Geschenke, die sich Griechen untereinander zum Geburtstag oder Namenstag schenken. Kleidung wird von allen Generationen am häufigsten geschenkt. Alkoholika werden gerne an Männer verschenkt, Frauen bekommen Blumen, Kosmetika oder Parfum.

Hören Sie Δέσποινα und Βαγγέλη zu, die darüber reden, was sie Κωνσταντίνα zum Geburtstag schenken könnten. Markieren Sie alle Geschenke, über die sich die beiden unterhalten.

	Δέσποινα	Βαγγέλης	Εσείς
1. **τσάντα** – *Tasche*	☐	☐	☐
2. **πορτοφόλι** – *Geldbeutel*	☐	☐	☐
3. **λουλούδια** – *Blumen*	☐	☐	☐
4. **γλυκά** – *Süßigkeiten*	☐	☐	☐
5. **βιβλίο** – *Buch*	☐	☐	☐
6. **μπλούζα** – *Oberteil/Shirt*	☐	☐	☐
7. CD	☐	☐	☐
8. DVD	☐	☐	☐

22

Und was würden Sie schenken? Kreuzen Sie zunächst in Übung 21 unter **Εσείς** Ihre eigenen Vorlieben an. Benutzen Sie die folgenden Ausdrücke, um Ihre Wahl in ganze Sätze zu fassen.

Εμένα μου αρέσει/αρέσουν ... Εγώ προτιμώ ... Εγώ λέω ... Εγώ πιστεύω ...

1. ______
2. ______
3. ______
4. ______

23

Sie wollen in einem Bekleidungsgeschäft einkaufen. Schreiben Sie mit Hilfe der Stichwörter auf, was Sie sagen möchten. Hören und sprechen Sie den Dialog dann mit.

TR. 69

Πωλητής: Καλημέρα σας! Τι θέλετε παρακαλώ;

Εσείς: 1 *(Sie begrüßen den Verkäufer und fragen, ob der Laden Hemden führt.)*

______

Πωλητής: Ναι, βέβαια! Ελάτε από'δω! Τι χρώμα σας αρέσει;

Εσείς: 2 *Ich denke blau. Vielleicht weiß.*

______

Πωλητής: Με ρίγες ή απλό;

Εσείς: 3 *Entschuldigung, ich verstehe Sie nicht.*

______

Πωλητής: [Er zeigt Ihnen ein Hemd mit Streifen.]
Ένα πουκάμισο με ρίγες όπως αυτό ή απλό χωρίς ρίγες;

Εσείς: 4 *Das Hemd mit Streifen, bitte.*

______

Πωλητής: Λοιπόν, έχουμε ... αυτό, αυτό κι αυτό.

Εσείς: 5 *Das gefällt mir besser. Nehmen Sie VISA?*

______

KULTURTIPP

Normalerweise bezahlt man in Griechenland mit Bargeld (**μετρητά λεφτά** oder **μετρητά χρήματα**). Inzwischen werden auch Kreditkarten als Zahlungsmittel akzeptiert, EC-Karten dagegen eher selten.

SPRACHTIPP

Απλό bezeichnet eine Bekleidung ohne Muster. Ein Stoffmuster kann z. B. **ριγέ** – *gestreift* oder **καρό** – *kariert* sein.

In der Freizeit

Lernziele: Hobbys; Vorlieben und Abneigungen; Vorschläge machen/annehmen/ablehnen

1

TR. 70

Sie hören nun die wohl beliebtesten Freizeitaktivitäten in Griechenland. Nummerieren Sie diese in der gehörten Reihenfolge.

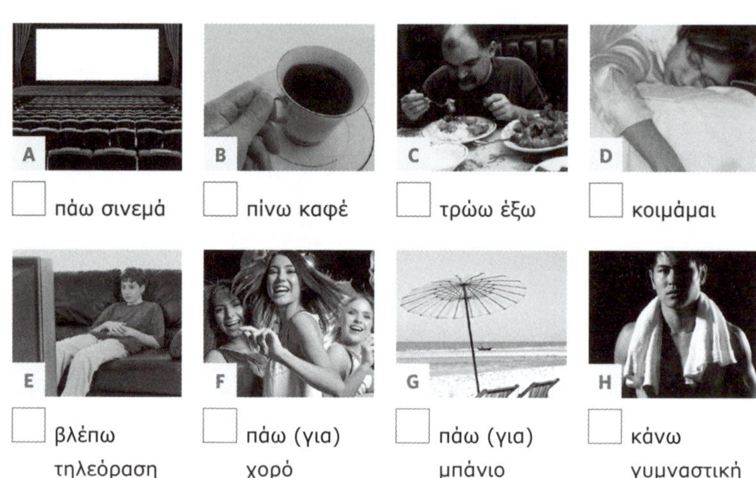

A ☐ πάω σινεμά
B ☐ πίνω καφέ
C ☐ τρώω έξω
D ☐ κοιμάμαι
E ☐ βλέπω τηλεόραση
F ☐ πάω (για) χορό
G ☐ πάω (για) μπάνιο
H ☐ κάνω γυμναστική

2

TR. 71

Κώστας, Κατερίνα und Ελπίδα erzählen, wie sie am liebsten ihre Freizeit verbringen. Hören Sie zu und kreuzen Sie die richtige Antwort an.

1. Ο Κώστας ...	☐ **A** μπάνιο	☐ **B** χορός	☐ **C** σινεμά
2. Η Κατερίνα ...	☐ **A** καφές	☐ **B** γυμναστική	☐ **C** τηλεόραση
3. Η Ελπίδα ...	☐ **A** γυμναστήριο	☐ **B** εστιατόριο	☐ **C** σπίτι

3

TR. 71

Hören Sie die Dialoge noch einmal. Wie häufig gehen die drei ihrem Hobby nach? Kreuzen Sie in der Liste unten an.

Häufigkeit		**Κώστας**	**Κατερίνα**	**Ελπίδα**
πάντα	**100 %**	☐	☐	☐
πολλές φορές	**80 %**	☐	☐	☐
συχνά	**65 %**	☐	☐	☐
μερικές φορές	**40 %**	☐	☐	☐
λίγες φορές	**20 %**	☐	☐	☐
σπάνια	**10 %**	☐	☐	☐
ποτέ	**0 %**	☐	☐	☐

ABC WORTSCHATZ

το γυμναστήριο – *Fitnesscenter*

το εστιατόριο – *Restaurant*

το σπίτι – *Haus*

4

Hören Sie ein weiteres Mal zu und ergänzen Sie. TR. 71

1. Πάω συχνά ______ .
2. Πολλές φορές, ______ όχι πάντα.
3. ______ τρώω έξω συχνά.
4. Στο ______ μερικές φορές.

5

Αλεξάνδρα ist im Reisebüro und überlegt, wo sie ihren Urlaub verbringen soll. Hören Sie den Dialog und kreuzen Sie die Bilder mit ihrem Ziel an. TR. 72

1 ☐ δάσος
2 ☐ ιστιοφόρο
3 ☐ θάλασσα
4 ☐ βουνό
5 ☐ εξοχή
6 ☐ κάμπινγκ
7 ☐ ξενοδοχείο
8 ☐ πανσιόν
9 ☐ δωμάτιο

KULTURTIPP

Griechenland gilt primär als Sommerurlaubsland. Sonne und Meer locken viele Touristen. Das Land hat jedoch auch im Winter einiges zu bieten. Es gibt hervorragende Skigebiete auf über 2000 m, die besonders in den letzten Jahren immer attraktiver geworden sind.

6

Hören Sie den Dialog noch einmal. Wohin fährt Αλεξάνδρα und weshalb hat sie sich dafür entschieden? Kreuzen Sie an. TR. 72

1. Wohin?	☐ A βουνό	☐ B εξοχή	☐ C θάλασσα
2. Warum?	☐ A μπάνιο	☐ B τηλεόραση	☐ C χορό

7

Welches Wort passt nicht in die Reihe? Kreuzen Sie an. Ein Blick zurück zu Übung 5 wird Ihnen helfen!

1. ☐ **A** θάλασσα ☐ **B** πανσιόν ☐ **C** δωμάτιο
2. ☐ **A** δάσος ☐ **B** βουνό ☐ **C** ξενοδοχείο
3. ☐ **A** κάμπινγκ ☐ **B** πανσιόν ☐ **C** ιστιοφόρο
4. ☐ **A** ιστιοφόρο ☐ **B** θάλασσα ☐ **C** εξοχή

8

Lesen Sie nun den Dialog und übersetzen Sie die Sätze unten.

- Τι σας αρέσει πιο πολύ; Το βουνό, η εξοχή ή η θάλασσα;
- Μου αρέσει και το βουνό κι η θάλασσα.
- Τότε προτείνω να πάτε στο Πήλιο. Έχει και βουνό και θάλασσα μαζί.
- Καλή ιδέα. Μ΄αρέσουν τα σπορ και το μπάνιο στην θάλασσα πάρα πολύ. Το βουνό έχει δάσος;
- Ναι, βέβαια. Και υπάρχουν πολλές πανσιόν και δωμάτια.

1. Was gefällt Ihnen am meisten?

____

2. *Es gefällt mir sowohl ... als auch ...*

____

3. *Dann schlage ich vor...*

____

4. *Es gefällt mir sehr.*

____

5. *Sie gefallen mir sehr.*

____

6. *Es gibt ...* (Singular)

____

7. *Es gibt ...* (Plural)

____

SPRACHTIPP

Vorsicht mit dem unbetonten **η** und dem betonten **ή**!

Während **η** der weibliche Artikel *die* ist, bedeutet das betonte **ή** *oder*. Stehen beide zusammen, wie hier im Dialog: **ή η θάλασσα**, dann wird das erste **ή** etwas länger ausgesprochen.

WORTSCHATZ

πιο πολύ - *am meisten*

ή - *oder*

το Πήλιο - *Pelion*

και ... κι - *sowohl ... als auch*

και ... και - *sowohl ... als auch*

έχει - *es gibt/hat* (Sg.)

βέβαια - *natürlich*

υπάρχει - *es gibt/hat* (Sg.)

9

Hier sehen Sie Begriffe aus dem Bereich Kunst und Kultur. Ordnen Sie die Bilder den passenden Wörtern zu.

___ A όπερα
___ B φιλμ
___ C θέατρο
___ D μπαλέτο
___ E σινεμά
___ F πίνακας
___ G άγαλμα
___ H αρχιτεκ-τονική

SPRACHTIPP

Spricht man von Kunst im Allgemeinen, dann steht **η τέχνη** im Singular. Ist von den schönen Künsten die Rede, wird das Wort dagegen im Plural verwendet: **οι καλές τέχνες** *(bildende Kunst)*.

10

Αλεξάνδρα erzählt von ihren Vorlieben. Lesen Sie den Text unten und tragen Sie jeweils ein, was Αλεξάνδρα sehr bis gar nicht mag.

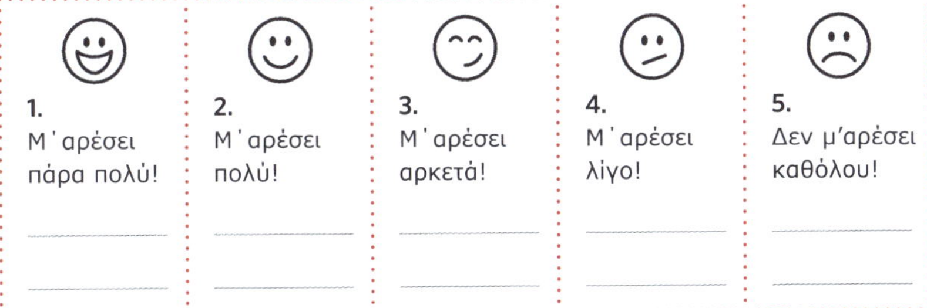

1.	2.	3.	4.	5.
Μ΄αρέσει πάρα πολύ!	Μ΄αρέσει πολύ!	Μ΄αρέσει αρκετά!	Μ΄αρέσει λίγο!	Δεν μ'αρέσει καθόλου!
___	___	___	___	___
___	___	___	___	___

Πάω πάρα πολύ συχνά σινεμά αλλά το θέατρο δεν μου αρέσει καθόλου. Η αρχιτεκτονική είναι η μεγάλη μου αγάπη. Μ΄αρέσει αρκετά να βλέπω αρχαία αγάλματα σε μουσεία. Τα ελληνικά έργα μ΄αρέσουν λίγο. Πολλά έργα είναι ιστορίες αγάπης ή κωμωδίες.

ABC WORTSCHATZ

η αγάπη - *Liebe*
βλέπω - *sehen*
το μουσείο - *Museum*
η ιστορία - *Geschichte*
το έργο - *Film*

11

Ergänzen Sie die fehlende Singular oder Pluralform der folgenden Hauptwörter.

1. ο πίνακας - ___
2. η αγάπη - ___
3. ___ - τα αγάλματα
4. ___ - οι ιστορίες
5. ___ - οι κωμωδίες
6. ___ - τα μουσεία

12

Lesen Sie die folgende Email und finden Sie heraus, wie Μιχάλης seine Freizeit verbringt. Unterstreichen Sie alle Temporal-Adverbien (Häufigkeit) und tragen Sie diese in die Liste unten ein.

Αγαπητή Ειρήνη,

σου γράφω σήμερα πως συνήθως περνάω τον ελεύθερο χρόνο μου. Λοιπόν, τρώω έξω πολλές φορές και σπάνια στο σπίτι. Κάθε μέρα βλέπω τηλεόραση και ακούω ράδιο πολύ συχνά. Σχεδόν ποτέ δεν πάω στα βουνά και σχεδόν πάντα είμαι στην θάλασσα.

Γράψε μου σύντομα.

Υ.Γ. Εσύ τι κάνεις συνήθως; Τι χόμπυ έχεις;

1. *heute*	2. *normalerweise*	3. *oftmals*	4. *selten*
______	______	______	______
5. *jeden Tag*	6. *sehr oft*	7. *fast nie*	8. *fast immer*
______	______	______	______

§ 11

Adverbien

Sie kennen bereits viele Adverbien. Oft werden diese von Adjektiven abgeleitet. Einige Beispiele dafür: **γρήγορος/-η/-ο — γρήγορα** *schnell*, **καλός/-ή/-ό — καλά** *gut* oder **ωραίος/-α/-ο — ωραία** *schön*.

Adverbien enden meist auf -α, z. B. **άσχημα** *schlecht* oder -ως, z. B. **συνήθως** *normalerweise*. Durch Adverbien erhält das Verb Zusatzinformationen:

Μιλάει ελληνικά - *Er/Sie spricht Griechisch*,
und **Μιλάει ελληνικά πολύ καλά** - *Er/Sie spricht sehr gut Griechisch*.

Adverbien geben Informationen zum Ort (wo?), zur Zeit (wann?) sowie zu Art und Weise (wie?). Einige Beispiele hierfür:

Ort: **πάνω** *oben*, **κάτω** *unten*, **κοντά** *in der Nähe*, **μακριά** *entfernt*;
Zeit: **πάντα** *immer*, **ποτέ** *niemals*, **συχνά** *oft*, **σπάνια** *selten*;
Art und Weise: **ωραία** *schön*, **καλά** *gut*, **μέτρια** *durchschnittlich*.

Das wird Sie freuen: Viele deutsche Adverbien leiten sich direkt vom Griechischen ab: **φανταστικά** *fantastisch*, **σποραδικά** *sporadisch*, **ακουστικά** *akustisch*, **μελαγχολικά** *melancholisch*, **μουσικά** *musikalisch* usw.

13

Wie verbringen Sie Ihre Freizeit? Ordnen Sie die Wörter den Bildern zu. Schreiben Sie dann die Aktivitäten zum passenden Verb unten.

___ A τένις
___ B μουσική
___ C χορός
___ D φαγητό
___ E θέατρο
___ F ιππασία
___ G κηπουρική
___ H πεζοπορία
___ I τζόγκινγκ
___ J ηλιοθεραπεία

Κάνω ... ________ ________ ________

Μ'αρέσει ο/η/το ... ________ ________ ________

Παίζω ... ________ ________ ________

14

Vervollständigen Sie nun mit Hilfe der vorherigen Übungen die Tabelle.

1	A ________	παίζω	μου	μ'	αρέσει/ αρέσουν
2	B ________	παίζεις	G ________	σ'	I ________
3	κάνει	D ________	του/ της	-	αρέσει/ αρέσουν
1	κάνουμε	E ________	μας	-	αρέσει/ αρέσουν
2	C ________	παίζετε	H ________	-	J ________
3	κάνουν(ε)	F ________	τους/ τις	-	αρέσει/ αρέσουν

15

Πάμε σε/για ...; Schauen Sie sich die Bilder an und formulieren Sie Fragen. Achten Sie darauf, dass Sie bei einem Anlass die Präposition **για** + Akkusativ und bei Richtungsangaben die Präposition **σε** + Akkusativ verwenden.

SPRACHTIPP

Die Präposition **σε** hat zwei Verwendungen. Entweder steht sie in Verbindung mit dem bestimmten Artikel, z. B. **στον**, **στην**, oder **στο**, oder aber mit dem unbestimmten Artikel, z. B. **σε έναν (σ᾿ έναν), σε μία,** oder **σε ένα (σ᾿ ένα)**.

WORTSCHATZ

το πάρκο - *Park*

ο ύπνος - *Schlaf*

τα ψώνια - *Einkäufe*

1 (σε) ______

2 (για) ______

3 (για) ______

4 (για) ______

5 (σε) ______

6 (για) ______

7 (σε) ______

8 (για) ______

9 (σε) ______

16

Wollen wir? Hier werden Vorschläge gemacht. Kreuzen Sie an, auf welche der Ideen eine positive Reaktion folgt.

1. Πάμε σινεμά;
☐ Ίσως. Δεν ξέρω.

2. Τρώμε έξω σήμερα;
☐ Καλή ιδέα.

3. Θέλεις άλλο καφέ;
☐ Λίγο ακόμα.

4. Πάμε στο μουσείο;
☐ Σε λίγο.

5. Σ᾿ αρέσει το παγωτό;
☐ Πάρα πολύ.

6. Θέλετε κάτι άλλο;
☐ Όχι, ευχαριστώ.

17

Sie sind in einer **καφετέρια** mit neuen Freunden. Man fragt, wie oft Sie eine bestimmte Freizeitaktivität ausüben. Hören Sie mit und antworten Sie mit Hilfe der Angaben unten. Versuchen Sie dann, die genannten Aktivitäten aufzuschreiben.

TR. 73

Aktivitäten	100%	80%	65%	40%	20%	10%	0%
1. ______		X					
2. ______			X				
3. ______	X						
4. ______							X
5. ______				X			
6. ______					X		
7. ______						X	

LERNTIPP

Es ist immer gut, wenn man jemanden hat, mit dem man das Gelernte ausprobieren kann. Vielleicht finden Sie einen Stammtisch in einer Taverne in Ihrer Stadt. Sie können auch E-Freundschaften im Internet schließen und sich dann sogar via Webcam und Video unterhalten. Hauptsache, Sie schaffen Gelegenheiten, Ihre neuen Sprachkenntnisse auch anzuwenden!

18

Jetzt sind Sie dran! Stellen Sie Ihren neuen Bekannten ähnliche Fragen wie in Übung 16. Sehen Sie sich die Bilder an und fragen Sie entsprechend. Hören Sie dann im Audiotrack nach.

TR. 74

1

2

3

4

5

19

Die Unterhaltung ist interessant. Nun wollen Sie mehr wissen. Fragen Sie, wie sehr Ihr neuer Bekannter die folgenden Freizeitaktivitäten mag. Formulieren Sie Ihre Fragen und überprüfen Sie sie dann mit dem Audiotrack.

TR. 75

Μ'αρέσει ...

1. ο χορός **2.** η μουσική **3.** το τζόγκινγκ

Μ'αρέσει ...

4. να (τρώω) έξω **5.** να (ακούω) ράδιο **6.** να (κάνω) μπάνιο

Haben Sie jetzt Lust auf den dritten Online-Test?
Dann gehen Sie auf **www.pons.de/power** und zeigen Sie, was Sie können!

LEKTION 9 Sonntags nie!

Lernziele: Wochentage; Monate und Jahreszeiten; Wetterbericht und Himmelsrichtungen

1

TR. 76

In den Sätzen unten fehlt **η μέρα της εβδομάδας** *(der Wochentag)*. Hören Sie die Sätze und vervollständigen Sie sie anschließend mit dem passenden Wochentag. Sprechen Sie dann nach.

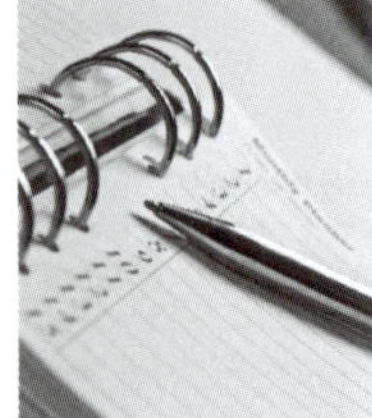

1. Η πρώτη μέρα της εβδομάδας είναι η ... ___ A Τρίτη
2. Μετά είναι η ... ___ B Τετάρτη
3. Πριν την Κυριακή είναι το ... ___ C Παρασκευή
4. Πριν το Σάββατο είναι η ... ___ D Πέμπτη
5. Μετά την Δευτέρα είναι η ... ___ E Κυριακή
6. Η τέταρτη μέρα είναι η ... ___ F Σάββατο
7. Και μετά είναι η ... ___ G Δευτέρα

2

TR. 77

Sehen Sie sich die Bilder an und hören Sie, was man in der Freizeit machen kann. Ordnen Sie dann die Wochentage der gehörten Freizeitbeschäftigung zu.

1 παίζω κιθάρα

2 ακούω μουσική

3 ψάχνω στο ίντερνετ

4 πάω παραλία

5 βλέπω τηλεόραση

6 πάω βόλτα

7 διαβάζω βιβλία

8 μαθαίνω χορό

___ A Κυριακή ___ E Πέμπτη
___ B Δευτέρα ___ F Παρασκευή
___ C Τρίτη ___ G Σάββατο
___ D Τετάρτη ___ H Κυριακή

SPRACHTIPP

Ist Ihnen aufgefallen, dass vier der Wochentage mit Kardinalzahlen zusammenhängen? **Δευτέρα** kommt von **δεύτερος / -η / -ο** *zweite*, **Τρίτη** von **τρίτος / -η / -ο** *dritte*, **Τετάρτη** von **τέταρτος / -η / -ο** *vierte* und **Πέμπτη** von **πέμπτος / -η / -ο** *fünfte*.

3

Sie hören eine Wettervorhersage im Radio. Schauen Sie sich die Bilder von unterschiedlichen Wetterbedingungen an und kreuzen Sie an, welche in der Wettervorhersage genannt werden.

TR. 78

1

2

3

4

☐ έχει βροχή ☐ έχει ήλιο ☐ κάνει κρύο ☐ κάνει ζέστη

5

6

7
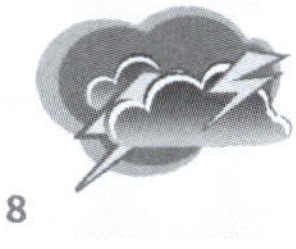
8

☐ έχει αέρα ☐ έχει χιόνι ☐ έχει συννεφιά ☐ έχει αστραπές

SPRACHTIPP

Drei Verben werden im Zusammenhang mit dem Wetter verwendet: **έχει, κάνει** und **είναι**. Oft hört man auch die Verben **βρέχει** *es regnet*, **φυσάει** *es ist windig* und **χιονίζει** *es schneit*.

4

Sie erhalten vom griechischen Wetterdienst Informationen über **ο καιρός** *das Wetter* in verschiedenen Regionen Griechenlands. Ergänzen Sie zunächst unten die Himmelsrichtungen. Hören Sie dann den Wetterbericht und notieren Sie die Wetterbedingungen.

TR. 79

1. Στα βόρεια Στα βόρεια: χιόνια

2. ____________ ____________

3. ____________ ____________

4. ____________ ____________

Στα βόρεια 1

ο Βορράς

____________ 2 βορειοανατολικά

η Δύση **η Ανατολή**

νοτιοδυτικά ____________ 3

ο Νότος

____________ 4

5

Die Monatsnamen im Griechischen sind nicht sehr schwer zu erraten. Lesen Sie sich die Namen durch und vervollständigen Sie die Tabelle, die die Durchschnittstemperatur in Nord-, Zentral- und Süd-Griechenland zeigt.

Απρίλιος Αύγουστος Δεκέμβριος Φεβρουάριος Ιούνιος Οκτώβριος

		Θεσσαλονίκη	Αθήνα	Ρόδος
1.	Ιανουάριος	4	14	15
2.		10	15	17
3.	Μάρτιος	13	17	21
4.		17	21	23
5.	Μάιος	21	23	26
6.		26	29	32
7.	Ιούλιος	29	32	34
8.		32	36	36
9.	Σεπτέμβριος	26	26	32
10.		17	21	29
11.	Νοέμβριος	10	16	21
12.		4	10	16

SPRACHTIPP

Alle Monate sind männlichen Geschlechts, z. B. **ο Μάρτιος, ο Ιούλιος** oder **ο Νοέμβριος**. Wenn Sie *im Januar* oder *im Juli* sagen wollen, so lautet das auf Griechisch **τον Ιανουάριο** oder **τον Ιούνιο**.

6

Das Wetter ist immer ein beliebtes Thema. Sehen Sie sich die Bilder der Jahreszeiten unten an und ergänzen Sie die Tabelle mit den richtigen Monaten.

SPRACHTIPP

Bei den Jahreszeiten sind, im Gegensatz zu den Monaten, alle drei Geschlechter vertreten. Achten Sie darauf, wenn Sie *im Winter, im Frühling* oder *im Sommer* verwenden: **τον χειμώνα, την άνοιξη** oder **το καλοκαίρι.**

1 ο χειμώνας

2 η άνοιξη

3 το καλοκαίρι

4 το φθινόπωρο

1. Δεκέμβριος	4. ______	7. ______	10. ______
2. ______	5. Απρίλιος	8. ______	11. Οκτώβριος
3. ______	6. ______	9. Αύγουστος	12. ______

7

Βασιλική hat Post aus **Καβάλα**, einer Stadt in Nordgriechenland bekommen. Lesen Sie die Postkarte und beantworten Sie die Fragen.

Αγαπητή Βασιλική,

κάνουμε διακοπές στην Καβάλα.
Μένουμε σ' ένα ωραίο ξενοδοχείο.
Πάμε βόλτα στην παραλία συχνά.
Κάνει κρύο και δεν κάνουμε μπάνιο.
Έχει ήλιο αλλά η θερμοκρασία είναι
περίπου από 8 μέχρι 12 βαθμούς.
Το βράδυ έχει λίγο αέρα και αύριο
θα έχει βροχή! Ξέρω, ξέρω! Είναι
Νοέμβριος τώρα αλλά ...

Φιλιά.

Βασιλική Πετρίδη

Θερμοπυλών 33

16232 Βύρωνας

Αθήνα

ABC WORTSCHATZ

αγαπητή - *Liebe (Anrede im Brief)*

διακοπές (f) - *Urlaub*

το ξενοδοχείο - *Hotel*

η θερμοκρασία - *Temperatur*

μέχρι - *bis*

ο βαθμός - *Grad*

ξέρω - *wissen*

φιλιά (n) - *Küsse* (Verabschiedungsformel im Brief)

1. Πού μένουν; ______
2. Τι κάνουν συχνά; ______
3. Κάνουν μπάνιο; ______
4. Πώς είναι ο καιρός; ______
5. Η θερμοκρασία; ______
6. Τι μήνας είναι; ______

8

Hier sehen Sie ein Gespräch zwischen Στέλιος und Ζωή. Allerdings ist es durcheinander geraten. Bringen Sie die Sätze in die richtige Reihenfolge.

___ A Τι άλλο κάνεις;
___ B Η αγαπημένη μου εποχή είναι το καλοκαίρι.
___ C Πάω συχνά στην παραλία και κάνω πολλά μπάνια!
___ D Ζωή, ποια είναι η αγαπημένη σου εποχή;
___ E Μ' αρέσει η μουσική. Ακούω μουσική ή πάω για χορό.
___ F Γιατί αγαπάς το καλοκαίρι; Τι κάνεις;

TR. 80

9

Παύλος erzählt, was er gerne in seiner Freizeit macht. Hören Sie sich die Sätze an und ergänzen Sie die Lücken. Hören Sie dann noch einmal und sprechen Sie nach.

Μ΄αρέσει πολύ η ______________ 1 . Ακούω ______________ 2 μουσική κάθε μέρα. Την ______________ 3 παίζω κιθάρα και την ______________ 4 μαθαίνω χορό. Πολλές φορές ψάχνω ______________ 5 στο ίντερνετ.

TR. 81

10

Hören Sie den Wetterbericht für Athen. Tragen Sie für jeden Satz den Begriff ein, den Sie hören.

1. Την Δευτέρα ο καιρός θα είναι με ______________ .
   - ☐ A ομίχλη ☐ B χιόνι ☐ C βροχή
2. Την Τρίτη θα κάνει πολύ ______________ .
   - ☐ A αέρα ☐ B αστραπές ☐ C συννεφιά
3. Την Τετάρτη θα έχει ______________ .
   - ☐ A συννεφιά ☐ B ήλιο ☐ C κρύο
4. Την Πέμπτη θα ______________ .
   - ☐ A βρέχει ☐ B χιονίζει ☐ C φυσάει

KULTURTIPP

Die Griechen lieben Musik, einheimische und auch internationale. Sie gehen gerne aus und haben Spaß auf Konzerten, in Tavernen, Bars und beim Tanzen. Das Nachtleben beginnt gegen Mitternacht, viele Veranstaltungen beginnen aber oft noch später! Heutzutage ist es möglich, griechische Radiostationen über das Internet zu hören.

11

Übersetzen Sie nun die Sätze aus Übung 10 ins Deutsche.

1. ______________
2. ______________
3. ______________
4. ______________

12

Finden Sie die acht Wörter, die sich hier versteckt haben!

Ο	Μ	Ι	Χ	Λ	Η
Ε	Ν	Α	Τ	Ξ	Λ
Κ	Ρ	Υ	Ο	Μ	Ι
Χ	Ι	Ο	Ν	Ι	Ο
Ξ	Α	Ε	Ρ	Α	Σ

______________ ______________
______________ ______________
______________ ______________
______________ ______________

13

Bildеn Sie Sätze. Mehrere Varianten sind möglich.

1. το καλοκαίρι | εποχή | Η αγαπημένη μου | είναι

2. να ψάχνω | Δεν μ΄αρέσει | στο ίντερνετ | καθόλου

3. Το Σάββατο | στο κινητό | με την Μαρία | θα μιλήσω

4. συχνά | στην Θεσσαλονίκη | Βρέχει

5. Την | άνοιξη | στην Ελλάδα | θα πάω

SPRACHTIPP

Die griechische Wortstellung ist oft sehr flexibel. An erster Position steht meist das, was wir betonen möchten. Der Satz **Η Άννα** (Subjekt) **παίζει** (Verb) **κιθάρα** (Objekt) etwa kann auf sechs unterschiedliche Weisen gebildet werden. Lesen Sie dazu auch die Erläuterungen im Anhang.

Futur

Haben Sie schon bemerkt, dass die Verben im Futur einen Begleiter haben? Dieser Begleiter ist **θα**. Die Form der Verben selbst ändert sich meist, z. B.

Θα μιλήσω στην Άννα. - *Ich werde mit Anna sprechen.* (μιλάω → θα μιλήσω), oder
Θα ακούσω ράδιο τώρα. - *Ich werde jetzt Radio hören.* (ακούω → θα ακούσω).

Einige wenige Verben bleiben unverändert, so etwa **θα έχω** - *ich werde haben*, **θα είμαι** - *ich werde sein*, **θα κάνω** - *ich werde machen/tun*, **θα πάω** - *ich werde gehen.*

Auch im Futur gibt es unregelmäßige Verben, für die Sie eine völlig neue Verbform erlernen müssen, z. B.

Θα φάω τζατζίκι. - *Ich werde Tzatziki essen.* (τρώω → θα φάω) oder
Θα δω ένα γερμανικό έργο. - *Ich werde einen deutschen Film anschauen.* (βλέπω → θα δω)

Das Futur wird häufig von den folgenden Zeitadverbien begleitet:
σε λίγο - *bald*, **απόψε** - *heute Abend*, **αύριο** - *morgen*, **σε μια εβδομάδα** - *in einer Woche*, **μεθαύριο** - *übermorgen*, **το Σαββατοκύριακο** - *am Wochenende*, etc.

 10

WORTSCHATZ

πότε - *wann*

το Πάσχα - *Ostern*

γιορτάζω - *feiern*

η Πρωτοχρονιά - *Neujahr*

τα Θεοφάνια - *6. Januar*

οι Ιεράρχες (m) - *Heilige Drei Könige*

η Πρωτομαγιά - *1. Mai*

η γιορτή - *Feiertag*

η Παναγία - *Mutter Gottes*

SPRACHTIPP

Hier einige Beispiele von Wörtern im Genitiv:

ο Κωνσταντίνος → του Κωνσταντίνου

η Ελένη → της Ελένης

η Παναγία → της Παναγίας

KULTURTIPP

Ostern gilt als das größte Fest in Griechenland und hat sogar einen höheren Stellenwert als Weihnachten. Der 6. Januar ist in Griechenland ein gesetzlicher Feiertag, an dem man der Taufe Christi und Offenbarung der Allerheiligsten Dreifaltigkeit durch eine Wasserweihe gedenkt. Die Heiligen Drei Könige sind „ökumenische Heilige", in der orthodoxen Kirche werden sie als Patronen der Bildungs- und Kultureinrichtungen verehrt. In Griechenland sind die Namenstage wichtiger als Geburtstage (s. Nr. 3, η γιορτή Κωνσταντίνου και Ελένης).

14

Sie haben Fragen zu den Feiertagen in Griechenland. Stellen Sie die entsprechende Frage für die Antworten unten.

1. *Wann ist normalerweise das griechische Ostern?*

   ____

   – Τον Απρίλιο συνήθως.

2. *Was feiert man im Januar?*

   ____

   – Την Πρωτοχρονιά, τα Θεοφάνια και τους τρεις Ιεράρχες.

3. *Was für Feiern gibt es im Mai?*

   ____

   – Η Πρωτομαγιά και η γιορτή Κωνσταντίνου και Ελένης.

4. *Was für Feiern gibt es im August?*

   ____

   – Η γιορτή της Παναγίας στις 15 Αυγούστου.

5. *Wann tauscht man zu Weihnachten die Geschenke aus?*

   ____

   – Όχι τα Χριστούγεννα, αλλά την Πρωτοχρονιά!

15

Sie erzählen Ανθή von Ihrem nächsten Urlaub nach **Ρόδος**. Ordnen Sie die Sätze unten den Bildern zu. Unterstreichen Sie dann alle Verben im Futur.

1

2

3

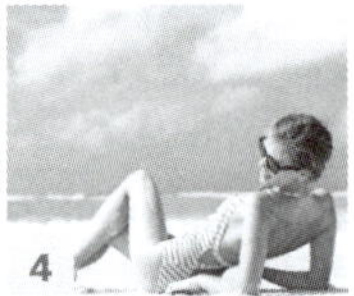
4

____ **A** Θα κάνω διακοπές στην Ρόδο και όχι στην Κρήτη φέτος!

____ **B** Θα πάω παραλία και θα κάνω μπάνιο κάθε μέρα.

____ **C** Θα διαβάζω βιβλία γιατί μ'αρέσει πάρα πολύ.

____ **D** Θα ακούω ελληνική μουσική και θα μαθαίνω χορό.

16

 **TR. 82**

Γιάννης möchte am Wochenende gemeinsam mit Ihnen etwas unternehmen. Hören Sie sich seine Vorschläge an und schreiben Sie Ihre Antwort unten auf. Die Angaben in Klammern sollen Ihnen dabei helfen.

1. *(Mir gefällt diese Idee nicht!)*

2. *(Vielleicht. Wie soll das Wetter werden?)*

3. *(Gut. Samstag oder Sonntag?)*

4. *(Ok. Gute Idee! Dann um 5:30 am Samstag?)*

5. *(Tschüß, bis Samstag dann!)*

SPRACHTIPP

Das Wort „man" drückt man im Griechischen mit dem Verb aus, das im jeweiligen Satz von Bedeutung ist. Je nach Kontext benutzt man dabei die 2. P. Sg. **Πώς πας εκεί**; - *Wie kommt man dort hin?*, die 3. P. Sg.: **Πώς γίνεται αυτό**; - *Wie macht man das?*, die 1. P. Pl. **Πότε γιορτάζουμε το Πάσχα**; - *Wann feiert man Ostern? (unter Griechen) und* die 3. P. Pl. **Πότε γιορτάζουν το Πάσχα**; - *Wann feiert man Ostern? (allgemein).*

17

Sie haben soeben jemanden kennen gelernt und möchten nun Näheres über die Vorlieben dieser Person erfahren. Formulieren Sie Ihre Fragen mit dem Fragewort **Ποιος – Ποια – Ποιο** und verwenden Sie die Angaben in Klammern.

1. (αγαπημένος καιρός)

2. (αγαπημένος μήνας)

3. (αγαπημένη εποχή)

4. (αγαπημένη ημέρα)

5. (αγαπημένο χόμπυ)

6. (αγαπημένο βιβλίο)

LEKTION 10 Familie

Lernziele: Familienmitglieder; die Räume eines Hauses; Hotelzimmer; Wohnungseinrichtung

1

TR. 83

Hier sehen Sie die Mitglieder der Familie von Γιώργος. Welche Begriffe gehören jeweils zusammen? Hören Sie zu und verbinden Sie die Paare unten miteinander.

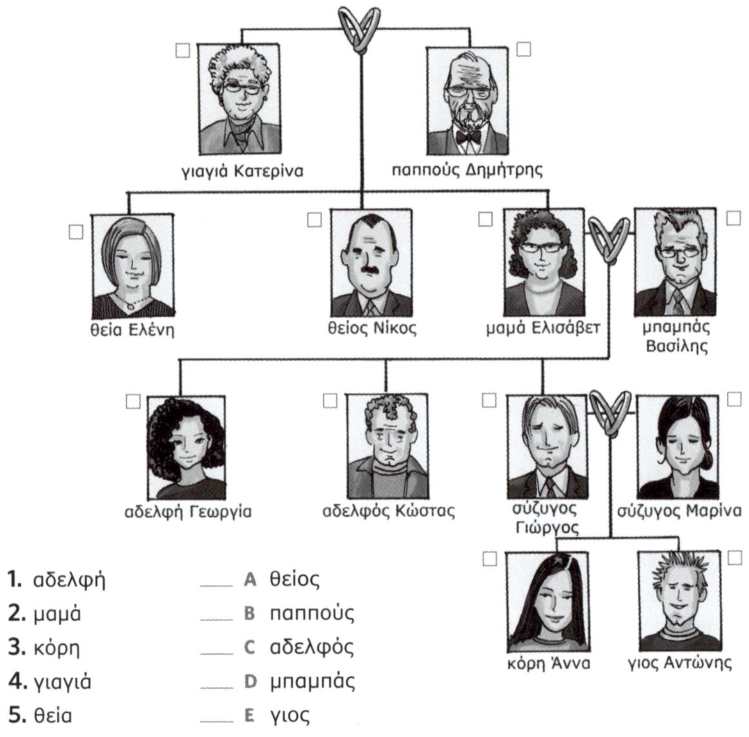

1. αδελφή ___ **A** θείος
2. μαμά ___ **B** παππούς
3. κόρη ___ **C** αδελφός
4. γιαγιά ___ **D** μπαμπάς
5. θεία ___ **E** γιος

2

TR. 84

Ιωάννα besucht ihren Nachbarn. Γιώργος zeigt ihr seine **φωτογραφίες διακοπών** *(Urlaubsbilder)*. Hören Sie den Dialog und markieren Sie im Stammbaum oben die Familienmitglieder, die genannt werden.

3

Hören Sie den Dialog noch einmal und nummerieren Sie die Sätze in der gehörten Reihenfolge. Übersetzen Sie die Sätze dann ins Deutsche.

___ **A** Ποιος είναι αυτός; ______________________

___ **B** Ποιο παιδί είναι εδώ; ______________________

___ **C** Αυτός είναι ο παππούς μου. ______________________

___ **D** Αυτή είναι η θεία μου. ______________________

___ **E** Αυτός είναι ο γιος μας. ______________________

___ **F** Ποια είναι αυτή; ______________________

SPRACHTIPP

Vorsicht bei der Nutzung des Wortes *Wer*! Im Griechischen hat es ein Geschlecht und passt sich dem Substantiv an:

Singular: **ποιος** (m), **ποια** (f), **ποιο** (n)

Plural: **ποιοι** (m, m+f), **ποιες** (f), **ποια** (n)

4

TR. 85

Γιώργος erzählt weiter über seine Familie. Hören Sie zu und vervollständigen Sie den folgenden Text mit den fehlenden Personalpronomen.

Αυτή είναι η μαμά ________ 1 . Η αδελφή ________ 2 λέγεται Ελένη.

Αυτός είναι ο αδελφός ________ 3 ο Κώστας.

Αυτά είναι τα παιδιά ________ 4 , η Άννα κι ο Αντώνης.

Είναι μεγάλη η οικογένεια ________ 5 Ιωάννα;

5

TR. 86

Wissen Sie, wie die Räume einer Wohnung auf Griechisch heißen? Hören Sie sich die Vokabeln an und sprechen Sie laut nach. Ordnen Sie sie dann den Bildern zu.

___ A το υπνοδωμάτιο	___ D ο διάδρομος	___ G το υπόγειο
___ B η τραπεζαρία	___ E το γραφείο	___ H οι σκάλες
___ C η τουαλέτα	___ F το σαλόνι	___ I το γκαράζ

1

2

3

4

5

6

7

8

9

SPRACHTIPP

Wenn Sie in einem privaten Haus nach der Toilette fragen möchten, sagen Sie: **Πού είναι η τουαλέτα (σας);**

In einem öffentlichen Gebäude fragt man eher: **Πού είναι η τουάλετα, παρακαλώ;** oder **Έχετε τουαλέτα;**

6

Hören Sie noch einmal und markieren Sie die Räumlichkeiten, die Ihre Wohnung/Ihr Haus besitzt. Lesen Sie dann laut vor.

☐ το υπόγειο	☐ το γκαράζ	☐ το σαλόνι
☐ το γραφείο	☐ η τραπεζαρία	☐ το υπνοδωμάτιο
☐ η τουαλέτα	☐ οι σκάλες	☐ ο διάδρομος

 9

Possessivpronomen

Anders als im Deutschen steht das Possessivpronomen im Griechischen hinter dem Hauptwort und wird immer vom Artikel begleitet. Das griechische Possessivpronomen hat immer die gleiche Form, egal welches Geschlecht das Hauptwort hat. Das Pronomen **μου** zum Beispiel lässt sich je nachdem mit *mein - meiner - meine - meinem - meines* oder *meinen* übersetzen! Beachten Sie die Wortstellung des bestimmten Artikels und des Possessivpronomens bei den folgenden Beispielen. Weiteres zu Pronomen finden Sie im Anhang auf Seite 147.

Αυτός είναι ο θείος μου ο Νίκος. *Das ist mein Onkel Nikos.*

Αυτή είναι η γιαγιά μου η Κατερίνα. *Das ist meine Oma Katherina.*

Η κόρη σου είναι στην Αθήνα; *Ist deine Tochter in Athen?*

 SPRACHTIPP

In manchen Fällen werden, je nach Satzkonstruktion, zwei Silben in längeren Wörtern betont, um den Redefluss zu erhalten. Meist handelt es sich dabei um ein Substantiv, auf das ein Possessivpronomen folgt, wie z. B.:
η οικογένει**α**, η οικογένει**ά** μου
Um das besser zu verstehen, empfiehlt es sich, viel Griechisch zu hören.

7

Vervollständigen Sie nun die Tabelle mit den fehlenden Possessivpronomen. Ein Blick auf Übung 3 und die Grammatikbox kann Ihnen dabei helfen.

mein/meine/ mein	1. ______	**unser/unsere/ unser**	4. ______
dein/deine/dein	2. ______	**euer/eure/euer - Ihr/Ihre/Ihr**	σας
sein/ihr/sein	3. ______	**ihr/ ihre/ ihr**	τους

8

Η οικογένειά μας! Unterstreichen Sie im Text unten, welches der jeweilige Lieblingsraum von **Γιώργος** Familienmitgliedern ist. Kreisen Sie das entsprechende Familienmitglied ein.

Ο παππούς μου αγαπάει το γραφείο του. Η γιαγιά μου μένει στην τραπεζαρία πολλές ώρες. Εμένα μου αρέσει το σαλόνι. Ο γιος μας ο Αντώνης είναι πάντα στις σκάλες! Η κόρη μας η Άννα αγαπάει το υπνοδωμάτιο της. Ο σκύλος μας ο Αζόρ είναι συχνά στην τουαλέτα! Έτσι είναι η οικογένειά μας!

 WORTSCHATZ

αγαπάω - *lieben*

πολλές - *viele* (f, Pl.)

η ώρα - *Stunde*

ο σκύλος - *Hund*

η οικογένεια - *Familie*

9

Lesen Sie, welche Annehmlichkeiten das Hotel η Ακρόπολη seinen Gästen bietet, und ordnen Sie die genannten Begriffe den Piktogrammen zu.

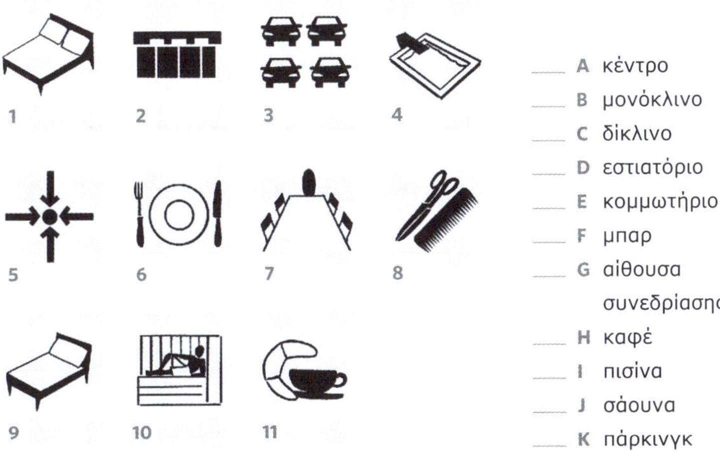

___ A κέντρο
___ B μονόκλινο
___ C δίκλινο
___ D εστιατόριο
___ E κομμωτήριο
___ F μπαρ
___ G αίθουσα συνεδρίασης
___ H καφέ
___ I πισίνα
___ J σάουνα
___ K πάρκινγκ

10

Lesen Sie den Prospekt des Hotels Ακρόπολη und unterstreichen Sie alle Hotelbereiche, die in einem Wochen-Sonderangebot inbegriffen sind.

Το **Ξενοδοχείο Ακρόπολη** έχει μεγάλες προσφορές την εβδομάδα 20 Μαρτίου μέχρι 27 Μαρτίου. Προσφορά 25% στο πάρκινγκ και 50% στην αίθουσα συνεδρίασης. Η σάουνα και η πισίνα είναι εντελώς δωρεάν! Στο μπαρ πίνετε δύο ποτά αντί για ένα και το εστιατόριο έχει 25% έκπτωση.

ABC **WORTSCHATZ**

η προσφορά - *Angebot*
η εβδομάδα - *Woche*
τοις εκατό - *%*
η αίθουσα - *Saal*
εντελώς - *total*
δωρεάν - *umsonst*
πίνω - *trinken*
ποτά - *Getränke*
αντί για - *statt*
η έκπτωση - *Ermäßigung*

11

Richtig oder falsch? Lesen Sie den Prospekt noch einmal und entscheiden Sie!

	A - richtig	B - falsch
1. Οι προσφορές είναι τον Μάρτιο.	☐	☐
2. Το μπαρ έχει 25% έκπτωση.	☐	☐
3. Η σάουνα είναι εντελώς δωρεάν.	☐	☐
4. Το πάρκινγκ έχει 50% έκπτωση.	☐	☐
5. Η πισίνα είναι εντελώς δωρεάν.	☐	☐
6. Η εβδομάδα 20/3 - 27/3 έχει προσφορές.	☐	☐

ABC **WORTSCHATZ**

το επίθετο - *Nachname*

η διεύθυνση - *Adresse*

η πόλη - *Stadt*

ο Τ.Κ. - *PLZ*

η αναχώρηση - *Abfahrt*

12

Füllen Sie das Hotelanmeldungsformular aus.

ΟΝΟΜΑ ______________________________

ΕΠΙΘΕΤΟ ______________________________

ΔΙΕΥΘΥΝΣΗ ______________________________

ΠΟΛΗ ______________ Τ.Κ. ______________

ΤΗΛΕΦΩΝΟ ______________ ΚΙΝΗΤΟ ______________

ΑΦΙΞΗ ______________ ΑΝΑΧΩΡΗΣΗ ______________

 **WORTSCHATZ**

ο ταχυδρομικός κώδικας - *Postleitzahl*

το σταθερό (τηλέφωνο) - *Festnetz*

το κινητό (τηλέφωνο) - *Handy*

η ημερομηνία - *Datum*

13

Hier sehen Sie die Fragen, die der Rezeptionist Ihnen gestellt hat, um das Formular auszufüllen. Trennen Sie die Buchstabenschlangen in einzelne Wörter!

1. Ποιοείναιτ΄όνομάσαςπαρακαλώ;

2. Παρακαλώκαιτοεπίθετόσας;

3. Ποιαείναιηδιεύθυνσήσαςπαρακαλώ;

4. Σεποιαπόλημένετε;

5. Ποιοςείναιοταχυδρομικόςκώδικάςσας;

6. Έχετεσταθερότηλέφωνο;

7. Ποιοςείναιοαριθμόςτουκινητούσας;

8. Ημερομηνίαάφιξηςκαιαναχώρησης;

14

Ergänzen Sie die Tabelle. Ein Blick in Übung 12 kann Ihnen dabei helfen.

Singular		Plural	
(m)	**1.** ______________	**(m, m+f)**	ποιοι
(f)	**2.** ______________	**(f)**	ποιες
(n)	**3.** ______________	**(n)**	ποια

15

Γιώργος beschreibt seine Verwandten. Jeder hat ein markantes Merkmal. Hören Sie zu und ergänzen Sie die Leerzeilen mit den richtigen Wörtern aus dem Kasten.

 TR. 87

χρονών ξανθό γένια γέρος μουστάκι όμορφη κοντή μαλλιά

1 Ο παππούς μου είναι πολύ ______

2 Ο θείος μου δεν έχει ______

3 Ο γιος του είναι μόνο 2 ______

4 Η αδελφή μου είναι ______

5 Ο αδελφός μου έχει ______

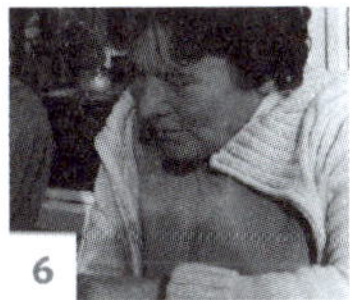

6 Η μαμά μου είναι ______

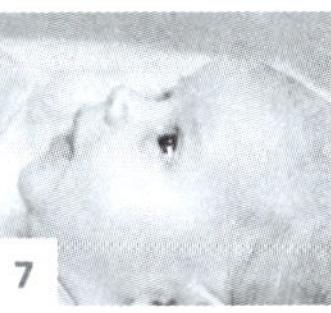

7 Το μωρό μας είναι ______

8 Ο ξάδελφος μου έχει ______

SPRACHTIPP

Für das Wort **γέρος, γρια** *alt* kann **ηλικιωμένος, ηλικιωμένη** verwendet werden, womit keine Wertung verbunden ist.

SPRACHTIPP

Die Wörter **αδελφός/αδελφή** *Bruder/Schwester* und **ξάδελφος/ξαδέλφη** *Cousin/Cousine* werden auch mit ρ statt mit λ, **αδερφός/αδερφή** und **ξάδερφος/ξαδέρφη**, geschrieben.

16

Hören Sie sich die Beschreibungen noch einmal an. Wie lautet das griechische Wort? Schreiben Sie auf!

1. *Haare* ______ **5.** *blond* ______

2. *Vollbart* ______ **6.** *hübsch* ______

3. *Schnurrbart* ______ **7.** *Jahre alt* ______

4. *klein* ______ **8.** *alt* ______

17

Lesen Sie die Beschreibung der Familienangehörigen und ordnen Sie sie der deutschen Übersetzung zu.

1. Η ξαδέλφη μου είναι ψηλή. ___ **A** *Ihre Tochter ist blond.*

2. Το μωρό μας είναι έξυπνο. ___ **B** *Meine Cousine ist groß.*

3. Η κόρη τους είναι ξανθιά. ___ **C** *Unser Baby ist schlau.*

Und wie sehen Ihre Verwandten aus? Können Sie sie beschreiben?

18

 **TR. 88**

Sie wollen sich beschweren, da einige Gegenstände in Ihrem Hotelzimmer defekt bzw. verschmutzt sind. Ergänzen Sie die folgenden Aussagen mit der richtigen Form der Adjektive **χαλασμένος / -η / -ο** *kaputt* oder **βρώμικος / -η / -ο** *schmutzig*. Sprechen Sie die Sätze dann nach.

1 Το κρεβάτι είναι ______________

2 Η πετσέτα είναι ______________

3 Ο νιπτήρας είναι ______________

4 Το στρώμα είναι ______________

 **SPRACHTIPP**

Im Griechischen haben Adjektive immer eine Endung, auch dann, wenn sie nicht direkt beim Substantiv stehen. Denken Sie daran, wenn Sie diese Übung bearbeiten!

5 Η τηλεόραση είναι ______________

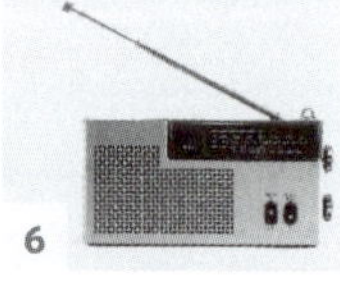
6 Το ράδιο είναι ______________

7 Το τηλέφωνο είναι ______________

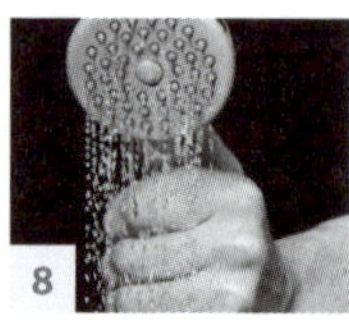
8 Το ντους είναι ______________

 **SPRACHTIPP**

Das Wort **μπαταρία** ist ein Fachausdruck für **βρύση** *Wasserhahn*. **Μπαταρία** bedeutet auch *Batterie*.

9 Η μπαταρία είναι ______________

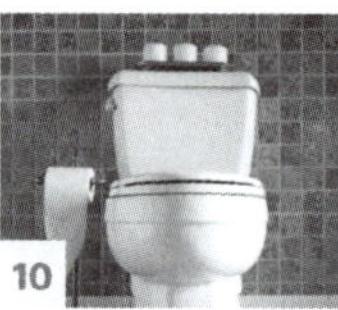
10 Η τουαλέτα είναι ______________

11 Το καλοριφέρ είναι ______________

12 Το παράθυρο είναι ______________

19

Nun fällt es Ihnen sicherlich nicht schwer, die folgenden Situationen zu bewältigen. Wie sagen Sie, wenn Sie ...

1. ... sich entschuldigen? ______________

2. ... nach einem freien Hotelzimmer fragen? ______________

3. ... sich beschweren, dass das Bad dreckig ist? ______________

4. ... sich beschweren, dass die Toilette kaputt ist? ______________

5. ... sich abends begrüßen? ______________

6. ... sich am Abend verabschieden? ______________

20

Sie sind im Hotel Ακρόπολη in der αίθουσα συνεδρίασης. Leider funktionieren die Arbeitsgeräte dort nicht so, wie sie sollen. Formulieren Sie Ihre Sätze mit Hilfe der folgenden Photos.

1 ο υπολογιστής

2 το κινητό

3 το πληκτρολόγιο

4 η οθόνη

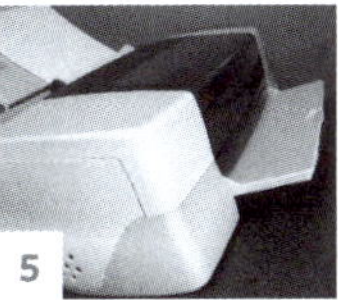
5 ο εκτυπωτής

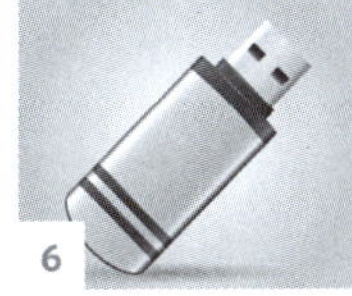
6 το στικάκι

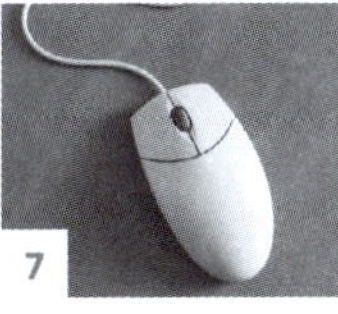
7 το ποντίκι

8 το λάπτοπ

1. ______
2. ______
3. ______
4. ______
5. ______
6. ______
7. ______
8. ______

21

Sie erzählen einer Bekannten, von welchen Firmen einige Ihrer technischen Geräte stammen. Formulieren Sie Ihre Sätze mit Hilfe der Wörter in Klammern.

1. *(Laptop - Mac®)* ______
2. *(Drucker - H. P.®)* ______
3. *(Handy - Nokia®)* ______
4. *(Bildschirm - LG®)* ______

LERNTIPP

Wenn Sie unseren Tipp umgesetzt haben und nach jeder Einheit Ihre 10 wichtigsten Vokabeln gesammelt haben, dann verfügen Sie jetzt über eine Top-100-Liste mit Wörtern und Phrasen, die für Sie relevant und wichtig sind. Wir glauben, dass Menschen besser und schneller lernen, wenn Sie sich ihre eigenen Wortlisten erarbeiten, statt sich nur an die Vorgaben eines Buches zu halten. Wir hoffen, dass Sie dieses Buch auch nach dem letzten Rückblick weiterhin nutzen werden und sagen **Συγχαρητήρια,** *Herzlichen Glückwunsch* zu dem, was Sie bisher erreicht haben. Viel Erfolg weiterhin mit der griechischen Sprache!

RÜCKBLICK 2

Hier haben Sie die Möglichkeit, Ihre Kenntnisse zu überprüfen und zu vertiefen.

In unserer ersten Lektion hatten wir Ihnen **Καλό ταξίδι**, eine *Gute Reise,* gewünscht. Jetzt, an dieser Stelle des Buches, haben Sie das Ziel dieser Reise fast erreicht. Sie haben sich einen Grundwortschatz angeeignet, der Ihnen bei Ihrem nächsten Griechenlandbesuch oder in griechischer Gesellschaft hilfreich sein wird. Sie haben Tipps erhalten und auch Neues erfahren. Wir hoffen, dass wir Sie gut begleitet haben.

1

Sie gehen einkaufen im **οπωροπωλείο**, im *Obst*- und *Gemüseladen.* Sehen Sie sich die Fotos an und bestellen Sie die angegebene Menge! Musterantworten finden Sie im Lösungsteil.

1
5x

2
½ Kilo

3
½ Kilo

4
2x

5
1 Kilo

2

TR. 89

Fragen Sie nun nach dem Preis der Lebensmittel aus Übung 1. Hören Sie dann nach und kreuzen Sie den korrekten Preis an.

1.	2.	3.	4.	5.
☐ 4,25 €	☐ 2,50 €	☐ 9,75 €	☐ 3,15 €	☐ 2,60 €
☐ 4,52 €	☐ 1,50 €	☐ 2,75 €	☐ 3,25 €	☐ 6,20 €

3

Sie möchten noch etwas **τυρί φέτα**. Schreiben Sie die Mengenangaben in Worten.

1. *1/2 Kilo* ____________ **4.** *100 Gramm* ____________

2. *3/4 Kilo* ____________ **5.** *200 Gramm* ____________

3. *1/4 Kilo* ____________ **6.** *300 Gramm* ____________

4

Lesen Sie nun den Prospekt eines großen Supermarktes. Kreuzen Sie die jeweils besten Angebote für Fleisch, Obst, Gemüse und Backwaren an. Tragen Sie Ihre Antworten in die Tabelle unten ein.

ΠΡΟΣΦΟΡΕΣ!

- ☐ 8€ ο κιμάς το κιλό!
- ☐ 3€ μισό κιλό λεμόνια!
- ☐ Κοτόπουλα Άρτας 7€ το κιλό!
- ☐ 5€ ντομάτες Κρήτης το κιλό!
- ☐ 8€ μήλα Τρίπολης τα δύο κιλά!
- ☐ 5€ μισό κιλό κουλουράκια!
- ☐ 10€ πορτοκάλια το κιλό!
- ☐ Μπισκότα 6€ το μισό κιλό!

SPRACHTIPP

Das Wort **αρτοποιείο** *Bäckerei* sieht man als Beschriftung bei einer Bäckerei. Im Alltag benutzt man dagegen **φούρνος**, um sich auf eine Bäckerei zu beziehen.

Κρεοπωλείο	Οπωροπωλείο		Αρτοποιείο
1. ______	2. ______	3. ______	4. ______

5

TR. 90

Sie gehen einkaufen in eine **μπουτίκ**. Die Verkauferin informiert Sie, in welchen Farben die von Ihnen gewünschte Kleidung vorrätig ist. Hören Sie mit und kreuzen Sie in der Tabelle unten jeweils die Farbe und das Kleidungsstück an, das Sie hören.

	1	2	3	4
Χρώματα	☐ A καφέ ☐ B κίτρινο	☐ A άσπρο ☐ B μαύρο	☐ A ροζ ☐ B γκρι	☐ A κίτρινο ☐ B κόκκινο
Ρούχα	☐ C φούστα ☐ D φουστάνι	☐ C παντελόνι ☐ D πουκάμισο	☐ C πουλόβερ ☐ D πουκάμισο	☐ C σακάκι ☐ D φανελάκι

6

Lesen Sie die folgenden Sätze und markieren Sie das korrekte Adjektiv.

1. Θέλω μία **μαύρος/μαύρη/μαύρο** φούστα.
2. Αυτό το τζιν είναι **κοντός/κοντή/κοντό**.
3. Αυτό το φούτερ είναι πολύ **ακριβός/ακριβή/ακριβό**.
4. Προτιμώ ένα πιο **φαρδύς/φαρδιά/φαρδύ** πουλόβερ.
5. Δεν μ΄αρέσει αυτό το **απλός/απλή/απλό** σακάκι.
6. Το πουκάμισό σου είναι πολύ **έξαλλος/έξαλλη/έξαλλο**.

7

Wie lauten die folgenden Sätze auf Griechisch? Es können mehrere Antworten richtig sein.

1. Sie wollen einen Vorschlag von jemandem hören.

____

2. Sie machen selbst einen Vorschlag.

____

3. Sie sind mit dem Vorschlag einverstanden.

____

4. Sie sind mit dem Vorschlag nicht einverstanden.

____

5. Sie haben absolut keine Ahnung.

____

8

TR. 91

Zwei Leute unterhalten sich über ein Geburtstagsgeschenk für Άρτεμης. Hören Sie zu und notieren Sie die richtige Reihenfolge der Geschenke. Schreiben Sie dann auf, was jedes Bild darstellt.

A ☐ _______

B ☐ _______

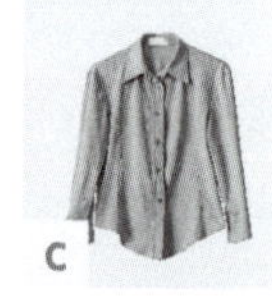
C ☐ _______

D ☐ _______

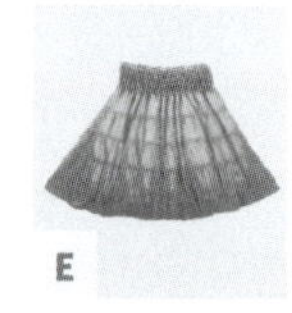
E ☐ _______

9

TR. 92

Hören Sie, wie Άρης mit Αλέξης darüber spricht, was er in seiner Freizeit gerne oder nicht gerne macht. Tragen Sie die Aktivitäten unten ein.

1

2

3

4

5

6

Άρης mag:	Άρης mag nicht:
1. _______________	4. _______________
2. _______________	5. _______________
3. _______________	6. _______________

10

Σάββας schreibt Ihnen **ένα γράμμα**. Er erzählt von seinen Vorlieben aus dem Bereich Kunst und Kultur. Lesen Sie den Brief und unterstreichen Sie, was Σάββας mag und was er nicht mag.

Αγαπητή Άννε!

Γεια σου από την Έδεσσα! Είμαι καλά και ελπίζω ότι όλα είναι εντάξει με 'σένα. Σου γράφω σήμερα τι μ'αρέσει ή δεν μ'αρέσει στις καλές τέχνες. Λοιπόν, πάω πολύ συχνά θέατρο, αλλά σπάνια σινεμά. Αρχαία αγάλματα δεν μ'αρέσει να βλέπω αλλά πίνακες σε μουσεία μ'αρέσουν πάρα πολύ. Ακούω όπερα στο σπίτι αλλά δεν βλέπω πολλά έργα στην τηλεόραση. Γράψε μου τι αρέσει σ'εσένα!

Φιλιά, Σάββας

11

Jemand erzählt Ihnen über **οι τέσσερις εποχές,** *die vier Jahreszeiten* in Griechenland. Hören Sie zu und entscheiden Sie, welches Bild zu welcher Aussage gehört.

1

2

3

4

___ **A** Από τον Ιούνιο μέχρι τον Σεπτέμβριο έχουμε καλοκαίρι.
___ **B** Φυσάει και κάνει λίγο κρύο τον Ιανουάριο στην Αθήνα.
___ **C** Έχει λίγες βροχές και κάνει λίγο κρύο το φθινόπωρο.
___ **D** Η άνοιξη είναι η πιο ωραία εποχή στην Ελλάδα!

Letzte Worte! Τελευταίες λέξεις!

Herzlichen Glückwunsch! **Συγχαρητήρια!** Sie haben den Powerkurs Griechisch nun abgeschlossen. Wir hoffen, es hat Ihnen gefallen und Sie haben neue und interessante Dinge gelernt und erfahren. Wir empfehlen Ihnen, dieses Buch immer wieder zur Festigung und Vertiefung Ihrer neu erworbenen Kenntnisse zu nutzen. Wie auch immer Sie vorgehen, wir hoffen, Sie bleiben dabei in und mit dieser wunderbaren Sprache! Noch einmal, **Συγχαρητήρια και καλή συνέχεια!**

> Jetzt können Sie auf **www.pons.de/power** im letzten Online-Test zeigen, was Sie alles gelernt haben.

1 Lektionswortschatz

2 Lösungen

3 Audiotexte

4 Grammatik

5 Wortverzeichnis Griechisch – Deutsch

6 Wortverzeichnis Deutsch – Griechisch

Lektionswortschatz

LEKTION 1

	καλός,-ή,-ό	[ka'lɔs]	*gut* (Adjektiv)
το	**ταξίδι, τα ταξίδια**	[ta'ksiði]	*Reise*
	Καλό ταξίδι!	[ka'lɔ ta'ksiði]	*Gute Reise!*
το	**ταξί, τα ταξί**	[ta'ksi]	*Taxi*
το	**μετρό, τα μετρό**	[mɛ'trɔ]	*U-Bahn*
το	**τραμ, τα τραμ**	[tram]	*Straßenbahn*
ο	**καφές, οι καφέδες**	[ka'fɛs]	*Kaffee*
το	**κακάο**	[ka'kaɔ]	*Kakao*
το	**ούζο, τα ούζα**	['uzɔ]	*Ouzo*
η	**Αθήνα**	[a'θina]	*Athen*
η	**Θεσσαλονίκη**	[θɛsalɔ'nici]	*Thessaloniki*
η	**Πάτρα**	['patra]	*Patras*
η	**Λάρισα**	['larisa]	*Larisa*
το	**Ηράκλειο**	[i'rakliɔ]	*Heraklion*
ο	**Βόλος**	['vɔlɔs]	*Volos*
τα	**Ιωάννινα**	[iɔ'anina]	*Ioannina*
τα	**Χανιά**	[xa'ɲa]	*Chania*
η	**Καβάλα**	[ka'vala]	*Kavala*
η	**Ρόδος**	['rɔðɔs]	*Rhodos*
το	**θέατρο, τα θέατρα**	['θɛatrɔ]	*Theater*
το	**στάδιο, τα στάδια**	['staðiɔ]	*Stadion*
το	**σχολείο, τα σχολεία**	[sxɔ'liɔ]	*Schule*
το	**μπαρ, τα μπαρ**	[bar]	*Bar*
η	**ταβέρνα, οι ταβέρνες**	[ta'vɛrna]	*Taverne*
το	**σινεμά**	[sinɛ'ma]	*Kino*
το	**σπορ, τα σπορ**	[spɔr]	*Sport*
το	**γκολφ**	['gɔlf]	*Golf*
το	**μπάσκετ**	['baskɛt]	*Basketball*
το	**σκι**	[sci]	*Ski*
η	**μουσική**	[musi'ci]	*Musik*
	τζαζ	[ʤaz]	*Jazz*
	ροκ	[rɔk]	*Rock* (Musik)
η	**ντίσκο, οι ντίσκο**	['diskɔ]	*Disko*
η	**φυσική**	[fisi'ci]	*Physik*
η	**χημεία**	[çi'mia]	*Chemie*
η	**ψυχολογία**	[psixɔlɔ'jia]	*Psychologie*
τα	**σπαγγέτι (nur Sg)**	[spa'ɟɛti]	*Spaghetti*
το	**κέτσαπ**	['kɛtsap]	*Ketchup*
το	**τζατζίκι, τα τζατζίκια**	[ʤa'ʤici]	*Tzatziki*

LEKTION 2

	καλημέρα	[kali'mɛra]	*guten Morgen* (bis etwa 14 Uhr)
	γεια	[ja]	*hallo, tschüss, Gesundheit!, Prost/Zum Wohl!* (beim Duzen einer oder mehrerer Personen)
	σου	[su]	*dir*
	γεια σου	[ja su]	*hallo, tschüss, Gesundheit!, Prost/Zum Wohl!* (beim Duzen einer Person)
η	**χαρά**	[xa'ra]	*Freude*
	γεια χαρά	[ja xa'ra]	*hallo, tschüss*
	χαίρετε	['çɛrɛtɛ]	*Ich grüße Sie!, auf Wiedersehen!*
	τα	[ta]	*sie* (n Pl) (schwach)
	τα λέμε	[ta 'lɛmɛ]	*bis bald*
	καλησπέρα	[kali'spɛra]	*guten Tag, guten Abend* (ab etwa 14 Uhr)
	καληνύχτα	[kali'nixta]	*gute Nacht*
	τι	[ti]	*was*
	κάνω	['kanɔ]	*machen*
	Τι κάνεις;	[ti 'kanis]	*Wie geht es dir?*
	καλά	[ka'la]	*gut* (Adverb)
	εσύ	[ɛ'si]	*du*
	εσύ;	[ɛ'si]	*(und) dir?*
	κύριε	['ciriɛ]	*Herr* (Anrede)
η	**κυρία, οι κυρίες**	[ci'ria]	*Frau*
	κυρία	[ci'ria]	*Frau* (Anrede)
	πολύς, πολλή, πολύ; πολλοί, πολλές, πολλά	[pɔ'li]	*viel*
	καλά	[ka'la]	*gut*
	πολύ καλά	[pɔ'li ka'la]	*sehr gut*
	εσείς	[ɛ'sis]	*ihr, Sie*
	εσείς;	[ɛ'sis]	*(und) Ihnen, euch?*
	ναι	[nɛ]	*ja*
	Τι κάνετε;	[ti 'kanɛtɛ]	*Wie geht es Ihnen/euch?*
	γεια σας	[ja sas]	*hallo, tschüss, Gesundheit!, Prost/Zum Wohl!* (beim Siezen einer Person und bei der Ansprache mehrerer Personen)
	είμαι (είμαι, είσαι, είναι, είμαστε, είστε, είναι)	['imɛ]	*sein - (ich) bin, (du) bist, (er/sie/es) ist, (wir) sind, (Sie) sind/(ihr) seid, (sie) sind*
	ο	[ɔ]	*der* (männl. best. Art.)
	η	[i]	*die* (weibl. best. Art.)
	είμαι ο/η...	['imɛ ɔ/i]	*ich bin* (m/w)...
	με	[mɛ]	*mich* (schwach)
	λέω (λέω, λες, λέει, λέμε, λέτε, λέν(ε))	[lɛɔ]	*sagen*
	Με λένε...	[mɛ 'lɛnɛ]	*Ich heiße ...*
ο	**κύριος, οι κύριοι**	['ciriɔs]	*Herr*
	από	[a'pɔ]	*von/aus*
	εδώ	[ɛ'ðɔ]	*hier*
	Από εδώ/'δώ ο/η...	[a'pɔ ɛ'ðɔ/ðɔ ɔ/i]	*Das ist* (m/w)...
	έτσι	['ɛtsi]	*so*
	κι, και	[ci, cɛ]	*und, auch*
	έτσι κι έτσι	['ɛtsi ci 'ɛtsi]	*so lala, es geht so*
	πώς	[pɔs]	*wie* (in Fragesätzen)
	Πώς είσαι;	['pɔs 'isɛ]	*Wie geht es dir?*
	χαίρω πολύ	['çɛrɔ pɔ'li]	*angenehm / freut mich*
	εγώ	[ɛ'ɣɔ]	*ich*
	κι εγώ	[ci ɛ'ɣɔ]	*ich auch*
	αυτός	[af'tɔs]	*er* (m Sg) (stark)
	αυτή	[af'ti]	*sie* (f Sg) (stark)
	αυτό	[af'tɔ]	*es* (n Sg) (stark)
	εμείς	[ɛ'mis]	*wir*
	αυτοί	[af'ti]	*sie* (m/m+f Pl)
	αυτές	[af'tɛs]	*sie* (f Pl) (stark)
	αυτά	[af'ta]	*sie* (n Pl) (stark)
	συγνώμη	[si'ɣnɔmi]	*Entschuldigung*
	μάλιστα	['malista]	*ja, richtig*
	όχι	['ɔçi]	*nein*
	ευχαριστώ	[ɛfxaris'tɔ]	*danke*
	ευχαριστώ πολύ	[ɛfxari'stɔ pɔ'li]	*vielen Dank*
	άσχημα	['asçima]	*schlecht/schrecklich* (Adverb)
	μια χαρά	[mia xa'ra]	*gut/toll*
	χάλια	['xalia]	*sehr schlecht/miserabel* (Adverb)
	σε	[sɛ]	*in*
	Πώς σε λένε;/Πώς σας λένε;	['pɔs sɛ 'lɛnɛ]	*Wie heißt du?/Wie heißen Sie?*
	σιγά	[si'ɣa]	*langsam* (Adverb)

	σιγά-σιγά!	[si'ɣa si'ɣa]	*langsam!* (wenn man jdn. darum bittet)
	τον	[tɔn]	*ihn* (m Sg) (schwach)
	A!	[a]	*Ah!*
	εμένα	[ɛ'mɛna]	*mich* (stark)
	εσένα	[ɛ'sɛna]	*dich* (stark)
	αυτό(ν)	[af'tɔ(n)]	*ihn* (stark)
	αυτή(ν)	[af'ti(n)]	*sie* (f Sg)
	τη(ν)	[ti(n)]	*sie* (f Sg) (schwach)
	εμάς	[ɛ'mas]	*uns* (stark)
	εσάς	[ɛ'sas]	*euch/Ihnen* (stark)
	αυτούς	[af'tus]	*sie* (m/m+f Pl) (stark)
	μας	[mas]	*uns* (schwach)
	σας	[sas]	*euch/Ihnen* (schwach)
	τους	[tus]	*sie* (m/m+f Pl) (schwach)
	τις/τες	[tis/tɛs]	*sie* (f Pl) (schwach)
	Πώς σας λένε;	['pɔs sas 'lɛnɛ]	*Wie heißen Sie? / Wie heißt ihr?*

LEKTION 3

	είμαι από τον/την/το...	['imɛ a'pɔ tɔn/tin/tɔ]	*ich bin aus...*
το	**Βουκουρέστι**	[vuku'rɛsti]	*Bukarest*
η	**Μόσχα**	['mɔsxa]	*Moskau*
το	**Παρίσι**	[pa'risi]	*Paris*
το	**Λονδίνο**	[lɔn'ðinɔ]	*London*
η	**Μαδρίτη**	[ma'ðriti]	*Madrid*
η	**Ρώμη**	['rɔmi]	*Rom*
το	**Βερολίνο**	[vɛrɔ'linɔ]	*Berlin*
η	**Γερμανία**	[jɛrma'nia]	*Deutschland*
η	**Ιταλία**	[ita'lia]	*Italien*
η	**Ισπανία**	[ispa'nia]	*Spanien*
η	**Αγγλία**	[aŋ'glia]	*England*
η	**Ρωσία**	[rɔ'sia]	*Russland*
η	**Ρουμανία**	[ruma'nia]	*Rumänien*
η	**Ελλάδα**	[ɛ'laða]	*Griechenland*
η	**Γαλλία**	[ɣa'ʎia]	*Frankreich*
	πού	['pu]	*wo* (in Fragesätzen)
	Από πού είσαι;, Από πού είστε;	[a'pɔ 'pu 'isɛ]	*Woher kommst du?, Woher kommen Sie?*
	μένω (μέν-ω, -εις, -ει, -ουμε, -ετε, -ουν)	['mɛnɔ]	*wohnen/leben*
	σε+τη(ν) - στη(ν)	[sti(n)]	*bei, zu* (f Sg)
	σε+τις - στις	[stis]	*bei, zu* (f Pl)
	σε+το - στο	[stɔ]	*bei, zu* (n Sg)
	σε+το(ν) - στο(ν)	[stɔ(n)]	*bei, zu* (m Sg)
	μένω στον/στην/στο	['mɛnɔ stɔn/stin/stɔ]	*ich wohne in ...*
	τώρα	['tɔra]	*jetzt*
	Πού μένεις;	['pu 'mɛnis]	*Wo wohnst du?*
	δεν...	[ðɛn]	*... nicht*
	Από πού είστε;	[a'pɔ 'pu 'istɛ]	*Woher kommen Sie?/ Woher kommt ihr?*
	ωραία	[ɔ'rɛa]	*schön* (Adverb)
ο	**Ιταλός, οι Ιταλοί**	[ita'lɔs]	*Italiener*
η	**Ιταλίδα, οι Ιταλίδες**	[ita'liða]	*Italienerin*
ο	**Ισπανός, οι Ισπανοί**	[ispa'nɔs]	*Spanier*
η	**Ισπανίδα, οι Ισπανίδες**	[ispan'iða]	*Spanierin*
ο	**Γερμανός, οι Γερμανοί**	[jɛrma'nɔs]	*Deutscher*
η	**Γερμανίδα, οι Γερμανίδες**	[jɛrma'niða]	*Deutsche*
ο	**Γάλλος, οι Γάλλοι**	['ɣalɔs]	*Franzose*
η	**Γαλλίδα, οι Γαλλίδες**	[ɣa'liða]	*Französin*
ο	**Άγγλος, οι Άγγλοι**	['aŋglɔs]	*Engländer*
η	**Αγγλίδα, οι Αγγλίδες**	[aŋ'gliða]	*Engländerin*
ο	**Έλληνας, οι Έλληνες**	['ɛlinas]	*Grieche*
η	**Ελληνίδα, οι Ελληνίδες**	[ɛli'niða]	*Griechin*
	Είμαι (Έλληνας).	['imɛ ('ɛlinas)]	*Ich bin (Grieche).*
	αλλά	[a'la]	*aber*
	μιλάω/ώ (μιλ-άω, -άς, -άει, -άμε, -άτε, -ούν/άν(ε))	[mi'laɔ/mi'lɔ]	*sprechen*
τα	**Ελληνικά**	[ɛlini'ka]	*Griechisch*
τα	**Ιταλικά**	[itali'ka]	*Italienisch*
	Μιλάς (Ιταλικά);	[mi'las (itali'ka)]	*Sprichst du (Italienisch)?*
	μόνο	['mɔnɔ]	*nur*
τα	**Αγγλικά**	[aŋgli'ka]	*Englisch*
	λίγος,-η,-ο	['liɣɔs]	*ein bisschen*
τα	**Γαλλικά**	[ɣali'ka]	*Französisch*
	ξέρω (ξέρ-ω, -εις, -ει, -ουμε, -ετε, -ουν(ε))	['ksɛrɔ]	*können*
	Ξέρεις (Γαλλικά);	['ksɛris ɣali'ka]	*Kannst du (Französisch)?*
	καθόλου	[ka'θɔlu]	*gar nicht*
τα	**Γερμανικά**	[jɛrmani'ka]	*Deutsch*
	(λίγο) / λίγα (Γερμανικά)	[('liɣɔ)/'liɣa jɛrmani'ka]	*ein bisschen (Deutsch)*
	πολύ λίγο	[pɔ'li 'liɣɔ]	*sehr wenig*
	καθόλου καλά	[ka'θɔlu ka'la]	*überhaupt nicht gut*
	γιατί	[ja'ti]	*weil, warum*
	δουλεύω (δουλεύ-ω, -εις, -ει, -ουμε, -ετε, -ουν(ε))	[ðu'lɛvɔ]	*arbeiten*
	εκεί	[ɛ'ci]	*dort, da*
το	**Μόναχο**	['mɔnaxɔ]	*München*
η	**δασκάλα, οι δασκάλες**	[ðas'kala]	*Lehrerin*
ο/η	**γραμματέας, οι γραμματείς**	[ɣrama'tɛas]	*Sekretär/in*
ο/η	**φωτογράφος, οι φωτογράφοι**	[fɔtɔ'ɣrafɔs]	*Fotograf*
ο	**σερβιτόρος, οι σερβιτόροι**	[sɛrvi'tɔrɔs]	*Kellner*
η	**σερβιτόρα, οι σερβιτόρες**	[sɛrvi'tɔra]	*Kellnerin*
ο	**φοιτητής, οι φοιτητές**	[fiti'tis]	*Student*
η	**φοιτήτρια, οι φοιτήτριες**	[fi'titria]	*Studentin*
ο/η	**γιατρός, οι γιατροί**	[ja'trɔs]	*Arzt/Ärztin*
ο/η	**ηθοποιός, οι ηθοποιοί**	[iθɔpi'ɔs]	*Schauspieler/in*
ο	**νοσοκόμος, οι νοσοκόμοι**	[nɔsɔ'kɔmɔs]	*Krankenpfleger*
η	**νοσοκόμα, οι νοσοκόμες**	[nɔsɔ'kɔma]	*Krankenpflegerin*
	Πώς είναι...στα Ελληνικά;	['pɔs 'inɛ...sta ɛlini'ka?]	*Was heißt ... auf Griechisch?*
το	**μαγαζί, τα μαγαζιά**	[maɣa'zi]	*Geschäft*
το	**φωτογραφείο, τα φωτογραφεία**	[fɔtɔɣra'fiɔ]	*Fotoatelier*
το	**γραφείο, τα γραφεία**	[ɣra'fiɔ]	*Büro*
το	**ιατρείο, τα ιατρεία**	[ia'triɔ]	*Arztpraxis*
το	**πανεπιστήμιο, τα πανεπιστήμια**	[panɛpis'timiɔ]	*Universität*
το	**νοσοκομείο, τα νοσοκομεία**	[nɔsɔkɔ'miɔ]	*Krankenhaus*
	ένα	['ɛna]	*ein* (sächl. unbest. Art., Nom u. Akk)
η	**δουλειά**	[ðu'ʎa]	*Arbeit*
	είμαι (φωτογράφος)	['imɛ (fɔtɔ'ɣrafɔs)]	*ich bin (Fotograf)*

LEKTION 4

ο	**χυμός, οι χυμοί**	[çi'mɔs]	*Saft*
η	**λεμονάδα, οι λεμονάδες**	[lɛmɔ'naða]	*Limonade*
η	**μπύρα, οι μπύρες**	['bira]	*Bier*
το	**γάλα, τα γάλατα**	['ɣala]	*Milch*
το	**νερό**	[nɛ'rɔ]	*Wasser*
το	**τσάι, τα τσάγια**	['tsai]	*Tee*
το	**κρασί, τα κρασιά**	[kra'si]	*Wein*
	αρέσω (αρέσ-ω, -εις, -ει, -ουμε, -ετε, -ουν(ε))	[a'rɛsɔ]	*gefallen*

Lektionswortschatz

1

Artikel	Griechisch	Aussprache	Deutsch
	ελληνικός,-ή,-ό	[ɛlini'kɔs]	*griechisch*
	μ'	[m]	*mir* (von „μου“)
	πάρα πολύ	['para pɔ'li]	*sehr* (betont)
	πίνω (πίν-ω, -εις, -ει, -ουμε, -ετε, -ουν(ε))	['pinɔ]	*trinken*
	ποτέ	[pɔ'tɛ]	*nie*
	ή	['i]	*oder*
	έναν	['ɛnan]	*einen* (sächl. unbest. Art. Akk)
	μία/μια	['mia]	*eine* (weibl. unbest. Art., Nom u. Akk)
	παρακαλώ	[paraka'lɔ]	*bitte*
	για 'μένα	[ja 'mɛna]	*für mich*
	θα ήθελα	[θa 'iθɛla]	*ich hätte gern*
	θέλω	['θɛlɔ]	*wollen*
	αμέσως	[a'mɛsɔs]	*sofort*
	φτάνω	['ftanɔ]	*ankommen*
	Αμέσως, έφτασε!	[a'mɛsɔs 'ɛftasɛ]	*Kommt sofort!*
το	**καφενείο**	[kafɛ'niɔ]	*Café* (meist für ältere Männer)
η	**καφετέρια**	[kafɛ'tɛria]	*Café*
το	**ζαχαροπλαστείο**	[zaxarɔplas'tiɔ]	*Konditorei*
	ένας	['ɛnas]	*ein* (sächl. unbest. Art. Nom)
η	**Ακρόπολη**	[a'krɔpɔli]	*Akropolis*
το	**είδος, τα είδη**	['iðɔs]	*Sorte*
τα	**είδη καφέ**	['iðɔs ka'fɛ]	*Kaffeesorten*
ο	**νες καφέ**	[nɛs ka'fɛ]	*Nescafé* (warmer Instantkaffee)
ο	**φραπές, οι φραπέδες**	[fra'pɛs]	*Frappé* (kalter Kaffee)
ο	**Ελληνικός**	[ɛlini'kɔs]	*Mokka*
το	**ποτό, τα ποτά**	[pɔ'tɔ]	*alkoholisches Getränk*
	Μύθος	['miθɔs]	*Mythos* (Biermarke)
η	**ρετσίνα, οι ρετσίνες**	[rɛ'tsina]	weißer, trockener, griechischer Wein mit Harz versetzt
το	**αναψυκτικό, τα αναψυκτικά**	[anapsikti'kɔ]	*Erfrischungsgetränk*
η	**πορτοκαλάδα, οι πορτοκαλάδες**	[pɔrtɔka'laða]	*Orangenlimonade*
	σνακ, τα σνακ	[snak]	*Snack*
η	**τυρόπιτα, οι τυρόπιτες**	[ti'rɔpita]	*Blätterteigtasche mit Schafskäse*
το	**κρουασάν, τα κρουασάν**	[krua'san]	*Croissant*
το	**τοστ, τα τοστ**	[tɔst]	*Toast*
το	**ψωμάκι, τα ψωμάκια**	[psɔ'maci]	*Brötchen*
το	**ζαμπόν**	[zam'bɔn]	*Schinken*
το	**τυρί, τα τυριά**	[ti'ri]	*Käse*
η	**μερέντα**	[mɛ'rɛnda]	*Nuss-Nougat-Creme*
η	**φρυγανιά, οι φρυγανιές**	[friɣa'ɲa]	*Zwieback*
το	**βούτυρο**	['vutirɔ]	*Butter*
η	**μαρμελάδα**	[marmɛ'laða]	*Marmelade*
το	**ψωμί, τα ψωμιά**	[psɔ'mi]	*Brot*
η	**φέτα (ψωμί), οι φέτες (ψωμί)**	['fɛta (psɔ'mi)]	*Scheibe (Brot)*
	έχω - έχω, έχεις, έχει, έχουμε, έχετε, έχουν	['ɛxɔ]	*haben*
τα	**δημητριακά**	[ðimitria'ka]	*Getreide, Müsli*
	με	[mɛ]	*mit*
	φτιάχνω (φτιάχν-ω, -εις, -ει, -ουμε, -ετε, -ουν(ε))	['ftçaxnɔ]	*zubereiten*
το	**αυγό/αβγό, τα αυγά/αβγά**	[av'ɣɔ]	*Ei*
το	**μπέικον**	['beikɔn]	*Speck*
	μήπως	['mipɔs]	*vielleicht*
το	**γιαούρτι, τα γιαούρτια**	[ja'urti]	*Joghurt*
το	**μέλι**	['mɛli]	*Honig*
	τότε	['tɔtɛ]	*dann*
το	**σάντουιτς, τα σάντουιτς**	['sanduits]	*Sandwich*
	παίρνω (παίρν-ω, -εις, -ει, -ουμε, -ετε, ουν(ε))	['pɛrnɔ]	*nehmen*
	Τι θα πάρετε;	['ti θa 'parɛtɛ]	*Was nehmen Sie?*
	Ούζο 12	['uzɔ 'ðɔðɛka]	Ouzomarke
	Ούζο Πλωμάρι	['uzɔ plɔ'mari]	Ouzomarke
	Μυτιλήνη	[miti'lini]	*Mytilini*
	Ούζο Μυτιλήνης	['uzɔ miti'linis]	Ouzomarke
	τοπικός,-ή,-ό	[tɔpi'kɔs]	*lokal*
το	**λεμόνι, τα λεμόνια**	[lɛ'mɔni]	*Zitrone*
	χωρίς	[xɔ'ris]	*ohne*
	με (γάλα)	[mɛ ('ɣala)]	*mit (Milch)*
	φέρνω (φέρν-ω, -εις, -ει, -ουμε, -ετε, -ουν(ε))	['fɛrnɔ]	*bringen*
	όχι, ευχαριστώ	['ɔçi ɛfxari'stɔ]	*nein, danke*
	ναι, παρακαλώ	[nɛ paraka'lɔ]	*ja, bitte*
ο	**κατάλογος, οι κατάλογοι**	[ka'talɔɣɔs]	*Speisekarte*
ο	**λογαριασμός, οι λογαριασμοί**	[lɔɣaria'smɔs]	*Rechnung*
	Τον λογαριασμό παρακαλώ!	[tɔn lɔɣaria'smɔ paraka'lɔ]	*Die Rechnung bitte!*
η	**ζάχαρη**	['zaxari]	*Zucker*
	χωρίς ζάχαρη	[xɔ'ris 'zaxari]	*ohne Zucker*
	όλα	['ɔla]	*alles*
	μαζί	[ma'zi]	*zusammen*
	όλα μαζί	['ɔla ma'zi]	*alles zusammen*
	χωριστά/χώρια/ξεχωριστά	[xɔri'sta/'xɔria/ ksɛxɔri'sta]	*getrennt*
το	**γλυκό, τα γλυκά**	[ɣli'kɔ]	*Kuchen, Süßigkeit*
το	**πορτοκάλι, τα πορτοκάλια**	[pɔrtɔ'kali]	*Orange*
ο	**χυμός πορτοκάλι**	[çi'mɔs pɔrtɔ'kali]	*Orangensaft*
	μέτριος,-ια,-ιο	['mɛtriɔs]	*mittelsüß*
	τίποτα	['tipɔta]	*nichts*
	κάτι	['kati]	*etwas*
	άλλος,-η,-ο	['alɔs]	*anderer*
	Τίποτ' άλλο; (von „Τίποτα άλλο;“)/Κάτι άλλο;	[tipɔt'alɔ ('tipɔta 'alɔ) / 'kati 'alɔ]	*Sonst noch etwas?*
	επίσης	[ɛ'pisis]	*auch*
το	**μπουκάλι, τα μπουκάλια**	[bu'kali]	*Flasche*
	πόσος, πόση, πόσο	['pɔsɔ]	*wie viel*
	Πόσο κάνει/έχει; (Sg.) Πόσο κάνουν/έχουν; (Pl.)	['pɔsɔ 'kani/ 'ɛçi; pɔsɔ 'kanun/'ɛxun]	*Wie viel kostet das? / Wie viel macht das zusammen?*
	σκέτος,-η,-ο	['skɛtɔs]	*schwarz* (Kaffee)
	γλυκός,-ιά,-ό	[ɣli'kɔs]	*süß*
	σκέτος/μέτριος/γλυκός καφές	['skɛtɔs/ 'mɛtriɔs/ ɣli'kɔs ka'fɛs]	*schwarzer / mittelsüßer / süßer Kaffee*
το	**ποτήρι, τα ποτήρια**	[pɔ'tiri]	*Glas*
το	**ροδάκινο, τα ροδάκινα**	[rɔ'ðacinɔ]	*Pfirsich*
ο	**χυμός ροδάκινο**	[çi'mɔs rɔ'ðacinɔ]	*Pfirsichsaft*
	ανάμεικτος,-η,-ο	[a'namiktɔs]	*gemischt*
ο	**χυμός ανάμεικτος**	[çi'mɔs a'namiktɔs]	*Multivitaminsaft*
η	**ντομάτα, οι ντομάτες**	[dɔ'mata]	*Tomate*
η	**σπανακόπιτα, οι σπανακόπιτες**	[spana'kɔpita]	*Blätterteigtasche mit Spinat*
η	**μπουγάτσα, οι μπουγάτσες**	[bu'ɣatsa]	Blätterteigtasche mit einer süßen, vanilligen Füllung
το	**κουλουράκι, τα κουλουράκια**	[kulu'raki]	*Keks*
	ένα	['ɛna]	*eins*
	δύο	['ðiɔ]	*zwei*
	τρία	['tria]	*drei*
	τέσσερα	['tɛsɛra]	*vier*
	πέντε	['pɛndɛ]	*fünf*
	έξι	['ɛksi]	*sechs*
	εφτά	[ɛf'ta]	*sieben*
	οχτώ	[ɔx'tɔ]	*acht*
	εννιά	[ɛ'ɲa]	*neun*

	δέκα	[ˈðɛka]	*zehn*
	έντεκα	[ˈɛndɛka]	*elf*
	δώδεκα	[ˈðɔðɛka]	*zwölf*
	είκοσι	[ˈikɔsi]	*zwanzig*
	τριάντα	[triˈanda]	*dreißig*
	σαράντα	[saˈranda]	*vierzig*
	πενήντα	[pɛˈninda]	*fünfzig*
	εξήντα	[ɛˈksinda]	*sechzig*
	εβδομήντα	[ɛvðɔˈminda]	*siebzig*
	ογδόντα	[ɔɣˈðɔnda]	*achtzig*
	ενενήντα	[ɛnɛˈninda]	*neunzig*
	εκατό	[ɛkaˈtɔ]	*einhundert*
το	**ευρώ, τα ευρώ**	[ɛˈvrɔ]	*Euro*
το	**λεπτό, τα λεπτά**	[lɛpˈtɔ]	*Cent, Minute*
	σας παρακαλώ	[sas parakaˈlɔ]	*bitte* (Sie-Form)
	ακριβώς	[akriˈvɔs]	*genau*
η	**κρέπα, οι κρέπες**	[ˈkrɛpa]	*Crêpe*

LEKTION 5

	πάω (πάω, πας, πάει, πάμε, πάτε, πάν(ε))	[ˈpaɔ]	*gehen/fahren*
το	**πόδι, τα πόδια**	[ˈpɔði]	*Fuß*
	με τα πόδια	[mɛ ta pɔˈðja]	*zu Fuß*
το	**αυτοκίνητο, τα αυτοκίνητα**	[aftɔˈcinitɔ]	*Auto*
το	**μηχανάκι, τα μηχανάκια**	[mixaˈnaci]	*Moped*
	με το αυτοκίνητο/ μηχανάκι	[mɛ tɔ aftɔˈcinitɔ/ mixaˈnaci]	*mit dem Auto/ Moped*
το	**τρόλεϊ, τα τρόλεϊ**	[ˈtrɔlɛi]	*Oberleitungsbus*
το	**ποδήλατο, τα ποδήλατα**	[pɔˈðilatɔ]	*Fahrrad*
το	**λεωφορείο, τα λεωφορεία**	[lɛfɔˈriɔ]	*Bus*
	συχνά	[sixˈna]	*oft*
το	**ταχυδρομείο**	[taçiðrɔˈmiɔ]	*Post*
	σπάνια	[ˈspania]	*selten*
η	**πλατεία, οι πλατείες**	[plaˈtia]	*Platz*
η	**φορά**	[fɔˈra]	*Mal*
	πολλές φορές	[pɔˈlɛs fɔˈrɛs]	*mehrmals*
	περπατάω/ώ (περπατ-άω/ώ, -άς, -άει/ά, -άμε, -άτε, -άν(ε))	[pɛrpaˈtaɔ]	*laufen*
	πάντα	[ˈpanda]	*immer*
το	**περίπτερο, τα περίπτερα**	[pɛˈriptɛrɔ]	*Kiosk*
	πόση ώρα	[ˈpɔsi ˈɔra]	*wie lange*
	κάνει...λεπτά	[ˈkani...lɛpˈta]	*(es) dauert ... Minuten*
	κάνω...λεπτά	[ˈkanɔ...lɛpˈta]	*ich brauche ... Minuten*
	μέχρι	[ˈmɛxri]	*bis*
	περίπου	[pɛˈripu]	*ungefähr*
το	**τέταρτο, τα τέταρτα**	[ˈtɛtartɔ]	*1/4, Viertelstunde*
	το πολύ	[tɔ pɔˈli]	*höchstens*
το	**σπίτι, τα σπίτια**	[ˈspiti]	*Haus*
η	**ώρα, οι ώρες**	[ˈɔra]	*Uhrzeit/Stunde*
	τι ώρα...	[ti ˈɔra]	*wie viel Uhr...*
	γύρω	[ˈjirɔ]	*(her)um*
	στις	[stis]	*um (Uhrzeit)*
	στις οχτώ (η ώρα)	[stis ɔxˈtɔ (i ˈɔra)]	*um 8:00/20:00 (Uhr)*
	τελειώνω (τελειών-ω, -εις, -ει, -ουμε, -ετε, -ουν(ε))	[tɛʎiˈɔnɔ]	*beenden*
	μετά	[mɛˈta]	*danach, nachher (örtlich und zeitlich)*
	στη μία (η ώρα)	[sti ˈmia (i ˈɔra)]	*um 1:00/13:00 (Uhr)*
ο	**άντρας, οι άντρες**	[ˈandras]	*Mann*

ο	**σταθμός, οι σταθμοί**	[staθˈmɔs]	*Bahnhof*
η	**φωνή, οι φωνές**	[fɔˈni]	*Stimme*
	Τι ώρα είναι;	[ti ˈɔra ˈinɛ]	*Wie viel Uhr ist es?*
	από τις...μέχρι τις	[aˈpɔ tis...ˈmɛxri tis]	*von ... bis (Uhrzeit, Datum)*
	σε...λεπτά	[sɛ...lɛpˈta]	*in ... Minuten*
το	**ξενοδοχείο, τα ξενοδοχεία**	[ksɛnɔðɔˈçiɔ]	*Hotel*
η	**στάση, οι στάσεις**	[ˈstasi]	*Haltestelle*
το	**κάστρο, τα κάστρα**	[ˈkastrɔ]	*Schloss*
το	**μέτρο**	[ˈmɛtrɔ]	*Meter*
	παλιός,-ά,-ό	[paˈʎɔs]	*alt*
η	**πόλη**	[ˈpɔli]	*Stadt*
η	**παλιά πόλη**	[paˈʎia ˈpɔli]	*Altstadt*
ο	**κολοσσός, οι κολοσσοί**	[kɔlɔˈsɔs]	*Koloss*
η	**εκκλησία, οι εκκλησίες**	[ɛkliˈsia]	*Kirche*
η	**Μητρόπολη**	[miˈtrɔpɔli]	*Kathedrale*
	πρώτος,-η,-ο	[ˈprɔtɔs]	*erster,-e,-es*
	δεύτερος,-η,-ο	[ˈðɛftɛrɔs]	*zweiter,-e,-es*
	τρίτος,-η,-ο	[ˈtritɔs]	*dritter,-e,-es*
ο	**δρόμος, οι δρόμοι**	[ˈðrɔmɔs]	*Straße, Weg*
	δεξιά	[ðɛˈksia]	*rechts*
	στον τρίτο δρόμο δεξιά	[stɔn ˈtritɔ ˈðrɔmɔ ðɛˈksia]	*an der dritten Straße rechts*
	αριστερά	[aristɛˈra]	*links*
η	**οδός, οι οδοί**	[ɔˈðɔs]	*Straße, Weg*
	όλο	[ˈɔlɔ]	*immer*
	ευθεία/ίσια	[ɛfˈθia/ˈisia]	*geradeaus*
	όλο ευθεία/όλο ίσια	[ˈɔlɔ ɛfˈθia/ˈɔlɔ ˈisia]	*immer geradeaus*
το	**τέλος**	[ˈtɛlɔs]	*Ende*
	στο τέλος του δρόμου	[stɔ ˈtɛlɔs tu ˈðrɔmu]	*am Ende der Straße*
το	**φανάρι, τα φανάρια**	[faˈnari]	*Ampel*
	Πού είναι...;	[pu ˈinɛ]	*Wo ist ...?*
το	**στενό, τα στενά**	[stɛˈnɔ]	*Gasse*
	καλημέρα σας	[kaliˈmɛra sas]	*guten Morgen* (bis etwa 14 Uhr, Sie-Form)
	υπάρχω (υπάρχ-ω, -εις, -ει, -ουμε, -ετε, ουν(ε))	[iˈparxɔ]	*existieren*
	υπάρχει (Sg), υπάρχουν (Pl)	[iˈparçi/ iˈparxun]	*es gibt*
	κανένας, καμία, κανένα	[kaˈnɛnas]	*irgendein, niemand*
	τηλεφωνικός,-ή,-ό	[tilɛfɔniˈkɔs]	*telefonisch*
ο	**θάλαμος, οι θάλαμοι**	[ˈθalamɔs]	*Kammer*
ο	**τηλεφωνικός θάλαμος**	[tilɛfɔniˈkɔs ˈθalamɔs]	*Telefonzelle*
	κοντά	[kɔnˈda]	*in der Nähe*
	το τετράγωνο, τα τετράγωνα	[tɛˈtraɣɔnɔ]	*Block* (Straße)
η	**γωνία, οι γωνίες**	[ɣɔˈnia]	*Ecke*
το	**μουσείο, τα μουσεία**	[muˈsiɔ]	*Museum*
το	**όνομα, τα ονόματα**	[ˈɔnɔma]	*Name*
	ψάχνω (ψάχν-ω, -εις, -ει, -ουμε, -ετε, -ουν(ε))	[ˈpsaxnɔ]	*suchen*
	αρχαιολογικός,-ή,-ό	[arçɛɔlɔjiˈkɔs]	*archäologisch*
το	**αεροδρόμιο, τα αεροδρόμια**	[aɛrɔˈðrɔmiɔ]	*Flughafen*
το	**κλαμπ, τα κλαμπ**	[klap]	*Club*
	μπλε	[blɛ]	*blau*
η	**πορτοκαλάδα μπλε**	[pɔrtɔkaˈlaða blɛ]	*Orangenlimonade ohne Kohlensäure*
η	**αγορά, οι αγορές**	[aɣɔˈra]	*Markt*
το	**ενυδρείο, τα ενυδρεία**	[eniˈðrio]	*Aquarium*
	μέσα	[ˈmɛsa]	*in, drinnen*
	μέσα από	[ˈmɛsa aˈpɔ]	*durch*
	μερικές φορές	[mɛriˈcɛs fɔˈrɛs]	*ein paar Mal*
	στις οχτώμιση/οχτώ και μισή	[stis ɔxˈtɔmisi/ ɔxˈtɔ cɛ miˈsi]	*um 8:30/20:30 Uhr*

RÜCKBLICK 1

	παρά τέταρτο	[pa'ra 'tεtartɔ]	*Viertel vor*
	και (είκοσι)	[cε 'ikɔsi]	*(20) Min. nach*
	και τέταρτο	[cε 'tεtartɔ]	*Viertel nach*
η	**αλχημεία**	[alçi'mia]	*Alchemie*
τα	**Εξάρχεια**	[ε'ksarçia]	*Exarchia* (Stadtviertel in Athen)
το	**τηλέφωνο**	[ti'lεfɔnɔ]	*Telefon(nummer)*
το	**κινητό**	[cini'tɔ]	*Handy(nummer)*
	νέος,-α,-ο	['nεɔs]	*neu, jung*
	αρχαίος,-α,-ο	[ar'çεɔs]	*antik*
η	**Πλάκα**	['plaka]	*Plaka* (Stadtteil am Fuß der Akropolis)
ο	**μερακλής, οι μερακλήδες**	[mεra'klis]	*Feinschmecker, jemand, der etwas gerne tut*
το	**Παγκράτι**	[paŋ'grati]	*Pangrati* (Stadtviertel in Athen)
η	**πλάκα**	['plaka]	*Spaß*
ο	**μαθηματικός, οι μαθηματικοί**	[maθimati'kɔs]	*Mathematiker*
	δίπλα	['ðipla]	*neben*
	μακριά	[makri'a]	*weit*
	απέναντι	[a'pεnandi]	*gegenüber*
	μικρός,-ή,-ό	[mi'krɔs]	*klein*
το	**παγωτό, τα παγωτά**	[paɣɔ'tɔ]	*Eis*
η	**σοκολάτα**	[sɔkɔ'lata]	*Schokolade*
η	**βανίλια**	[va'niʎa]	*Vanille*
το	**παγωτό βανίλια**	[paɣɔ'tɔ va'niʎa]	*Vanilleeis*
το	**παγάκι, τα παγάκια**	[paɣaci]	*Eiswürfel*
η	**καράφα, οι καράφες**	[ka'rafa]	*Karaffe*

LEKTION 6

η	**Χίος**	['çiɔs]	*Chios*
η	**Αχαΐα**	[axa'ia]	*Achaia*
η	**Κρήτη**	['kriti]	*Kreta*
το	**μήλο, τα μήλα**	['milɔ]	*Apfel*
η	**Τρίπολη**	['tripoli]	*Tripoli*
το	**κοτόπουλο, τα κοτόπουλα**	[kɔ'tɔpulɔ]	*Hühnchen*
η	**Άρτα**	['arta]	*Arta*
το	**Μέτσοβο**	['mεtsɔvɔ]	*Metsovo*
η	**ελιά, οι ελιές**	[ε'ʎia]	*Olive*
η	**Καλαμάτα**	[kala'mata]	*Kalamata*
ο	**διάλογος, οι διάλογοι**	[ði'alɔɣɔs]	*Dialog*
το	**κιλό, τα κιλά**	[ci'lɔ]	*Kilo*
	ένα κιλό (ντομάτες)	['εna ci'lɔ dɔ'matεs]	*ein Kilo Tomaten*
το	**γραμμάριο, τα γραμμάρια**	[ɣra'mariɔ]	*Gramm*
	εκατό	[εka'tɔ]	*hundert*
	εκατό γραμμάρια (ελιές)	[εka'tɔ ɣra'maria (ε'ʎiεs)]	*hundert Gramm (Oliven)*
	αμέ	[a'mε]	*natürlich* (ugs.)
	βέβαια	['vεvεa]	*natürlich*
	όπως	['ɔpɔs]	*wie* (Vergleich)
	μισός,-ή,-ό	[mi'sɔs]	*halb*
	μισό κιλό	[mi'sɔ ci'lɔ]	*ein halbes Kilo*
το	**αγγούρι, τα αγγούρια**	[aŋ'guri]	*Gurke*
	μου	[mu]	*mir*
η	**φέτα**	['fεta]	*Feta-Käse*
	σήμερα	['simεra]	*heute*
η	**Δωδώνη**	[ðɔ'ðɔni]	*Dodoni*
η	**φέτα Δωδώνης**	['fεta ðɔ'ðɔnis]	*Dodoni-Feta*
	δίνω (δίν-ω, -εις, -ει, -ουμε, -ετε, -ουν(ε))	['ðinɔ]	*geben*
	δώσε μου	['ðɔsε mu]	*gib mir*
	δώστε μου	['ðɔstε mu]	*geben Sie mir / gebt mir*
	λίγοι,-ες,-α	['liji]	*wenige* (Pluralformen)
	πόσοι, πόσες, πόσα	['pɔsi]	*wie viele* (Pluralformen)
	πράσινος,-η,-ο	['prasinɔs]	*grün*
	μαύρος,-η,-ο	['mavrɔs]	*schwarz*
οι	**πράσινες/μαύρες ελιές**	['prasinεs/ 'mavrεs εʎi'εs]	*grüne/schwarze Oliven*
	της	[tis]	*der* (Gen von „η")
η	**πατάτα, οι πατάτες**	[pa'tata]	*Kartoffel*
η	**Ξάνθη**	['ksanθi]	*Xanthi*
	τρία τέταρτα	['tria 'tεtarta]	*drei Viertel*
το	**σταφύλι, τα σταφύλια**	[sta'fili]	*Weintraube*
	ένα τέταρτο	['εna 'tεtartɔ]	*ein Viertel*
ο	**χαλβάς**	[xal'vas]	*Halwa* (Süßspeise aus Ölsamen und Zucker o. anderen Süßungsmitteln)
τα	**Φάρσαλα**	['farsala]	*Farsala*
	διακόσια	[ðja'kɔsça]	*zweihundert*
η	**Αττική**	[ati'ci]	*Attika*
	χωριάτικος,-η,-ο	[xɔ'ri̯atikɔs]	*dörflich*
η	**σαλάτα, οι σαλάτες**	[sa'lata]	*Salat*
η	**χωριάτικη σαλάτα**	[xɔ'ri̯atici sa'lata]	*Bauernsalat*
το	**αλάτι**	[a'lati]	*Salz*
το	**κρεμμύδι, τα κρεμμύδια**	[krε'miði]	*Zwiebel*
η	**πιπεριά, οι πιπεριές**	[pipε'ri̯a]	*Paprika*
το	**πιπέρι**	[pi'pεri]	*Pfeffer*
το	**ξύδι**	['ksiði]	*Essig*
η	**ρίγανη**	['riɣani]	*Oregano*
το	**βαζάκι, τα βαζάκια**	[va'zaci]	*Gläschen* (z. B. Marmelade)
το	**πακέτο, τα πακέτα**	[pa'cεtɔ]	*Paket, Päckchen*
τα	**μακαρόνια**	[maka'rɔni̯a]	*Nudeln*
η	**κονσέρβα, οι κονσέρβες**	[kɔn'sεrva]	*Dose*
η	**σαρδέλα, οι σαρδέλες**	[sar'ðεla]	*Sardine*
το	**κουτί, τα κουτιά**	[ku'ti]	*Schachtel*
το	**κομμάτι, τα κομμάτια**	[kɔ'mati]	*Stück*
η	**φρατζόλα ψωμί**	[fra'ʥɔla psɔ'mi]	*Laib Brot*
	κοστίζω (κοστίζ-ω, -εις, -ει, -ουμε, -ετε, -ουν(ε))	[kɔs'tizɔ]	*kosten*
	...ευρώ το κιλό	[ε'vrɔ tɔ ci'lɔ]	*... Euro pro kg*
	τριακόσια	[tria'kɔsça]	*dreihundert*
	τετρακόσια	[tεtra'kɔsça]	*vierhundert*
	πεντακόσια	[pεnda'kɔsça]	*fünfhundert*
	εξακόσια	[εksa'kɔsça]	*sechshundert*
	εφτακόσια	[εfta'kɔsça]	*siebenhundert*
	οχτακόσια	[ɔxta'kɔsça]	*achthundert*
	εννιακόσια	[εɲa'kɔsça]	*neunhundert*
	χίλια	['çiʎia]	*tausend*
	διακόσια τριάντα	[ðja'kɔsça tri'anda]	*zweihundertdreißig*
	τετρακόσια πενήντα	[tεtra'kɔsça pε'ninda]	*vierhundertfünfzig*
	εξακόσια εβδομήντα	[εksa'kɔsça εvðɔ'minda]	*sechshundertsiebzig*
	οχτακόσια ενενήντα	[ɔxta'kɔsça εnε'ninda]	*achthundertneunzig*
το	**σούπερ μάρκετ**	['supεr 'marcεt]	*Supermarkt*
ο	**κιμάς**	[ci'mas]	*Hackfleisch*
το	**λουκάνικο, τα λουκάνικα**	[lu'kanikɔ]	*Wurst*
η	**μπριζόλα, οι μπριζόλες**	[bri'zɔla]	*Steak*
η	**μπανάνα, οι μπανάνες**	[ba'nana]	*Banane*
το	**μπισκότο, τα μπισκότα**	[bis'kɔtɔ]	*Keks, Kekse*

το	**κρεοπωλείο, τα κρεοπωλεία**	[krɛɔpɔˈliɔ]	*Metzgerei*
	ενάμισης, μιάμιση, ενάμισι	[ɛˈnamisis]	*anderthalb*
το	**σκόρδο, τα σκόρδα**	[ˈskɔrðɔ]	*Knoblauch*
	μεγάλος,-η,-ο	[mɛˈɣalɔs]	*groß*
η	**μελιτζάνα, οι μελιτζάνες**	[mɛliˈdzana]	*Aubergine*
	χρειάζομαι (χρειάζομαι, χρειάζεστε, χρειάζεται, χρειαζόμαστε, χρειάζεστε, χρειάζονται)	[xriˈazɔmɛ]	*brauchen*
η	**μελιτζανοσαλάτα**	[mɛliʤanɔsaˈlata]	*Auberginensalat*

LEKTION 7

το	**χρώμα**	[ˈxrɔma]	*Farbe*
	κόκκινος,-η,-ο	[ˈkɔcinɔs]	*rot*
	πορτοκαλί	[pɔrtɔkaˈli]	*orange*
	καφέ	[kaˈfɛ]	*braun*
	άσπρος,-η,-ο	[ˈasprɔs]	*weiß*
	γκρι	[gri]	*grau*
το	**κίτρινος,-η,-ο**	[ˈcitrinɔs]	*gelb*
	ροζ	[rɔz]	*rosa*
το	**φανελάκι, τα φανελάκια**	[fanɛˈlaci]	*Unterhemd*
η	**φούστα, οι φούστες**	[ˈfusta]	*Rock*
το	**παπούτσι, τα παπούτσια**	[paˈputsi]	*Schuh*
το	**σακάκι, τα σακάκια**	[saˈkaci]	*Jackett*
το	**πουκάμισο, τα πουκάμισα**	[puˈkamisɔ]	*Bluse/Hemd*
το	**παντελόνι, τα παντελόνια**	[pandɛˈlɔni]	*Hose*
το	**πουλόβερ, τα πουλόβερ**	[puˈlɔvɛr]	*Pullover*
το	**φουστάνι, τα φουστάνια**	[fuˈstani]	*Kleid*
η	**κάλτσα, οι κάλτσες**	[ˈkaltsa]	*Strumpf*
το	**τζιν, τα τζιν**	[ʤin]	*Jeans*
το	**φούτερ, τα φούτερ**	[ˈfutɛr]	*Sweatshirt*
τα	**γενέθλια (nur Pl)**	[jɛˈnɛθlia]	*Geburtstag*
	Τι λες;, Τι λέτε;	[ti lɛs]	*Was sagst du?, Was sagt ihr / Was sagen Sie?*
	προτείνω (προτείν-ω, -εις, -ει, -ουμε, -ετε, -ουν(ε))	[prɔˈtinɔ]	*vorschlagen*
	πιστεύω (πιστεύ-ω, -εις, -ει, -ουμε, -ετε, -ουν(ε))	[piˈstɛvɔ]	*glauben*
	μπράβο	[ˈbravɔ]	*bravo*
η	**ιδέα, οι ιδέες**	[iˈðɛa]	*Idee*
	Καλή ιδέα!	[kaˈli iˈðɛa]	*Gute Idee!*
	νομίζω (νομίζ-ω, -εις, -ει, -ουμε, -ετε, -ουν(ε))	[nɔˈmizɔ]	*denken*
	Δεν έχω ιδέα.	[ˈðɛn ˈɛxɔ iˈðɛa]	*Ich habe keine Ahnung.*
το	**φόρεμα, τα φορέματα**	[ˈfɔrɛma]	*Kleid*
	μικρό/μεσαίο/μεγάλο/έξτρα μεγάλο	[miˈkrɔ/mɛˈsɛɔ/mɛˈɣalɔ/ˈɛkstra mɛˈɣalɔ]	*S/M/L/XL* (Kleidergrößen)
	απλός,-ή,-ό	[apˈlɔs]	*schlicht, einfarbig*
	στενός,-ή,-ό	[stɛˈnɔs]	*eng*
	έξαλλος,-η,-ο	[ˈɛksalɔs]	*schrill*
	μακρύς, μακριά, μακρύ	[maˈkris]	*lang*
	φαρδύς, φαρδιά, φαρδύ	[farˈðis]	*weit*
	κοντός,-ή,-ό	[kɔnˈdɔs]	*kurz, klein*
	ακριβός,-ή,-ό	[akriˈvɔs]	*teuer*
	φτηνός,-ή,-ό	[ftiˈnɔs]	*billig*
το	**λουλούδι, τα λουλούδια**	[luˈluði]	*Blume*
	συμφωνώ (συμφων-ώ, είς, εί, ούμε, είτε, ούν(ε))	[simfɔˈnɔ]	*zustimmen*
	μίνι	[ˈmini]	*mini*
	μάξι	[ˈmaksi]	*maxi*
η	**μπουτίκ**	[buˈtik]	*Boutique*
	ωραίος,-α,-ο	[ɔˈrɛɔs]	*schön*
	ότι	[ˈɔti]	*dass*
	ίσως	[ˈisɔs]	*vielleicht*
	μοντέρνος,-α,-ο	[mɔˈdɛrnɔs]	*modern*
	σικ	[sik]	*schick*
	όμως	[ˈɔmɔs]	*aber*
	σου πάει, σας πάει	[su ˈpai]	*das steht dir, das steht euch/Ihnen*
η	**μπλούζα, οι μπλούζες**	[ˈbluza]	*Shirt*
	φρέσκος,-ια,-ο	[ˈfrɛskɔs]	*frisch*
ο	**φρέσκος χυμός**	[ˈfrɛskɔs çiˈmɔs]	*frisch gepresster Saft*
ο	**πωλητής, οι πωλητές**	[pɔliˈtis]	*Verkäufer*
η	**πωλήτρια, οι πωλήτριες**	[pɔˈlitria]	*Verkäuferin*
	προτιμώ (προτιμ-ώ, -άς, -ά(ει), -ούμε/άμε, -άτε, -ούν(ε)/άνε))	[prɔtiˈmɔ]	*bevorzugen*
	καλύτερα	[kaˈlitɛra]	*besser*
το	**νούμερο**	[ˈnumɛrɔ]	*Nummer, Größe*
	φοράω (φορ-άω, -άς, ά(ει), άμε, άτε, ουν/άν(ε))	[fɔˈraɔ]	*tragen*
	συνήθως	[siˈniθɔs]	*normalerweise*
	τριάντα εφτάμιση	[triˈanda ɛfˈtamisi]	*37,5*
	φέρνω (φέρν-ω, -εις, -ει, -ουμε, -ετε, -ουν(ε))	[ˈfɛrnɔ]	*bringen*
	Μισό λεπτό!	[miˈsɔ lɛpˈtɔ]	*Moment!*
	μπορώ (μπορ-ώ, -είς, -εί, -ούμε, -είτε, -ούν(ε))	[bɔˈrɔ]	*können*
	να	[na]	Begleitwort bei Modalverben und Infinitivkonstruktionen
	δω	[ðɔ]	Zukunfts-/Infinitivform von „βλέπω“
το	**νούμερο παπούτσι**	[ˈnumɛrɔ paˈputsi]	*Schuhgröße*
	πιο	[pçɔ]	*mehr* (Begleitwort bei der Bildung des Komparativs)
	δοκιμάζω	[ðɔciˈmazɔ]	*anprobieren*
η	**τσάντα**	[ˈtsanda]	*Tasche*
το	**πορτοφόλι**	[pɔrtɔˈfɔli]	*Geldbeutel*
το	**βιβλίο**	[vivˈliɔ]	*Buch*
το	**CD**	[si di]	*CD*
το	**DVD**	[di vi di]	*DVD*
	εντάξει	[ɛnˈdaksi]	*okay*
το	**δώρο**	[ˈðɔrɔ]	*Geschenk*
	έρχομαι (έρχομαι, έρχεσαι, έρχεται, ερχόμαστε, έρχεστε, έρχονται)	[ˈɛrxɔmɛ]	*kommen*
	έλα, ελάτε (Imperativ von „έρχομαι“)	[ˈɛla]	*komm, kommt/kommen Sie*
η	**ρίγα**	[ˈriɣa]	*Streifen*
	καταλαβαίνω (καταλαβαίν-ω, -εις, -ει, -ουμε, -ετε, -ουν(ε))	[katalaˈvɛnɔ]	*verstehen*
	λοιπόν	[liˈpɔn]	*also*
τα	**λεφτά/χρήματα**	[lɛfˈta/ˈxrimata]	*Geld*
τα	**μετρητά λεφτά/χρήματα**	[metriˈta lɛfˈta/ˈxrimata]	*Bargeld*
	ριγέ	[riˈjɛ]	*gestreift*
	καρό	[kaˈrɔ]	*kariert*

LEKTION 8

	πάω σινεμά	[paɔ sinɛˈma]	*ins Kino gehen*
	πίνω καφέ	[ˈpinɔ kaˈfɛ]	*Kaffee trinken*
	τρώω (τρώ-ω, -ς, -ει, -με, -τε, -ν(ε))	[ˈtrɔɔ]	*essen*
	έξω	[ˈɛksɔ]	*draußen*
	τρώω έξω	[ˈtrɔɔ ˈɛksɔ]	*essen gehen*
	κοιμάμαι (κοιμ-άμαι, -άσαι, -άται, -όμαστε, -άστε, -ούνται)	[ciˈmamɛ]	*schlafen*

η	**τηλεόραση, οι τηλεοράσεις**	[tile'ɔrasi]	*Fernseher*
	βλέπω τηλεόραση	['vlɛpɔ tile'ɔrasi]	*fernsehen*
ο	**χορός, οι χοροί**	[xɔ'rɔs]	*Tanz*
	πάω για χορό	[paɔ ja xɔ'rɔ]	*tanzen gehen*
το	**μπάνιο, τα μπάνια**	['baɲɔ]	*Bad* (Handlung, Zimmer)
	πάω για μπάνιο	[paɔ ja 'baɲɔ]	*schwimmen gehen*
η	**γυμναστική**	[jimnasti'ci]	*Sport*
	κάνω γυμναστική	['kanɔ jimnasti'ci]	*Sport machen*
	πάω έξω	['paɔ 'ɛksɔ]	*rausgehen*
	στο σπίτι	[stɔ 'spiti]	*zu Hause*
το	**γυμναστήριο, τα γυμναστήρια**	[jimna'stiriɔ]	*Fitnessstudio*
το	**εστιατόριο, τα εστιατόρια**	[ɛstia'tɔriɔ]	*Restaurant*
	λίγες φορές	['lijɛs fɔ'rɛs]	*wenige Male*
	πιο πολύ	[piɔ pɔ'li]	*am meisten*
το	**βουνό, τα βουνά**	[vu'nɔ]	*Berg*
η	**εξοχή**	[ɛksɔ'çi]	*Land*
η	**θάλασσα**	['θalasa]	*Meer*
	και...και, και...κι	[cɛ...cɛ/cɛ...ci]	*sowohl ... als auch*
το	**Πήλιο**	['piʎiɔ]	*Pelion*
το	**δάσος**	['ðasɔs]	*Wald*
η	**πανσιόν, οι πανσιόν**	[pan'sçɔn]	*Pension*
το	**δωμάτιο, τα δωμάτια**	[ðɔ'matiɔ]	*Zimmer*
το	**ιστιοφόρο, τα ιστιοφόρο**	[istiɔ'fɔrɔ]	*Segelboot*
το	**κάμπινγκ, τα κάμπινγκ**	['kambiŋg]	*Camping*
η	**όπερα, οι όπερες**	['ɔpɛra]	*Oper*
το	**φιλμ, τα φιλμ**	[film]	*Film*
το	**μπαλέτο**	[ba'lɛtɔ]	*Ballett*
ο	**πίνακας, οι πίνακες**	['pinakas]	*Gemälde*
το	**άγαλμα, τα αγάλματα**	['aɣalma]	*Statue*
η	**αρχιτεκτονική**	[arçitɛktɔni'ci]	*Architektur*
η	**τέχνη**	['tɛxni]	*Kunst*
οι	**καλές τέχνες (nur Pl)**	[ka'lɛs 'tɛxnɛs]	*bildende Kunst*
	αρκετά	[arkɛ'ta]	*genug, ziemlich*
η	**αγάπη**	[a'ɣapi]	*Liebe*
η	**ιστορία, οι ιστορίες**	[istɔ'ria]	*Geschichte*
η	**ιστορία αγάπης**	[istɔ'ria a'ɣapis]	*Liebesgeschichte*
η	**κωμωδία, οι κωμωδίες**	[kɔmɔ'ðia]	*Komödie*
	αγαπητή...	[aɣapi'ti]	*liebe ...* (Ansprache im Brief)
	γράφω (γράφ-ω, -εις, -ει, -ουμε, -ετε, -ουν)	['ɣrafɔ]	*schreiben*
	περνάω (περν-άω, -άς, άει, άμε, άτε, ούν(ε))	[pɛr'naɔ]	*verbringen*
	ελεύθερος,-η,-ο	[ɛ'lɛfθɛrɔs]	*frei*
ο	**χρόνος**	['xrɔnɔs]	*Zeit*
ο	**ελέυθερος χρόνος**	[ɛ'lɛfθɛrɔs 'xrɔnɔs]	*Freizeit*
	κάθε	['kaθɛ]	*jeder,-e,-s*
η	**μέρα**	['mɛra]	*Tag*
	κάθε μέρα	['kaθɛ 'mɛra]	*jeden Tag*
	ακούω (ακού-ω, -ς, -ει, -με, -τε, ουν(ε))	[a'kuɔ]	*hören*
το	**ράδιο**	['raðiɔ]	*Radio*
	ακούω ράδιο	[a'kuɔ 'raðiɔ]	*Radio hören*
	σχεδόν	[sçɛ'ðɔn]	*fast*
	σχεδόν ποτέ	[sçɛ'ðɔn pɔ'tɛ]	*fast nie*
	σχεδόν πάντα	[sçɛ'ðɔn 'panda]	*fast immer*
	γράψε, γράψτε	['ɣrapsɛ]	*schreib, schreibt*
	σύντομα	['sindɔma]	*bald*
	Υ.Γ.	[istɛ'rɔɣrafɔ]	*P.S.*
το	**χόμπυ, τα χόμπυ**	['xɔbi]	*Hobby*
	Τι χόμπυ έχεις;	[ti 'xɔbi 'ɛçis]	*Welche Hobbys hast du?*
	γρήγορος,-η,-ο	['ɣriɣɔrɔs]	*schnell*
	γρήγορα	['ɣriɣɔra]	*schnell* (Adverb)
	πάνω	['panɔ]	*oben*
	κάτω	['katɔ]	*unten*
	μέτρια	['mɛtria]	*durchschnittlich* (Adverb)
	φανταστικά	[fantasti'ka]	*fantastisch* (Adverb)
	σποραδικά	[spɔraði'ka]	*sporadisch* (Adverb)
	ακουστικά	[akusti'kɔs]	*akustisch* (Adverb)
	μελαγχολικά	[mɛlaŋxɔli'ka]	*melancholisch* (Adverb)
	μουσικά	[musi'ka]	*musikalisch* (Adverb)
το	**τένις**	['tɛnis]	*Tennis*
το	**φαγητό, τα φαγητά**	[faji'tɔ]	*Essen*
η	**ιππασία**	[ipa'sia]	*Reiten*
η	**κηπουρική**	[cipuri'ci]	*Gärtnerei*
η	**πεζοπορία**	[pɛzɔpɔ'ria]	*Wandern*
το	**τζόγκινγκ**	['dzɔɟiŋg]	*Jogging*
η	**ηλιοθεραπεία**	[iliɔθɛra'pia]	*Sonnenbad*
	κάνω ηλιοθεραπεία	['kanɔ iliɔθɛra'pia]	*sich sonnen*
	παίζω (παίζ-ω, -εις, -ει, -ουμε, -ετε, -ουν)	['pɛzɔ]	*spielen*
	Πάμε σε/ για...;	['pamɛ sɛ/ja]	*Gehen wir ...?*
το	**πάρκο, τα πάρκα**	['parkɔ]	*Park*
	πάω για ένα καφέ	[paɔ ja 'ɛna ka'fɛ]	*Kaffee trinken gehen*
ο	**ύπνος**	['ipnɔs]	*Schlaf*
	πάω για ύπνο	[paɔ ja 'ipnɔ]	*schlafen gehen*
η	**βόλτα, οι βόλτες**	['vɔlta]	*Spaziergang, Spazierfahrt*
τα	**ψώνια**	['psɔɲa]	*Einkäufe*
	πάω για ψώνια	[paɔ ja 'psɔɲa]	*einkaufen gehen*
	σε μία	[sɛ 'mia]	*in eine*
	σε ένα (σ΄ένα)	[sɛ 'ɛna (s 'ɛna)]	*in ein*
	σε έναν (σ΄έναν)	[sɛ 'ɛnan (s 'ɛnan)]	*in einen*
	ακόμα	[a'kɔma]	*noch*
	σε λίγο	[sɛ 'liɣɔ]	*gleich*
	πόσο συχνά	['pɔsɔ six'na]	*wie oft*
	χμ	[xm]	*hm* (Interjektion)
ο	**φίλος, οι φίλοι**	['filɔs]	*Freund*
	μιλάω στο κινητό	[mi'laɔ stɔ cini'tɔ]	*auf dem Handy telefonieren*
το	**ίντερνετ**	['intɛrnɛt]	*Internet*
	κάνω μπάνιο	['kanɔ 'baɲiɔ]	*schwimmen, baden*

LEKTION 9

η	**εβδομάδα, οι εβδομάδες**	[ɛvðɔ'maða]	*Woche*
η	**μέρα της εβδομάδας**	['mɛra tis ɛvðɔ'maðas]	*Wochentag*
η	**Κυριακή, οι Κυριακές**	[ciria'ci]	*Sonntag*
η	**Δευτέρα, οι Δευτέρες**	[ðɛf'tɛra]	*Montag*
	πριν	[prin]	*vor*
το	**Σάββατο, τα Σάββατα**	['savatɔ]	*Samstag*
η	**Παρασκευή, οι Παρασκευές**	[paraskɛ'vi]	*Freitag*
η	**Τρίτη, οι Τρίτες**	['triti]	*Dienstag*
	τέταρτος,-η,-ο	['tɛtartɔs]	*vierter, -e, -es*
η	**Τετάρτη, οι Τετάρτες**	[tɛ'tarti]	*Mittwoch*
η	**Πέμπτη, οι Πέμπτες**	['pɛmpti]	*Donnerstag*
	μαθαίνω (μαθαίν-ω, -εις, -ει, -ουμε, -ετε, -ουν(ε))	[ma'θɛnɔ]	*lernen*
η	**παραλία, οι παραλίες**	[para'lia]	*Strand*
η	**κιθάρα, οι κιθάρες**	[ci'θara]	*Gitarre*

	παίζω κιθάρα	[ˈpɛzɔ ciˈθara]	*Gitarre spielen*
	στο ίντερνετ	[stɔ ˈintɛrnɛt]	*im Internet*
	διαβάζω (διαβάζ-ω, -εις, -ει, -ουμε, -ετε, -ουν)	[ðjaˈvazɔ]	*lesen*
	πέμπτος,-η,-ο	[ˈpɛmptɔs]	*fünfter,-e,-es*
	θα	[θa]	Begleitwort der Zukunftsform
ο	**ήλιος**	[ˈiʎɔs]	*Sonne*
	έχει ήλιο	[ˈɛçi ˈiʎiɔ]	*es ist sonnig*
το	**κρύο**	[ˈkriɔ]	*Kälte*
	κάνει κρύο	[ˈkani ˈkriɔ]	*es ist kalt*
ο	**αέρας**	[aˈɛras]	*Wind*
	έχει αέρα	[ˈɛçi aˈɛra]	*es ist windig*
	δυνατός,-ή,-ό	[ðinaˈtɔs]	*stark*
η	**βροχή**	[vrɔˈçi]	*Regen*
η	**συννεφιά**	[sinɛˈfça]	*bewölkter Himmel*
	έχει συννεφιά	[ˈɛçi sinɛˈfça]	*es ist bewölkt*
η	**ζέστη**	[ˈzɛsti]	*Wärme*
	κάνει ζέστη	[ˈkani ˈzɛsti]	*es ist kalt*
	έχει βροχή	[ˈɛçi vrɔˈçi]	*es regnet*
	έχει χιόνι	[ˈɛxi ˈçiɔni]	*es schneit*
η	**αστραπή**	[astraˈpi]	*Blitz*
	έχει αστραπές	[ˈɛçi astraˈpɛs]	*es blitzt*
	βρέχει	[ˈvrɛçi]	*es regnet*
	φυσάει	[fiˈsai]	*es ist windig*
	χιονίζει	[çiɔˈnizi]	*es schneit*
ο	**καιρός**	[cɛˈrɔs]	*Wetter*
	στα βόρεια	[sta ˈvɔria]	*im Norden*
το	**χιόνι**	[ˈçɔni]	*Schnee*
	έχει χιόνια	[ˈɛçi çiɔˈɲa]	*es schneit*
	βορειοδυτικά	[vɔriɔðitiˈka]	*nordwestlich*
	νοτιοανατολικά	[nɔtiɔanatɔliˈka]	*südöstlich*
	στα νότια	[sta ˈnɔtia]	*im Süden*
ο	**Βορράς**	[vɔˈras]	*Norden*
	βορειοανατολικά	[vɔriɔanatɔliˈka]	*nordöstlich*
η	**Ανατολή**	[anatɔˈli]	*Osten*
ο	**Νότος**	[ˈnɔtɔs]	*Süden*
	νοτιοδυτικά	[nɔtiɔðitiˈka]	*südwestlich*
η	**Δύση**	[ˈðisi]	*Westen*
ο	**Ιανουάριος**	[ianuˈariɔs]	*Januar*
ο	**Φεβρουάριος**	[fɛvruˈariɔs]	*Februar*
ο	**Μάρτιος**	[ˈmartiɔs]	*März*
ο	**Απρίλιος**	[aˈpriliɔs]	*April*
ο	**Μάιος**	[ˈmaiɔs]	*Mai*
ο	**Ιούνιος**	[iˈuniɔs]	*Juni*
ο	**Ιούλιος**	[iˈuliɔs]	*Juli*
ο	**Αύγουστος**	[ˈavɣustɔs]	*August*
ο	**Σεπτέμβριος**	[sɛpˈtɛmvriɔs]	*September*
ο	**Οκτώβριος**	[ɔkˈtɔvriɔs]	*Oktober*
ο	**Νοέμβριος**	[nɔˈɛmvriɔs]	*November*
ο	**Δεκέμβριος**	[ðɛˈcɛɱvriɔs]	*Dezember*
	τον Ιανουάριο	[tɔn ianuˈariɔ]	*im Januar*
ο	**χειμώνας**	[çiˈmɔnas]	*Winter*
	τον χειμώνα	[tɔn çiˈmɔna]	*im Winter*
η	**άνοιξη**	[ˈaniksi]	*Frühling*
	την άνοιξη	[tin ˈaniksi]	*im Frühling*
το	**καλοκαίρι**	[kalɔˈcɛri]	*Sommer*
	το καλοκαίρι	[tɔ kalɔˈcɛri]	*im Sommer*
το	**φθινόπωρο**	[fθiˈnɔpɔrɔ]	*Herbst*
	το φθινόπωρο	[tɔ fθiˈnɔpɔrɔ]	*im Herbst*
οι	**διακοπές (nur Pl)**	[ðiakɔˈpɛs]	*Urlaub*
	κάνω διακοπές	[ˈkanɔ ðiakɔˈpɛs]	*Urlaub machen*
η	**θερμοκρασία**	[θɛrmɔkraˈsia]	*Temperatur*

ο	**βαθμός, οι βαθμοί**	[vaθˈmɔs]	*Grad*
το	**βράδυ, τα βράδια**	[ˈvraði]	*Abend*
	το βράδυ	[tɔ ˈvraði]	*abends*
	αύριο	[ˈavriɔ]	*morgen*
το	**φιλί**	[fiˈli]	*Kuss*
	φιλιά	[fiˈʎa]	*liebe Grüße*
	αγαπημένος, -η, -ο	[aɣapiˈmɛnɔs]	*lieblings-*
η	**εποχή, οι εποχές**	[ɛpɔˈçi]	*Jahreszeit*
	αγαπάω/ώ (αγαπ-άω, -άς, -άει, -άμε, -άτε, -ούν/άνε)	[aɣaˈpaɔ/ɔ]	*lieben*
το	**τραγούδι, τα τραγούδια**	[traˈɣuði]	*Lied*
η	**ομίχλη**	[ɔˈmixli]	*Nebel*
	γερμανικός,-ή,-ό	[jɛrmaniˈkɔs]	*deutsch*
	απόψε	[aˈpɔpsɛ]	*heute Abend*
	σε μία εβδομάδα	[sɛ ˈmia ɛvðɔˈmaða]	*in einer Woche*
	μεθαύριο	[mɛˈθavriɔ]	*übermorgen*
το	**Σαββατοκύριακο, τα Σαββατοκύριακα**	[savatɔˈciri̯akɔ]	*Wochenende*
το	**Πάσχα**	[ˈpasxa]	*Ostern*
	γιορτάζω (γιορτάζ-ω, -εις, -ει, -ουμε, -ετε, -ουν(ε))	[jɔrˈtazɔ]	*feiern*
η	**Πρωτοχρονιά**	[prɔtɔxrɔˈɲa]	*Neujahr*
τα	**Θεοφάνια**	[θɛɔˈfania]	*Epiphanie* (Fest am 6. Januar)
οι	**Ιεράρχες**	[iɛˈrarçɛs]	*Heilige Drei Könige*
η	**γιορτή**	[jɔrˈti]	*Feier*
η	**Πρωτομαγιά**	[prɔtɔmaˈja]	*Erster Mai*
η	**γιορτή Κωνσταντίνου και Ελένης**	[jɔrˈti kɔnstandiˈnu cɛ ɛlɛnis]	*Namenstag von Konstantinos und Eleni*
η	**Παναγία**	[panaˈjia]	*Mutter Gottes*
η	**γιορτή της Παναγίας**	[jɔrˈti tis panaˈjias]	*Mariä Himmelfahrt*
	ανταλάσσω (ανταλάσσ-ω, -εις, -ει, -ουμε, -ετε, -ουν (ε))	[andaˈlasɔ]	*austauschen*
τα	**Χριστούγεννα**	[xrisˈtujɛna]	*Weihnachten*
	φέτος	[ˈfɛtɔs]	*dieses Jahr*
	γίνομαι (γίνομαι, γίνεσαι, γίνεται, γινόμαστε, γίνεστε, γίνονται)	[ˈjinɔmɛ]	*werden*
	ποιος, ποια, ποιο	[piɔs]	*wer* (Sg)
ο	**μήνας**	[ˈminas]	*Monat*
η	**ημέρα (von „μέρα")**	[iˈmɛra]	*Tag*

LEKTION 10

η	**αδελφή/αδερφή, οι αδελφές/αδερφές**	[aðɛlˈfi/aðɛrˈfi]	*Schwester*
ο	**αδελφός/αδερφός, οι αδελφοί/οι αδερφοί**	[aðɛlˈfɔs/aðɛrˈfɔs]	*Bruder*
η	**μαμά, οι μαμάδες**	[maˈma]	*Mama*
ο	**μπαμπάς, οι μπαμπάδες**	[baˈbas]	*Papa*
η	**κόρη, οι κόρες**	[ˈkɔri]	*Tochter*
ο	**γιος, οι γιοι**	[jɔs]	*Sohn*
η	**γιαγιά, οι γιαγιάδες**	[jaˈja]	*Oma, Großmutter*
ο	**παππούς, οι παππούδες**	[paˈpus]	*Opa, Großvater*
η	**θεία, οι θείες**	[ˈθia]	*Tante*
ο	**θείος, οι θείοι**	[ˈθiɔs]	*Onkel*
ο	**σύζυγος, οι σύζυγοι**	[ˈsiziɣɔs]	*Ehemann*
η	**σύζυγος, οι σύζυγοι**	[ˈsiziɣɔs]	*Ehefrau*
η	**φωτογραφία, οι φωτογραφίες**	[fotoɣraˈfia]	*Foto*
	οι φωτογραφίες διακοπών	[fɔtɔɣraˈfiɛs ðiakɔˈpɔn]	*Urlaubsbilder*
το	**παιδί, τα παιδιά**	[pɛˈði]	*Kind*
	ποιοι, ποιες, ποια	[pçɔs]	*wer* (Pl)

	λέγομαι (λέγομαι, λέγεσαι, λέγεται, λεγόμαστε, λέγεστε, λέγονται)	[ˈlɛɣɔmɛ]	*heißen*
η	**οικογένεια, οι οικογένειες**	[ikɔˈjɛnia]	*Familie*
το	**υπνοδωμάτιο, τα υπνοδωμάτια**	[ipnɔðɔˈmatiɔ]	*Schlafzimmer*
η	**τραπεζαρία, οι τραπεζαρίες**	[trapɛzaˈria]	*Esszimmer*
η	**τουαλέτα, οι τουαλέτες**	[tuaˈlɛta]	*Toilette*
ο	**διάδρομος, οι διάδρομοι**	[ˈðiaðrɔmɔs]	*Flur*
το	**σαλόνι, τα σαλόνια**	[saˈlɔni]	*Wohnzimmer*
το	**υπόγειο, τα υπόγεια**	[iˈpɔjiɔ]	*Keller*
η	**σκάλα, οι σκάλες**	[ˈskala]	*Treppe*
το	**γκαράζ, τα γκαράζ**	[gaˈraz]	*Garage*
ο	**σκύλος, οι σκύλοι**	[ˈskilɔs]	*Hund*
το	**κέντρο, τα κέντρα**	[ˈcɛntrɔ]	*Zentrum*
το	**μονόκλινο (δωμάτιο)**	[mɔˈnɔklinɔ (ðɔˈmatiɔ)]	*Einzelzimmer*
το	**δίκλινο (δωμάτιο)**	[ˈðiklinɔ (ðɔˈmatiɔ)]	*Doppelzimmer*
το	**κομμωτήριο, τα κομμωτήρια**	[kɔmɔˈtiriɔ]	*Friseursalon*
η	**αίθουσα, οι αίθουσες**	[ˈɛθusa]	*Saal*
η	**συνεδρίαση, οι συνεδριάσεις**	[sinɛˈðriasi]	*Besprechung*
η	**αίθουσα συνεδρίασης**	[ˈɛθusa sinɛˈðriasis]	*Sitzungssaal*
η	**πισίνα, οι πισίνες**	[piˈsina]	*Schwimmbad*
η	**σάουνα, οι σάουνες**	[ˈsauna]	*Sauna*
το	**πάρκινγκ, τα πάρκινγκ**	[ˈparkiŋg]	*Parkplatz*
η	**προσφορά, οι προσφορές**	[prɔsfɔˈra]	*Angebot*
	(X) τοις εκατό/%	[tis ɛkaˈtɔ]	*(X) Prozent / %*
	εντελώς	[ɛndɛˈlɔs]	*ganz*
	δωρεάν	[ðɔrɛˈan]	*umsonst*
	αντί για	[anˈdi ja]	*statt*
η	**έκπτωση, οι εκπτώσεις**	[ˈɛkptɔsi]	*Rabatt, Ermäßigung*
το	**επίθετο, τα επίθετα**	[ɛˈpiθɛtɔ]	*Nachname*
η	**διεύθυνση, οι διευθύνσεις**	[ðiˈɛfθinsi]	*Adresse*
	Τ.Κ. (ταχυδρομικός κώδικας)	[taçiðrɔmiˈkɔs ˈkɔðikas]	*PLZ*
η	**άφιξη, οι αφίξεις**	[ˈafiksi]	*Ankunft*
η	**αναχώρηση, οι αναχωρήσεις**	[anaˈxɔrisi]	*Abfahrt, Abreise*
το	**σταθερό (τηλέφωνο)**	[(staθɛˈrɔ) tiˈlɛfɔnɔ]	*Festnetztelefon*
ο	**αριθμός, οι αριθμοί**	[ariθˈmɔs]	*Nummer*
ο	**αριθμός κινητού**	[ariθˈmɔs ciniˈtu]	*Handynummer*
η	**ημερομηνία, οι ημερομηνίες**	[imɛrɔmiˈnia]	*Datum*
	γέρος, γριά	[ˈjɛrɔs, ɣriˈa]	*alt*
τα	**μαλλιά (nur Pl)**	[maˈʎia]	*Haare*
	είναι…χρονών	[ˈinɛ…xrɔˈnɔn]	*… Jahre alt sein*
	όμορφος/-η/-ο	[ˈɔmɔrfɔs]	*hübsch*
τα	**γένια (nur Pl)**	[ˈjɛnia]	*Bart*
το	**μωρό, τα μωρά**	[mɔˈrɔ]	*Baby*
	ξανθός,-ή/-ιά,-ό	[ksanˈθɔs]	*blond*
ο	**ξάδελφος/ξάδερφος, οι ξάδελφοι/οι ξάδερφοι**	[ˈksaðɛlfɔs/ ˈksaðɛrfɔs]	*Cousin*
η	**ξαδέλφη/ξαδέρφη, οι ξαδέλφες/ξαδέρφες**	[ksaˈðɛlfi/ ksaˈðɛrfi]	*Cousine*
το	**μουστάκι, τα μουστάκια**	[muˈstaci]	*Schnurrbart*
	ψηλός,-ή,-ό	[psiˈlɔs]	*groß*
	έξυπνος,-η,-ο	[ˈɛksipnɔs]	*schlau*
	χαλασμένος,-η,-ο	[xalasˈmɛnɔs]	*kaputt*
	βρώμικος,-η,-ο	[ˈvrɔmikɔs]	*schmutzig*
το	**κρεβάτι, τα κρεβάτια**	[krɛˈvati]	*Bett*
η	**πετσέτα, οι πετσέτες**	[pɛˈtsɛta]	*Handtuch*
ο	**νιπτήρας, οι νιπτήρες**	[nipˈtiras]	*Waschbecken*
το	**στρώμα, τα στρώματα**	[ˈstrɔma]	*Matratze*
το	**ντους, τα ντους**	[duz]	*Dusche*
η	**μπαταρία, οι μπαταρίες**	[bataˈria]	*Batterie, Wasserhahn*
η	**βρύση, οι βρύσες**	[ˈvrisi]	*Wasserhahn*
το	**καλοριφέρ, τα καλοριφέρ**	[kalɔriˈfɛr]	*Heizung*
το	**παράθυρο, τα παράθυρα**	[paˈraθirɔ]	*Fenster*
	συγχωρώ (συγχωρ-ώ, -είς, -εί, -ούμε, -είτε, -ούν(ε))	[siŋxɔˈrɔ]	*entschuldigen*
	με συγχωρείτε	[mɛ siŋxɔˈritɛ]	*entschuldigen Sie*
	Καλό βράδυ!	[kaˈlɔ ˈvraði]	*Schönen Abend!*
ο	**υπολογιστής, οι υπολογιστές/ το κομπιούτερ, τα κομπιούτερ**	[ipoloɣiˈstis/ kɔmˈpjutɛr]	*Computer*
το	**πληκτρολόγιο, τα πληκτρολόγια**	[pliktrɔˈlɔjiɔ]	*Tastatur*
η	**οθόνη, οι οθόνες**	[ɔˈθɔni]	*Bildschirm*
ο	**εκτυπωτής, οι εκτυπωτές**	[ɛktipɔˈtis]	*Drucker*
το	**στικάκι, τα στικάκια**	[stiˈkaci]	*(USB-)Stick*
το	**ποντίκι, τα ποντίκια**	[pɔnˈdici]	*Maus*
ο	**φορητός υπολογιστής/το λάπτοπ, τα λάπτοπ**	[fɔriˈtɔs ipɔlɔjiˈstis/ lapˈtɔp]	*Laptop*
	συγχαρητήρια	[siŋxariˈtiria]	*herzlichen Glückwunsch*

RÜCKBLICK 2

το	**οπωροπωλείο, τα οπωροπωλεία**	[ɔpɔrɔpɔˈliɔ]	*Obst- und Gemüseladen*
το	**αχλάδι, τα αχλάδια**	[aˈxlaði]	*Birne*
το	**καρότο, τα καρότα**	[kaˈrɔtɔ]	*Karotte*
το	**αρτοποιείο, τα αρτοποιεία**	[artɔpiˈiɔ]	*Bäckerei* (als Betriebsnamensschild)
ο	**φούρνος, οι φούρνοι**	[ˈfurnɔs]	*Bäckerei* (im Gespräch), *Ofen*
	δυστυχώς	[ðistiˈxɔs]	*leider*
	σαν	[san]	*wie* (im Vergleich)
το	**ποδόσφαιρο**	[pɔˈðɔsfɛrɔ]	*Fußball*
το	**κρέας, τα κρέατα**	[ˈkrɛas]	*Fleisch*
το	**γράμμα, τα γράμματα**	[ˈɣrama]	*Brief*
η	**Έδεσσα**	[ˈɛðɛsa]	*Edessa*
	ελπίζω (ελπίζ-ω, -εις, -ει, -ουμε, -ετε, -ουν(ε))	[ɛlˈpizɔ]	*hoffen*
το	**έργο, τα έργα**	[ˈɛrɣɔ]	*Film*
	τελευταίος,-α,-ο	[tɛlɛfˈtɛɔs]	*letzter, -e, -es*
η	**λέξη, οι λέξεις**	[ˈlɛksi]	*Wort*
η	**συνέχεια**	[siˈnɛçia]	*Folge, Fortsetzung*
	καλή συνέχεια	[kali siˈnɛçia]	*viel Spaß weiterhin*
	αντίο	[aˈdiɔ]	*Auf Wiedersehen*

LEKTION 1

1
1. ΜΕΤΡΟ, **2.** ΟΥΖΟ, **3.** ΚΑΦΕΣ, **4.** ΤΑΞΙ, **5.** ΚΑΚΑΟ, **6.** ΤΡΑΜ

2
F=Φ, R=P, S=Σ, X=Ξ, K=K, M=M, A=A, T=T

4
A, B, E, Z, H, I, K, M, N, O, P, T, Y, X, a, β, v, o, ρ, υ, γ, ω

6
24 Großbuchstaben, 25 Kleinbuchstaben, 17 Konsonanten. Die griechischen Konsonanten sind: Ββ, Γγ, Δδ, Ζζ, Θθ, Κκ, Λλ, Μμ, Νν, Ξξ, Ππ, Ρρ, Σσ/ς, Ττ, Φφ, Χχ, Ψψ

7
ς, Εε, Ρρ, Ττ, Υυ, Θθ, Ιι, Οο, Ππ
Αα, Σσ, Δδ, Φφ, Γγ, Ηη, Ξξ, Κκ, Λλ
Ζζ, Χχ, Ψψ, Ωω, Ββ, Νν, Μμ

8
ταξί, μετρό, τραμ, καφές, κακάο, ούζο

9
α, ε, η, ι, κ, ν /// ο, π, σ/ς, τ, υ, ω //
β, δ, ζ, θ, λ, ξ /// γ, μ, ρ, φ, χ, ψ

10
1. Αθήνα, **2.** Θεσσαλονίκη, **3.** Πάτρα, **4.** Λάρισα, **5.** Ηράκλειο, **6.** Βόλος, **7.** Ιωάννινα, **8.** Χανιά, **9.** Καβάλα, **10.** Ρόδος

11
1. Αθήνα, **2.** Θεσσαλονίκη, **3.** Πάτρα, **4.** Λάρισα, **5.** Ηράκλειο, **6.** Βόλος, **7.** Ιωάννινα, **8.** Χανιά, **9.** Καβάλα, **10.** Ρόδος

12
1. Αθήνα, **2.** Βόλος, **3.** Ηράκλειο, **4.** Θεσσαλονίκη, **5.** Ιωάννινα, **6.** Καβάλα, **7.** Λάρισα, **8.** Πάτρα, **9.** Ρόδος, **10.** Χανιά

13
1. B [i], **2.** B [i], **3.** A [o], **4.** A [o], **5.** A [a]

14
1. α, **2.** ε, **3.** αι, **4.** η, **5.** ι, **6.** υ, **7.** ει, **8.** ο, **9.** ω, **10.** ου

15
1. ΘΕΑΤΡΟ, **2.** ΣΤΑΔΙΟ, **3.** ΣΧΟΛΕΙΟ, **4.** ΜΠΑΡ, **5.** ΤΑΒΕΡΝΑ, **6.** ΣΙΝΕΜΑ

16
ΘΕΑΤΡΟ, ΣΤΑΔΙΟ, ΣΧΟΛΕΙΟ, ΜΠΑΡ, ΤΑΒΕΡΝΑ, ΣΙΝΕΜΑ

17
1. A, **2.** A, **3.** A, **4.** A

18
1. C, **2.** E, **3.** B, **4.** A, **5.** D, **6.** C, **7.** E, **8.** A, **9.** D, **10.** B

19
1. B μπάσκετ, **2.** C σκι, **3.** A γκολφ
1. F ντίσκο, **2.** E ροκ, **3.** D τζαζ
1. G φυσική, **2.** H χημεία, **3.** I ψυχολογία
1. J σπαγγέτι, **2.** L τζατζίκι, **3.** K κέτσαπ

21
1. A, **2.** A, **3.** A, **4.** A, **5.** A, **6.** A

22
6. A, **4.** B, **1.** C, **8.** D, **7.** E, **2.** F, **5.** G, **3.** H
μπ, ντ, γκ/γγ, τσ/τς
χ, κ, φ, ψ

23
1. ΤΑΞΙΔΙ: ταξί, μετρό, τραμ, **2.** ΤΑΒΕΡΝΑ: σπαγγέτι, κέτσαπ, τζατζίκι, **3.** ΣΠΟΡ: γκολφ, μπάσκετ, σκι, **4.** ΣΧΟΛΕΙΟ: φυσική, χημεία, ψυχολογία, **5.** ΜΠΑΡ: καφές, κακάο, ούζο

LEKTION 2

2
A. = Dialog 1, B. = Dialog 2, C. = Dialog 3

3
Ελένη: Dialog 3, Άννα: Dialog 1, Νικολάου: Dialog 2, Μαρία: Dialog 3,
Γεια σου!: Dialog 1, Τα λέμε!: Dialog 3, Γεια χαρά: Dialog 1, Χαίρετε!: Dialog 2

4
1. .,! **2.** ; **3.** Καλά, εσύ; **4.** *Wie geht's dir? – Wie geht's euch? – Wie geht es Ihnen?*

5
1. (f), **2.** (i), **3.** (f), **4.** (i)

6
1. richtig, **2.** richtig, **3.** richtig

7
1. A, C **2.** A, B, D **3.** A, C **4.** A, B, C, D

8
1. *Das ist ...* = Από εδώ ...
2. *Angenehm!* = Χαίρω πολύ!

9
1. A, **2.** A, **3.** A, **4.** B

10
1. εγώ, **2.** εσύ, **3.** εσείς

11
1. A, **2.** B, **3.** B

12
1. C, **2.** D, **3.** A, **4.** B, **5.** E

13
1. Πώς είσαι; und Τι κάνεις; **2.** Καλά είμαι. und Κι εγώ καλά είμαι. **3.** Κι εγώ χαίρω πολύ!

14
1. χαρά, **2.** Ναι, **3.** Κι, **4.** Τι, **5.** Καλά, **6.** πώς

15
1. ΧΑΡΑ, **2.** ΝΑΙ, **3.** ΚΙ, **4.** ΤΙ, **5.** ΚΑΛΑ, **6.** ΠΩΣ

16
1. είμαι, **2.** είσαι, **3.** είναι, **4.** *wir sind,* **5.** *ihr seid,* **6.** *sie sind*

17
1. εσείς, **2.** εγώ, **3.** εσείς, **4.** εσύ, **5.** εγώ, **6.** αυτός, **7.** αυτές, **8.** αυτή, **9.** εμείς

18
1. Συγνώμη, **2.** Ναι-Όχι, **3.** Ευχαριστώ πολύ!
4. Είναι ο κύριος Ανδρεάδης εδώ;

19
1. Πολύ καλά! **2.** Μια χαρά! **3.** Έτσι κι έτσι!
4. Άσχημα! **5.** Χάλια!

20
1. σε, **2.** Με, **3.** Τον, **4.** σου

21
1. Πώς σε λένε; **2.** Κι από δω είναι ο/η ...
3. Με λένε ... **4.** Α!! **5.** Πώς;/Τι;

22
1. Πώς σε λένε; **2.** Πώς την λένε; **3.** Πώς τις λένε;
4. Πώς σας λένε;

23
1. Αλέξανδρος, **2.** Πέτρος, **3.** Λένα

24
1. Εμένα, **2.** Αυτόν, **3.** την, **4.** σε, **5.** Εσάς, **6.** τις

25
1. E, **2.** D, **3.** A, **4.** F, **5.** G, **6.** B, **7.** C

LEKTION 3

1
1. C, **2.** H, **3.** E, **4.** F, **5.** B, **6.** G, **7.** D, **8.** A

2
A. το Βερολίνο, B. το Λονδίνο, C. η Αθήνα, D. η Ρώμη, E. η Μόσχα, F. το Παρίσι, G. η Μαδρίτη, H. το Βουκουρέστι

3
1. A, **2.** B, **3.** B, **4.** A, **5.** A, **6.** B, **7.** B, **8.** A

4
Dialog 1: informell, Dialog 2: formell

5
1. Από πού είσαι; **2.** Από πού είστε; **3.** Πού μένεις;
4. Πού μένετε;

6
εγώ μένω, εσύ μένεις, αυτός μένει, αυτό μένει, εσείς μένετε, αυτοί μένουν, αυτά μένουν

7
1. C, **2.** F, **3.** B, **4.** D, **5.** E, **6.** A

Grammatikkasten
1. -ος, **2.** -ας, **3.** -ίδα, **4.** -ια

8
1. -ός, **2.** -ίδα, **3.** -ίδα, **4.** -ας, **5.** -ίδα, **6.** -ίδα

9
1. Ελλάδα, **2.** Έλληνας/Ελληνίδα, **3.** Βερολίνο, **4.** Γερμανός/Γερμανίδα, **5.** Αγγλία, **6.** Λονδίνο, **7.** Ισπανία **8.** Ισπανός/Ισπανίδα, **9.** Παρίσι, **10.** Γάλλος/Γαλλίδα
Drei Sätze, z. B.:
Είμαι από την Γερμανία/Γαλλία.
Είμαι από το Βερολίνο/την Αθήνα.
Είμαι Γερμανός/Γερμανίδα.

10
1. falsch, **2.** richtig, **3.** richtig, **4.** falsch, **5.** falsch, **6.** falsch

11
1. Μιλάς Ελληνικά; **2.** Ξέρεις Γερμανικά; **3.** Μιλάω πολύ καλά Αγγλικά. **4.** Ξέρω λίγο Γαλλικά.

12
1. λίγο, **2.** καθόλου καλά, **3.** πολύ καλά, **4.** καθόλου

13
1. Ελλάδα, **2.** Τώρα, **3.** Μιλάω, **4.** Γερμανία, **5.** μένω, **6.** αλλά

14
1. ja, **2.** weiblich, **3.** sächlich, **4.** ja, **5.** weiblich, **6.** ja

15
Με λένε ... Είμαι από την/το ... Μένω στην/στο ... Δουλεύω στην/στο ... Μιλάω ...

16
1. δασκάλα, **2.** γραμματέας, **3.** φωτογράφος, **4.** σερβιτόρος, **5.** φοιτητής, **6.** γιατρός, **7.** ηθοποιός, **8.** νοσοκόμα

17
1. ο σερβιτόρ-ος, **2.** η δασκάλ-α, **3.** η πωλήτ-ρια, **4.** ο φοιτητ-ής, **5.** η ηθοποι-ός, **6.** ο γραμματέ-ας

18
2. B, **3.** A, **4.** F, **4.** G, **5.** E, **6.** D, **7.** C, **8.** D, H

19
1. F, **2.** A, **3.** E, **4.** C, **5.** B, **6.** D

20
1. Πώς σας λένε; **2.** Από πού είστε; **3.** Πού μένετε; **4.** Μιλάτε Γερμανικά; **5.** Τι δουλειά κάνετε; **6.** Πού δουλεύετε;

21
Maskulin: ο γιατρός; Feminin: η γιατρός, η ταβέρνα, η δασκάλα; Neutrum: το γραφείο, το θέατρο, το ιατρείο, το σχολείο; Fragewörter: πώς, πού, τι

22
1. F, **2.** A, **3.** E, **4.** C, **5.** B, **6.** D

LEKTION 4

1
1. B, **2.** G, **3.** C, **4.** A, **5.** F, **6.** E, **7.** D, **8.** H

3
1. A, B, F, **2.** A, E, **3.** D, F

4
1. B, **2.** B, **3.** C, **4.** C, **5.** A, **6.** A

5
1. Εγώ θέλω, **2.** Θα ήθελα, **3.** Έναν/Μία/Ένα ... παρακαλώ! **4.** Έναν/Μία/Ένα ... για 'μένα!

Grammatikkasten
1. ένας, **2.** μία/μια, **3.** ένα
A. ένας *ein*, μία/μια *eine*, ένα *ein*,
B. έναν *einen*, μία/μια *eine*, ένα *ein*

6
A: **1.** Τι θα πάρετε; **2.** Έναν καφέ παρακαλώ!
3. Μία λεμονάδα παρακαλώ!
B: **1.** Τι θέλετε παρακαλώ; **2.** Μία μπύρα για μένα!
3. Κι εγώ έναν χυμό.
C: **1.** Θα ήθελα ένα τσάι. **2.** Εγώ θέλω ένα κρασί.
3. Αμέσως, έφτασε!
1. Τι θέλετε; **2.** Αμέσως, έφτασε! **3.** Τι θα πάρετε;

7
1. Έναν νες και μια τυρόπιτα παρακαλώ.
2. Μία πορτοκαλάδα κι ένα κρουασάν.
3. Ένα ούζο κι ένα τοστ.

8
1. ja, **2.** ja, **3.** ja, **4.** ja, **5.** ja, **6.** ja

9
1. E, **2.** H, **3.** I, **4.** F, **5.** C, **6.** A, **7.** J, **8.** B, **9.** G, **10.** D

10
1. B, **2.** B, **3.** A

11
1. af, **2.** ef, **3.** ew, **4.** aw, **5.** ew, **6.** aw, **7.** ef, **8.** af

12
[af] **1.** αυτός, **2.** αυτές, [ef] **3.** ευχαριστώ, **4.** Ευτυχία, [aw] **5.** Σταύρος, **6.** Παύλος, [ew] **7.** Ευανθία, **8.** δουλεύω

13
1. θα, **2.** Μία, **3.** Ναι, **4.** για

14
1. B, **2.** A, **3.** A, **4.** A, **5.** A, **6.** A

15
1. Όχι, ευχαριστώ. **2.** Ναι, παρακαλώ.

16
1. B, **2.** B, **3.** A, **4.** A

17
1. D, **2.** F, **3.** B, **4.** G, **5.** A, **6.** C, **7.** E

18
1. Μου φέρνετε τον κατάλογο παρακαλώ; **2.** Με γάλα, χωρίς ζάχαρη. **3.** Ναι, παρακαλώ! **4.** Όχι, ευχαριστώ!

19
1. γλυκό, **2.** πορτοκάλι, **3.** Μέτριο, **4.** νερό, **5.** ζαμπόν, **6.** τυρόπιτα

20
Θα ήθελα έναν φραπέ σκέτο, χωρίς γάλα κι ένα ποτήρι νερό. Θα ήθελα και μια σπανακόπιτα και δύο μπουγάτσες.

21
2 δύο, 3 τρία, 5 πέντε, 7 εφτά, 9 εννιά, 11 έντεκα, 12 δώδεκα, 20 είκοσι, 40 σαράντα, 60 εξήντα, 80 ογδόντα, 100 εκατό

22
1. 3,50 €, **2.** 1,70 €, **3.** 3,40 €, **4.** 1,65 €, **5.** 2,45 €, **6.** 3,65 €

23
1. Πόσο κάνει/έχει το γιαούρτι; B. 5,50 €,
2. Πόσο κάνει/έχει ένα σάντουιτς; A. 5,70 €,
3. Πόσο κάνει/έχει ο φραπές; A. 4,00 €,
4. Πόσο κάνει/έχει ένας χυμός πορτοκάλι; B. 2,95 €
5. Πόσο κάνει/έχει το μπουκάλι νερό; B. 1,30 €
6. Πόσο κάνει/έχει μία κρέπα; A. 7,81 €

24
1. ευρώ **2.** λεπτά, **3.** ακριβώς, **4.** Τέσσερα, όχι τρία ευρώ ...

LEKTION 5

1
1. I, **2.** A, **3.** B, **4.** G, **5.** C, **6.** E, **7.** H, **8.** F, **9.** D

2
1. το ταξί, **2.** το τρόλεϊ, **3.** τα πόδια, **4.** το μηχανάκι, **5.** το αυτοκίνητο, **6.** το τραμ, **7.** το λεωφορείο, **8.** το ποδήλατο, **9.** το μετρό

3
1. C, **2.** A, **3.** E, **4.** B, **5.** D

4
1. πέντε λεπτά, **2.** δύο λεπτά, **3.** ένα τέταρτο, **4.** δέκα λεπτά, **5.** είκοσι λεπτά

5
1. Πόση ώρα κάνετε; **2.** Κάνω 5 λεπτά!
3. Πόση ώρα κάνει; **4.** Κάνει μόνο δέκα λεπτά!

6
1. Με **2.** από **3.** Γύρω **4.** μέχρι

7
1. B, **2.** B, **3.** B, **4.** B, **5.** A

8
Maskulin: οι σταθμοί, οι χυμοί, Feminin: οι πλατείες, οι δουλειές, Neutrum: τα γραφεία, τα μπουκάλια, Fremdwörter: τα τραμ, τα μετρό

9
1. D, **2.** F, **3.** A, **4.** E, **5.** H, **6.** B, **7.** C, **8.** G

10
1. E, **2.** H, **3.** D, **4.** A, **5.** G, **6.** B, **7.** C, **8.** F

11
1. A, **2.** B, **3.** A, **4.** B, **5.** A

12
1. το αεροδρόμιο, **2.** το νοσοκομείο, **3.** το μουσείο, **4.** το κλαμπ, **5.** η αγορά, **6.** ο σταθμός, **7.** το θέατρο, **8.** το σινεμά

13
1. Υπάρχει καμία στάση εδώ κοντά;
2. Υπάρχει κανένα μουσείο εδώ κοντά;
3. Πού είναι η Παλιά Πόλη παρακαλώ;
4. Υπάρχει εκκλησία/Μητρόπολη εδώ κοντά;
5. Υπάρχει αγορά εδώ κοντά;
6. Υπάρχει κανένα νοσοκομείο εδώ κοντά;
7. Πού είναι η Ακρόπολη παρακαλώ;
8. Υπάρχουν πλατείες εδώ κοντά;

14
1. Όχι. Η Ακρόπολη δεν είναι εδώ κοντά.
2. Ναι. Υπάρχει στάση εδώ κοντά.
3. Ναι. Υπάρχει ένα περίπτερο εδώ κοντά.
4. Όχι. Δεν είναι κοντά.
5. Όχι. Η παλιά πόλη δεν είναι κοντά.
6. Ναι. Είναι πολύ κοντά.

15
1. Στον δεύτερο δρόμο δεξιά. **2.** Στον δεύτερο δρόμο αριστερά. **3.** Μέσα από την πλατεία και ευθεία. **4.** Αμέσως αριστερά, εδώ!

16
1. Εγώ παίρνω πάντα το λεωφορείο. **2.** Παίρνω πολύ συχνά το αυτοκίνητο. **3.** Παίρνω μερικές

φορές το μετρό. **4.** Πάω σπάνια με τα πόδια. **5.** Δεν παίρνω ποτέ το τραμ.

17

1. Με το μετρό. **2.** Στις οχτώμιση./Στις οχτώ και μισή. **3.** Στις πέντε η ώρα. **4.** Όχι δεν είναι κοντά. **5.** Πάω σε μία ταβέρνα.

18

1. Τι ώρα είναι; **2.** Δουλεύω από τις εννιά μέχρι τις πέντε. **3.** Πόσην ώρα κάνει; **4.** Κάνει είκοσι πέντε λεπτά. **5.** Τι ώρα παίρνετε το λεωφορείο

RÜCKBLICK 1

1

1. Κώστα, **2.** Άννα, **3.** Γιάννης, **4.** Δήμητρα

2

1. D, **2.** G, **3.** H, **4.** C, **5.** E, **6.** A, **7.** B, **8.** F

3

1. A, **2.** A, **3.** A, **4.** A, **5.** B

4

1. B, **2.** A, **3.** A, **4.** B

5

Waagerecht: **1.** ΜΕΤΡΟ, **2.** ΤΡΑΜ, **3.** ΔΕΞΙΑ, **4.** ΙΣΙΑ, **5.** ΤΙ, **6.** ΠΟΥ, **7.** ΠΩΣ, **8.** ΕΝΑΣ
Senkrecht: **9.** ΤΑΞΙ, **10.** ΜΙΑ, **11.** ΚΑΤΩ, **12.** ΕΝΑ/ΝΑΙ
Verkehr: ΜΕΤΡΟ, ΤΡΑΜ, ΤΑΞΙ, Richtung: ΔΕΞΙΑ, ΙΣΙΑ, ΚΑΤΩ, Zahlen: ΕΝΑΣ, ΜΙΑ, ΕΝΑ, Fragewörter: ΤΙ, ΠΟΥ, ΠΩΣ

6

3. A, **1.** B, **2.** C

7

1. ο μερακλής, **2.** οδός, **3.** αρχαία, **4.** πλατεία, **5.** αλχημεία, **6.** πλάκα

8

C **2.** Γιώργο Αποστολίδη – μουσείο, B **3.** Αγγελική Κουκουλά – ταβέρνα, A **1.** Νίκος Κουτσουβέλης – μπαρ

9

A. Μουσείο: ΝΑΙ, B. Ταβέρνα: ΝΑΙ, C. Μπαρ: ΝΑΙ

10

1. A, **2.** A, **3.** B

11

1. Με λένε Μπεττίνα. **2.** Είμαι από την Γερμανία. **3.** Μένω στην Πάτρα. **4.** Ναι, πολύ καλά. **5.** Είμαι δασκάλα. **6.** Δουλεύω σ'ένα σχολείο.

12

1. Όχι, έναν σκέτο παρακαλώ! **2.** Ναι, ένα μικρό παρακαλώ. **3.** Παρακαλώ, και με ζαμπόν! **4.** Όχι, ένα παγωτό βανίλια!

13

A = Dialog 3, B = Dialog 1, C = Dialog 2

14

1. φραπέ, **2.** χυμό, **3.** τυρί, **4.** ούζο, **5.** καράφα

LEKTION 6

1

1. ντομάτες Ρόδου, **2.** ελιές Καλαμάτας, **3.** κρασί Αχαΐας, **4.** πορτοκάλια Κρήτης, **5.** ούζο Χίου, **6.** κοτόπουλα Άρτας, **7.** λάδι Μυτιλήνης, **8.** μήλα Τρίπολης, **9.** τυρί Μετσόβου

2

4. A, **6.** B, **7.** C, **5.** D, **9.** E, **2.** F, **1.** G, **8.** H, **3.** I

3

1. κιλό, **2.** εκατό, **3.** μήλα, **4.** τυρί, **5.** Μισό, **6.** αγγούρια

4

1. A, **2.** B, **3.** B, **4.** B, **5.** A

5

Dialog 1: **1.** Χαίρετε κυρία Μαυρίδη. **2.** Γεια σας κύριε Κώστα! **3.** Τι θέλετε σήμερα; **4.** Θέλω μισό κιλό φέτα. **5.** Τι φέτα έχετε σήμερα; **6.** Φέτα Δωδώνης και φέτα Μυτιλήνης. **7.** Δώστε μου Δωδώνης.
Dialog 2: **1.** Γεια σου κυρία Άννα. **2.** Καλησπέρα κύριε Γιώργο. **3.** Τι θέλετε σήμερα; **4.** Θέλω λίγες ελιές. **5.** Πράσινες ή μαύρες; **6.** Πράσινες. Είναι καλές; **7.** Βέβαια! Πόσες θέλετε;

6

1. B, **2.** A, **3.** B, **4.** A, **5.** A, **6.** B

7

1. A, **2.** B, **3.** B, **4.** A, **5.** A, **6.** A

8

1. F, **2.** E, **3.** A, **4.** B, **5.** D, **6.** C

9
1. A, **2.** B, **3.** B, **4.** B, **5.** A

10
Weiblich: η σαλάτα, η ντομάτα, η πιπεριά, η ελιά, η φέτα, η ρίγανη
Sächlich: το αγγούρι, το κρεμμύδι, το λάδι, το ξύδι, το αλάτι, το πιπέρι

11
1. (100 γραμμάρια) ζαμπόν, **3.** (ένα βαζάκι) μαρμελάδα, **5.** (δύο) γιαούρτια

12
1. H, **2.** E, **3.** B, **4.** F, **5.** A, **6.** G, **7.** C, **8.** D

13
1. 4,55 € **2.** 1,25 € **3.** 3,80 € **4.** 1,50 € **5.** 1,10 €
6. 2,60 € **7.** 2,00 € **8.** ca. 9,00 €/kg

14
1. κάνουν, **2.** κάνει, **3.** κάνει, **4.** κάνουν, **5.** κάνει, **6.** κάνει

15
A. διακόσια, B. τετρακόσια, C. εξακόσια, D. οχτακόσια, E. χίλια

16
230 διακόσια τριάντα, 450 τετρακόσια πενήντα, 670 εξακόσια εβδομήντα, 890 οχτακόσια ενενήντα

17
1. ψωμί, **2.** μπριζόλες, **3.** σταφύλια
A. μπριζόλες, B. σταφύλια, C. ψωμί

18
1. B, **2.** A, **3.** A, **4.** B

19
1-**1.** Θα ήθελα ένα αγγούρι και λίγο σκόρδο. **2.** Μάλιστα, κι ένα γιαούρτι σας παρακαλώ. **3.** Μεγάλο παρακαλώ. Πόσο κάνουν όλα μαζί;
2-**1.** Θα ήθελα ένα σκόρδο. **2.** Ναι! Και μία μελιτζάνα. **3.** Μικρή, παρακαλώ. Πόσο κάνουν όλα;

20
1. το τζατζίκι: 1 **2.** η μελιτζανοσαλάτα: 2

21
1. Πόσο κάνει το βούτυρο; **2.** Πόσο κάνουν οι ντομάτες; **3.** Πόσα μήλα θέλεις; **4.** Πόσο χρειάζεσαι; **5.** Πόση ώρα κάνει; **6.** Πόσο κάνουν οι πράσινες ελιές;

22
1. Όχι, ένα κιλό φέτα Δωδώνης παρακαλώ! **2.** Όχι ένα κιλό, μισό κιλό! **3.** Όχι τρία τέταρτα, ένα τέταρτο! **4.** Όχι, μόνο εκατό γραμμάρια παρακαλώ!

LEKTION 7

1
1. D, **2.** I, **3.** F, **4.** A, **5.** J, **6.** B, **7.** C, **8.** E, **9.** H, **10.** G

2
1. φανελάκι, **2.** φούστα, **3.** παπούτσια, **4.** σακάκι, **5.** πουκάμισο, **6.** παντελόνι, **7.** πουλόβερ, **8.** φουστάνι, **9.** κάλτσες, **10.** τζιν

3
1. F, **2.** A, **3.** C, **4.** E, **5.** H, **6.** G, **7.** D, **8.** B, **9.** I, **10.** J

4
Αντωνία: **1.** A, **2.** A, **7.** A, Μιχάλης: **3.** B, **4.** B,
Χρήστος: **5.** C, **6.** C, **7.** C

5
C

6
5. A, **7.** B, **8.** C, **2.** D, **1.** E, **3.** F, **4.** G, **6.** H

7
1. προτείνω, **2.** μου αρέσει, **3.** λέω, **4.** πιστεύω, **5.** νομίζω, **6.** έχω

8
1. F, **2.** C, **3.** B, **4.** D, **5.** A, **6.** E

9
1. Εσύ τι λες; **2.** Προτείνω ... **3.** Καλή ιδέα! **4.** Δεν μου αρέσει (η ιδέα – αυτή η ιδέα) **5.** Δεν έχω ιδέα!

10
1. B, **2.** A, **3.** A, **4.** B, **5.** B, **6.** A, **7.** B, **8.** A

11
1: **1.** -ος, **2.** -η, **3.** -ο; άσπρ-ος/-η/-ο, μαύρ-ος/-η/-ο
2: **1.**-υς, **2.** -ια, **3.** -υ; φαρδ-ύς/-ιά/-ύ, μακρ-ύς/-ιά/-ύ
3: A ja, γκρι, ροζ

12
ωραίο, στενό, μακρύ, στενό, έξαλλο, μοντέρνο, σικ, καλή

13
1. ωραίο, **2.** στενό, **3.** μακρύ, **4.** στενό, **5.** έξαλλο, **6.** μοντέρνο, **7.** άλλο, **8.** καλή

14
1. δύο κόκκινα φανελάκια, **2.** ένα μπλε πουκάμισο, **3.** δύο άσπρες μπλούζες, **4.** ένας φρέσκος χυμός

15
1. -ός, **2.** -ο, **3.** -ες, **4.** -ι, **5.** -έδες, **6.** -ες, **7.** unverändert, **8.** τα τζιν, **9.** τα φούτερ, **10.** τα πουλόβερ

16
1. A, **2.** B, **3.** B

17
1. Τι χρώμα προτιμάτε; **2.** Εσείς τι λέτε; **3.** Τι νούμερο παπούτσια φοράτε; **4.** Το μαύρο σάς πάει καλύτερα. **5.** Σας φέρνω το τριάντα εφτά αμέσως.
Du-Form:
1. Τι χρώμα προτιμάς; **2.** Εσύ τι λες; **3.** Τι νούμερο παπούτσια φοράς; **4.** Το μαύρο σου πάει καλύτερα. **5.** Σου φέρνω το τριάντα εφτά αμέσως.

18
1. μαύρη, *Kann ich einen schwarzen Rock sehen?*
2. μεγάλο, *Haben Sie es eine Nummer größer?*
3. στενό, *Die Hose ist ein bisschen eng.* **4.** έξαλλη, *Das ist ein schrilles Shirt für dich.* **5.** φτηνό, *Die Jacke ist überhaupt nicht billig.* **6.** μάξι, *Ich denke, dass das lange Kleid Ihnen steht.*

19
1. C, E, **2.** A, D, **3.** B, F

20
1. Μπορώ να δοκιμάσω ένα πιο κοντό φουστάνι; **2.** Μπορώ να έχω ένα πιο μικρό σακάκι; **3.** Μπορώ να δω ένα πιο φτηνό πουκάμισο; **4.** Μπορώ να δοκιμάσω ένα πιο κοντό παντελόνι;

21
Δέσποινα: τσάντα, μπλούζα, CD, DVD,
Βαγγέλης: λουλούδια, γλυκά, βιβλίο, CD

22
1. Εμένα μου αρέσουν τα λουλούδια. **2.** Εγώ προτιμώ τα γλυκά. **3.** Εγώ λέω ένα πορτοφόλι ή μία τσάντα. **4.** Εγώ πιστεύω ένα βιβλίο είναι ένα ωραίο δώρο.

23
1. Καλημέρα σας, έχετε πουκάμισα παρακαλώ; **2.** Νομίζω μπλε. Ίσως άσπρο. **3.** Συγγώμη, δεν καταλαβαίνω. **4.** Το πουκάμισο με ρίγες, παρακαλώ. **5.** Αυτό μου αρέσει καλύτερα. Παίρνετε VISA;

LEKTION 8

1
1. G, **2.** E, **3.** B, **4.** C, **5.** F, **6.** A, **7.** D, **8.** H

2
1. B, **2.** A, **3.** B

3
Κώστας: συχνά, Κατερίνα: πολλές φορές, Ελπίδα: συχνά, μερικές φορές

4
1. έξω, **2.** αλλά, **3.** Εγώ, **4.** σπίτι

5
3. θάλασσα, **4.** βουνό, **1.** δάσος

6
1. A, C, **2.** A

7
1. θάλασσα, **2.** ξενοδοχείο, **3.** ιστιοφόρο, **4.** εξοχή

8
1. Τι σας αρέσει πιο πολύ; **2.** Μου αρέσει και ... και ... **3.** Τότε προτείνω **4.** Μου αρέσει πάρα πολύ. **5.** Μου αρέσουν πάρα πολύ. **6.** Υπάρχει ... **7.** Υπάρχουν ...

9
1. H, **2.** F, **3.** E, **4.** B, **5.** A, **6.** D, **7.** G, **8.** C

10
1. αρχιτεκτονική, **2.** σινεμά, **3.** αρχαία αγάλματα, **4.** ελληνικά έργα, **5.** θέατρο

11
1. οι πίνακες, **2.** οι αγάπες, **3.** το άγαλμα, **4.** η ιστορία, **5.** η κωμωδία, **6.** το μουσείο

12
1. σήμερα, **2.** συνήθως, **3.** πολλές φορές, **4.** σπάνια, **5.** κάθε μέρα, **6.** πολύ συχνά, **7.** σχεδόν ποτέ, **8.** σχεδόν πάντα

13
8. A, **4.** B, **7.** C, **2.** D, **3.** E, **1.** F, **9.** G, **10.** H, **6.** I, **5.** J
Κάνω ηλιοθεραπεία, φαγητό, ιππασία ...
Μ'αρέσει η μουσική, η κηπουρική, η ηλιοθεραπεία ...
Παίζω τένις, μουσική, θέατρο ...

14
A. κάνω, B. κάνεις, C. κάνετε, D. παίζει, E. παίζουμε, F. παίζουν, G. σου, H. σας, I. αρέσει/αρέσουν, J. αρέσει/αρέσουν

2

LÖSUNGEN

15
1. Πάμε στο πάρκο; **2.** Πάμε για ένα καφέ; **3.** Πάμε για ύπνο; **4.** Πάμε για μία βόλτα με το ποδήλατο; **5.** Πάμε στο μουσείο; **6.** Πάμε για ψώνια; **7.** Πάμε στο σινεμά; **8.** Πάμε για ένα παγωτό; **9.** Πάμε σε μία (καμία) ταβέρνα;

16
2, 3, 5

17
1. τηλεόραση – πολλές φορές, **2.** γυμναστική – συχνά, **3.** καφέ – πάντα, **4.** θέατρο – ποτέ, **5.** σινεμά – μερικές φορές, **6.** μπάνιο – λίγες φορές, **7.** χορό – σπάνια

18
1. Τρως συχνά σπίτι με φίλους; **2.** Πας συχνά έξω για χορό; **3.** Μιλάς συχνά στο κινητό; **4.** Είσαι συχνά στο ίντερνετ; **5.** Βλέπεις συχνά τηλεόραση;

19
1. Σου αρέσει ο χορός; **2.** Σου αρέσει η μουσική; **3.** Σου αρέσει το τζόγκινγκ; **4.** Σ'αρέσει να τρως έξω; **5.** Σ'αρέσει ν'ακούς ράδιο; **6.** Σ'αρέσει να κάνεις μπάνιο;

LEKTION 9

1
1. E, **2.** G, **3.** F, **4.** C, **5.** A, **6.** B, **7.** D

2
5. A, **8.** B, **2.** C, **4.** D, **1.** E, **3.** F, **7.** G, **6.** H

3
1. ήλιο και κρύο, **2.** βροχή και αέρα, **3.** συννεφιά και ζέστη

4
2. Στα βορειοδυτικά, Στα βορειοδυτικά: αέρα, **3.** Στα νοτιοανατολικά, Στα νοτιοανατολικά: κρύο αλλά ήλιο, **4.** Στα νότια, Στα νότια: δυνατό αέρα
Kasten: **2.** βορειοδυτικά, **3.** νοτιοανατολικά, **4.** Στα νότια

5
2. Φεβρουάριος, **4.** Απρίλιος, **6.** Ιούνιος, **8.** Αύγουστος, **10.** Οκτώβριος, **12.** Δεκέμβριος

6
2. Ιανουάριος, **3.** Φεβρουάριος, **4.** Μάρτιος, **6.** Μάιος, **7.** Ιούνιος, **8.** Ιούλιος, **10.** Σεπτέμβριος, **12.** Νοέμβριος

7
1. Στην Καβάλα. **2.** Πάνε βόλτα στην παραλία. **3.** Όχι, δεν κάνουν μπάνιο. **4.** Έχει ήλιο. **5.** Από 8 μέχρι 12 βαθμούς. **6.** Είναι Νοέμβριος.

8
1. D, **2.** B, **3.** F, **4.** C, **5.** A, **6.** E

9
1. μουσική, **2.** ελληνική, **3.** Τρίτη, **4.** Παρασκευή, **5.** τραγούδια

10
1. C, **2.** A, **3.** A, **4.** C

11
1. Am Montag wird das Wetter regnerisch. **2.** Am Dienstag wird es sehr windig. **3.** Am Mittwoch wird es bewölkt. **4.** Am Donnerstag wird es windig.

12
Waagerecht: ΟΜΙΧΛΗ, ΕΝΑ, ΚΡΥΟ, ΧΙΟΝΙ, ΑΕΡΑΣ
Senkrecht: ΤΟΝ, ΜΙΑ, ΗΛΙΟΣ

13
1. Η αγαπημένη μου εποχή είναι το καλοκαίρι. **2.** Δεν μ'αρέσει καθόλου να ψάχνω στο ίντερνετ. **3.** Το Σάββατο θα μιλήσω με την Μαρία στο κινητό. **4.** Βρέχει συχνά στην Θεσσαλονίκη. **5.** Την άνοιξη θα πάω στην Ελλάδα.

14
1. Πότε είναι συνήθως το ελληνικό Πάσχα; **2.** Τι γιορτάζουν τον Ιανουάριο; **3.** Τι γιορτή είναι τον Μάιο; **4.** Τι γιορτή είναι τον Αύγουστο; **5.** Πότε ανταλλάζουν τα δώρα τα Χριστούγεννα;

15
3. A, **4.** B, **1.** C, **2.** D

16
1. Δεν μου αρέσει αυτή η ιδέα. **2.** Ίσως. Τι καιρό θα έχει; **3.** Ωραία. Το Σάββατο ή την Κυριακή; **4.** Εντάξει, καλή ιδέα! Τότε στις 5:30 το Σάββατο; **5.** Γεια σου τότε, μέχρι το Σάββατο!

17
1. Ποιος είναι ο αγαπημένος σου καιρός; **2.** Ποιος είναι ο αγαπημένος σου μήνας; **3.** Ποια είναι η αγαπημένη σου εποχή; **4.** Ποια είναι η αγαπημένη σου ημέρα; **5.** Ποιο είναι το αγαπημένο σου χόμπυ; **6.** Ποιο είναι το αγαπημένο σου βιβλίο;

LEKTION 10

1
1. C, **2.** D, **3.** E, **4.** B, **5.** A

2
1. θεία, **2.** παππούς, **3.** γιος

3
3. A, **5.** B, **4.** C, **2.** D, **6.** E, **1.** F
A. Wer ist das?
B. Welches Kind ist das (hier)?
C. Das ist mein Großvater.
D. Das ist meine Tante.
E. Das ist unser Sohn.
F. Wer ist das?

4
1. μου, **2.** της, **3.** μου, **4.** μας, **5.** σου

5
3. A, **1.** B, **4.** C, **5.** D, **9.** E, **2.** F, **8.** G, **6.** H, **7.** I

7
1. μου, **2.** σου, **3.** του / της / του, **4.** μας

8
1. παππούς – γραφείο, **2.** γιαγιά – τραπεζαρία, **3.** Γιώργος – σαλόνι, **4.** γιος – σκάλες, **5.** κόρη – υπνοδωμάτιο, **6.** σκύλος – τουαλέτα

9
5. A, **9.** B, **1.** C, **6.** D, **8.** E, **2.** F, **7.** G, **11.** H, **4.** I, **10.** J, **3.** K

10
1. πάρκινγκ, **2.** αίθουσα συνεδρίασης, **3.** σάουνα, **4.** πισίνα, **5.** μπαρ, **6.** εστιατόριο

11
1. A, **2.** B, **3.** A, **4.** B, **5.** A, **6.** A

12
ΟΝΟΜΑ: Άρης, ΕΠΙΘΕΤΟ: Ματσούκας, ΔΙΕΥΘΥΝΣΗ: Θερμοπυλών 33, ΠΟΛΗ: Αθήνα, Τ.Κ.: 16232, ΤΗΛΕΦΩΝΟ: 21098765432, ΚΙΝΗΤΟ: 69- 789456234, ΑΦΙΞΗ: 22/06, ΑΝΑΧΩΡΗΣΗ: 28/06

13
1. Ποιο είναι τ'όνομά σας παρακαλώ; **2.** Παρακαλώ και το επίθετό σας; **3.** Ποια είναι η διεύθυνσή σας παρακαλώ; **4.** Σε ποια πόλη μένετε; **5.** Ποιος είναι ο ταχυδρομικός κώδικάς σας; **6.** Έχετε σταθερό τηλέφωνο; **7.** Ποιος είναι ο αριθμός του κινητού σας; **8.** Ημερομηνία άφιξης και αναχώρησης;

14
1. ποιος, **2.** ποια, **3.** ποιο

15
1. γέρος, **2.** μαλλιά, **3.** χρονών, **4.** όμορφη, **5.** γένια, **6.** κοντή, **7.** ξανθό, **8.** μουστάκι

16
1. μαλλιά, **2.** γένια, **3.** μουστάκι, **4.** κοντ-ός/-ή/-ό, **5.** ξανθ-ός/-ιά/-ό, **6.** όμορφ-ος/-η/-ο, **7.** χρονών, **8.** γέρος, γριά

17
3. A, **1.** B, **2.** C

18
1. χαλασμένο/βρώμικο, **2.** βρώμικη, **3.** χαλασμένος/βρώμικος, **4.** χαλασμένο/βρώμικο, **5.** χαλασμένη, **6.** χαλασμένο, **7.** χαλασμένο, **8.** βρώμικο/χαλασμένο, **9.** βρώμικη/χαλασμένη, **10.** βρώμικη, **11.** χαλασμένο, **12.** χαλασμένο

19
1. Με συγχωρείτε ... /Συγνώμη ... **2.** Έχετε ελεύθερο δωμάτιο; **3.** Το μπάνιο είναι πολύ βρώμικο. **4.** Η τουαλέτα είναι χαλασμένη. **5.** Καλησπέρα (σας/σου)! **6.** Καληνύχτα!/Καλό σας/σου βράδυ!

20
1. Ο υπολογιστής (το κομπιούτερ) είναι χαλασμένος (χαλασμένο). **2.** Το κινητό είναι χαλασμένο. **3.** Το πληκτρολόγιο είναι χαλασμένο. **4.** Η οθόνη είναι χαλασμένη. **5.** Ο εκτυπωτής είναι χαλασμένος. **6.** Το στικάκι είναι χαλασμένο. **7.** Το ποντίκι είναι χαλασμένο. **8.** Ο φορητός υπολογιστής (το λάπτοπ) είναι χαλασμένος (χαλασμένο).

21
1. Ο φορητός υπολογιστής μου είναι Mac. **2.** Έχω H.P. εκτυπωτή. **3.** Το κινητό μου είναι Nokia. **4.** Έχω οθόνη LG.

RÜCKBLICK 2

1
1. Πέντε μπανάνες παρακαλώ. **2.** Μισό κιλό ντομάτες. **3.** Θα ήθελα μισό κιλό αχλάδια. **4.** Θέλω δύο καρότα παρακαλώ. **5.** Ένα κιλό πορτοκάλια.

2
1. 4,25 €, **2.** 1,50 €, **3.** 2,75 €, **4.** 3,15 €, **5.** 6,20 €

3
1. μισό κιλό, **2.** τρία τέταρτα, **3.** ένα τέταρτο, **4.** εκατό γραμμάρια, **5.** διακόσια γραμμάρια, **6.** τριακόσια γραμμάρια

4
1. κοτόπουλα Άρτας, **2.** μήλα Τρίπολης, **3.** ντομάτες Κρήτης, **4.** κουλουράκια

5
1. B, D, **2.** B, C, **3.** A, C, **4.** A, D

6
1. μαύρη, **2.** κοντό, **3.** ακριβό, **4.** φαρδύ, **5.** απλό, **6.** έξαλλο

7
1. Εσύ τι λες; / Εσείς τι λέτε; **2.** Εγώ προτείνω ... **3.** Εντάξει! Καλή ιδέα! **4.** Όχι, δεν νομίζω / Δεν συμφωνώ ... **5.** Δεν ξέρω! / Δεν έχω καμιά ιδέα!

8
1. B μπλούζα, **2.** C πουκάμισο, **3.** E φούστα, **4.** A φόρεμα, **5.** D τζιν

9
1. πίνει καφέ, **2.** τρώει παγωτό, **3.** παίζει ποδόσφαιρο, **4.** δεν διαβάζει, **5.** δεν κάνει ποδήλατο, **6.** δεν τρώει κρέας

10
Er mag: θέατρο, πίνακες, όπερα,
Er mag nicht: σινεμά, αγάλματα, έργα

11
3. A, **1.** B, **4.** C, **2.** D

LEKTION 1

Übung 1 - Track 1

1. Μετρό, **2.** Ούζο, **3.** Καφές, **4.** Ταξί, **5.** Κακάο, **6.** Τραμ

1. *U-Bahn* **2.** *Ouzo* **3.** *Kaffee* **4.** *Taxi* **5.** *Kakao* **6.** *Straßenbahn*

Übung 5 - Track 2

Α, Β, Γ, Δ, Ε, Ζ, Η, Θ, Ι, Κ, Λ, Μ, Ν, Ξ, Ο, Π, Ρ, Σ, Τ, Υ, Φ, Χ, Ψ, Ω

Übung 10 - Track 3

1. Αθήνα, **2.** Θεσσαλονίκη, **3.** Πάτρα, **4.** Λάρισα, **5.** Ηράκλειο, **6.** Βόλος, **7.** Ιωάννινα, **8.** Χανιά, **9.** Καβάλα, **10.** Ρόδος

1. *Athen*, **2.** *Thessaloniki*, **3.** *Patras*, **4.** *Larisa*, **5.** *Heraklion*, **6.** *Volos*, **7.** *Ioannina*, **8.** *Chania*, **9.** *Kavala*, **10.** *Rhodos*

Übung 15 - Track 4

1. θέατρο, **2.** στάδιο, **3.**σχολείο, **4.** μπαρ, **5.** ταβέρνα, **6.** σινεμά

1. *Theater*, **2.** *Stadion*, **3.** *Schule*, **4.** *Bar*, **5.** *Taverne*, **6.** *Kino*

Übung 19 - Track 5

ΣΠΟΡ: **1.** μπάσκετ, **2.** σκι, **3.** γκολφ
ΜΟΥΣΙΚΗ: **4.**ντίσκο, **5.** ροκ, **6.** τζαζ
ΣΧΟΛΕΙΟ: **7.** φυσική, **8.** χημεία, **9.** ψυχολογία
ΤΑΒΕΡΝΑ: **10.** σπαγγέτι, **11.**τζατζίκι, **12.** κέτσαπ

SPORT: **1.** *Basketball*, **2.** *Ski*, **3.** *Golf*
MUSIK: **4.** *Disko*, **5.** *Rock*, **6.** *Jazz*
SCHULE: **7.** *Physik*, **8.** *Chemie*, **9.** *Psychologie*
TAVERNE: **10.** *Spaghetti*, **11.** *Tzatziki*, **12.** *Ketchup*

LEKTION 2

Übung 1 - Track 6

1. Καλημέρα!, **2.** Γεια!, **3.** Γεια σου!, **4.** Γεια χαρά!, **5.** Χαίρετε!, **6.** Τα λέμε!, **7.** Καλησπέρα!, **8.**Καληνύχτα!

1. *Guten Morgen!*, **2.** *Hallo!*, **3.** *Hallo! / Tschüss (Du-Form)*, **4.** *Hallo! / Tschüss! (Mach's gut! /Macht's gut!)*, **5.** *Ich grüße Sie*, **6.** *Bis bald!*, **7.** *Guten Abend!*, **8.** *Gute Nacht!*

Übung 2 - Track 7

Διάλογος 1
Γεια σου Νίκο.
Γεια χαρά Άννα. Τι κάνεις;
Καλά, εσύ;

Dialog 1
Hallo Niko.
Hallo Anna. Wie geht's? (Was machst du?)
Gut, und dir (du)?

Διάλογος 2
Χαίρετε κύριε Νικολάου. Καλημέρα κυρία Καψή. Τι κάνετε;
Πολύ καλά, εσείς;

Dialog 2
Ich grüße Sie, Herr Nikolaou.
Guten Morgen, Frau Kapsi. Wie geht es Ihnen? (Was machen Sie?)
Sehr gut, und Ihnen?

Διάλογος 3
Ελένη, γεια!
Γεια σου Μαρία. Τα λέμε!
Ναι, τα λέμε.

Dialog 3
Eleni, hallo!
Hallo Maria. Bis bald!
Ja, bis bald! (wir sehen uns).

Übung 5 - Track 8

a. Γεια σας, είμαι ο Νίκος.
b. Γεια χαρά. Με λένε Άννα.
c. Χαίρετε! Με λένε Ελένη.
d. Γεια. Είμαι η Μαρία.

a. Hallo, ich bin (der) Niko.
b. Guten Tag. Ich heiße (man nennt mich) Anna.
c. Guten Tag! Ich heiße (man nennt mich) Eleni.
d. Hallo. Ich bin (die) Maria.

Übung 11 - Track 9

εγώ, εσύ, αυτός, αυτή, αυτό,
εμείς, εσείς, αυτοί, αυτές, αυτά

ich, du, er, sie, es,
wir, ihr/Sie, sie (maskulin), *sie* (feminin), *sie* (neutrum)

Übung 14 - Track 10

1. Καλημέρα! a. Γεια χαρά!
2. Εσύ είσαι ο Παύλος; b. Ναι, εγώ είμαι. Εσύ;
3. Εγώ είμαι η Ιωάννα. c. Γεια σου. Χαίρω πολύ!
4. Κι εγώ χαίρω πολύ! d. Τι κάνεις;
5. Καλά είμαι. Εσύ, πώς είσαι; e. Κι εγώ είμαι καλά.

1. *Guten Morgen! a. Hallo!*
2. *Bist du (der) Pavlos? b. Ja, das bin ich. Und du?*
3. *Ich bin (die) Joanna. c. Hallo. Freut mich sehr!*
4. *Freut mich auch sehr. d. Wie geht es dir?*
5. *Mir geht es gut. Und du, wie geht es dir?*
   e. Mir geht es auch gut.

Übung 16 - Track 11

είμαι, είσαι, είναι,
είμαστε, είστε, είναι

ich bin, du bist, er/sie/es ist,
wir sind, ihr seid/Sie sind, sie sind

Übung 17 - Track 12

1. Συγνώμη, είστε η κυρία Πετρίδη;
   Ναι, είμαι. Είστε η κυρία Αποστόλου; Μάλιστα!

2. Γεια σου. Είσαι ο Πέτρος;
   Όχι. Είμαι ο Νίκος. Ο κύριος εδώ είναι ο Πέτρος.
   Ευχαριστώ πολύ!

3. Είναι η Βασιλική και η Γεωργία εδώ;
   Είναι η Κωνσταντίνα.
   Είμαστε εδώ ...

1. *Entschuldigung, sind Sie Frau Petridi?*
   Ja, die bin ich. Sind Sie Frau Apostolou? Ja!

2. *Hallo. Bist du (der) Petros?*
   Nein, ich bin (der) Niko. Der Herr hier ist
   (der) Petros.
   Vielen Dank!

3. *Sind (die) Vasiliki und (die) Georgia hier?*
   (Die) Konstantina ist da.
   Wir sind hier ...

Übung 19 - Track 13

1. Πολύ καλά, **2.** Μια χαρά, **3.** Έτσι κι έτσι,
4. Άσχημα, **5.** Χάλια

1. *sehr gut,* **2.** *prima,* **3.** *so lala,* **4.** *schlecht,* **5.** *miserabel*

Übung 20 - Track 14

Καλημέρα. Εγώ είμαι ο Σταύρος.
Πώς; Πώς σε λένε;
Με λένε Σταύρο. Κι από 'δω είναι ο Σάββας.
Τι; Σιγά-σιγά! Πώς τον λένε;
Τον λένε Σάββα.
Α! Σάββα. Γεια σου Σάββα.

Guten Morgen. Ich bin (der) Stavros.
Wie? Wie heißt du?
Ich heiße Stavros. Und das hier ist (der) Savas.
Was? Langsam, langsam! Wie heißt er?
Er heißt Savas.
Ah! Savas. Hallo Sava.

Übung 22 - Track 15

1. Πώς σε λένε;
   Εμένα με λένε Θωμά. Εσένα πώς σε λένε;
2. Πώς την λένε;
   Αυτή την λένε Χριστίνα.
3. Συγνώμη, πώς τις λένε;
   Αυτές τις λένε Ζωή, Ρένα κι Όλγα.
4. Πώς σας λένε;
   Εμένα με λένε Ηλία Πετρόπουλο.
   Εσάς, πώς σας λένε;
   Πάνο Αλεξανδρίδη.

1. *Wie heißt du?*
   Ich heiße Thomas. Und du, wie heißt du?
   (wie nennt man dich)?
2. *Wie heißt sie?*
   Sie heißt (man nennt sie) Christina.
3. *Entschuldigung, wie heißen sie?*
   Sie heißen Zoi, Rena und Olga.
4. *Wie heißen Sie?*
   Ich heiße Ilias Petropoulos.
   Und wie heißen Sie?
   Panos Alexandridis.

LEKTION 3

Übung 1 - Track 16

1. Εγώ είμαι από την Αθήνα.
2. Κι εγώ από το Βουκουρέστι.
3. Είμαι από την Μόσχα.
4. Εγώ είμαι από το Παρίσι. Εσύ;
5. Γεια σας! Είμαι από το Λονδίνο. Εσείς;
6. Μαδρίτη. Ναι, από την Μαδρίτη.
7. Από την Ρώμη. Εσύ;
8. Ναι, εγώ είμαι από το Βερολίνο.

1. *Ich bin aus Athen.*
2. *Und ich aus Bukarest.*
3. *Ich bin aus Moskau.*
4. *Ich bin aus Paris. Und du?*
5. *Guten Tag! Ich bin aus London. Und Sie?*
6. *Madrid. Ja, aus Madrid.*
7. *Aus Rom. Und du?*
8. *Ja, ich bin aus Berlin.*

Übung 4 - Track 17

1.
Γιώργο, από πού είσαι;
Είμαι από την Καβάλα.

Και πού μένεις τώρα;
Τώρα μένω στην Πάτρα.
Κι εγώ!
Τι; Είσαι από την Καβάλα και μένεις στην Πάτρα;
Μάλιστα!

Jorgo, woher kommst du (bist du)?
Ich bin aus (von) Kavala.
Und wo wohnst du jetzt?
Jetzt lebe ich in Patra.
Ich auch!
Was? Du bist aus (von) Kavala und wohnst in Patra?
Jawohl!

2.
Γεια σας κύριε Πετρίδη.
Χαίρετε!
Είστε από την Αθήνα;
Όχι, δεν είμαι. Εσείς από πού είστε;
Από την Αθήνα.
Και πού μένετε τώρα;
Στην Θεσσαλονίκη.
Ωραία! Κι εγώ!

Guten Tag, Herr Petridis.
Guten Tag!
Sind Sie aus Athen?
Nein, bin ich nicht. Und Sie, von wo sind Sie?
Aus Athen.
Und wo wohnen Sie jetzt?
In Thessaloniki.
Schön! Ich auch!

Übung 10 - Track 18

Συγνώμη, είσαι Ιταλίδα;
Ναι. Είμαι από τη Ρώμη, αλλά τώρα μένω στην Λάρισα. Εσύ;
Κι εγώ μένω εδώ τώρα, αλλά είμαι από την Θεσσαλονίκη.
Μιλάς πολύ ωραία Ελληνικά!
Ευχαριστώ. Εσύ μιλάς Ιταλικά;
Όχι. Μιλάω μόνο Αγγλικά και λίγο Γαλλικά.
Ξέρεις Γαλλικά;
Καθόλου, αλλά πολύ καλά Γερμανικά.

Entschuldigung, bist du Italienerin?
Ja. Ich bin aus Rom, aber jetzt wohne ich in Larisa. Und du?
Ich wohne jetzt auch hier, aber ich bin aus Thessaloniki.
Du sprichst sehr gut Griechisch!
Danke. Und du, sprichst du Italienisch?
Nein. Ich spreche nur Englisch und ein wenig Französisch. Kannst du Französisch?
Gar nicht, aber sehr gut Deutsch.

Übung 12 - Track 19

1. Μιλάω μόνο λίγο.
2. Όχι, δεν μιλάω καθόλου καλά.
3. Ελληνικά μιλάω πολύ καλά.
4. Όχι. Γερμανικά δεν μιλάω καθόλου.

1. *Ich spreche nur wenig.*
2. *Nein, ich spreche gar nicht gut.*
3. *Griechisch spreche ich sehr gut.*
4. *Nein. Deutsch spreche ich gar nicht.*

Übung 13 - Track 20

1.
Γεια σου! Είμαι ο Πέτρος. Είμαι από την Ελλάδα, από την Ρόδο. Τώρα μένω στην Λάρισα, γιατί δουλεύω εκεί. Μιλάω καλά Αγγλικά, λίγα Ιταλικά και πολύ λίγα Γαλλικά.

Hallo! Ich bin (der) Petros. Ich bin aus Griechenland, aus Rhodos. Jetzt wohne ich in Larisa, denn ich arbeite dort. Ich spreche gut Englisch, ein wenig Italienisch und sehr wenig Französisch.

2.
Γεια χαρά! Εμένα με λένε Πέτρα. Είμαι από την Γερμανία. Είμαι από το Μόναχο, αλλά τώρα μένω στο Βερολίνο. Μιλώ Ελληνικά και Γερμανικά καλά αλλά καθόλου Αγγλικά!

Hallo! Ich heiße Petra. Ich bin aus Deutschland. Ich bin aus München, aber jetzt wohne ich in Berlin. Ich spreche gut Griechisch und Deutsch, aber gar kein Englisch!

Übung 16 - Track 21

1. δασκάλα, **2.** γραμματέας, **3.** φωτογράφος, **4.** σερβιτόρος **5.** φοιτητής, **6.** γιατρός, **7.** ηθοποιός, **8.** νοσοκόμα

1. *Lehrerin*, **2.** *Sekretärin*, **3.** *Fotograf*, **4.** *Kellner*, **5.** *Student*, **6.** *Arzt*, **7.** *Schauspieler*, **8.** *Krankenpflegerin*

Übung 19 - Track 22

1. Πώς σε λένε; – Με λένε Γιώργο.
2. Από πού είσαι; – Είμαι από την Ελλάδα.
3. Πού μένεις; – Μένω στην Αθήνα.
4. Μιλάς Γερμανικά; – Ναι, λίγο.
5. Τι δουλειά κάνεις; – Είμαι φωτογράφος.
6. Πού δουλεύεις; – Δεν δουλεύω τώρα ...

1. *Wie heißt du (nennt man dich)? - Ich heiße Jorgo.*
2. *Woher kommst du? - Ich komme aus Griechenland.*
3. *Wo wohnst du? - Ich wohne in Athen.*
4. *Sprichst du Deutsch? - Ja, ein wenig.*
5. *Was machst du beruflich? (Welche Arbeit machst du?) - Ich bin Fotograf.*
6. *Wo arbeitest du? - Ich arbeite zur Zeit (jetzt) nicht ...*

LEKTION 4

Übung 1 - Track 23

1. ο καφές, **2.** ο χυμός, **3.** η λεμονάδα, **4.** η μπύρα **5.** το γάλα, **6.** το νερό, **7.** το τσάι, **8.** το κρασί

1. *der Kaffee,* **2.** *der Saft,* **3.** *die Limonade,* **4.** *das Bier,* **5.** *die Milch,* **6.** *das Wasser,* **7.** *der Tee,* **8.** *der Wein*

Übung 3 - Track 24

Ευαγγελία, εσένα τι σου αρέσει;
Εμένα μου αρέσει ο καφές, ο χυμός και το ελληνικό κρασί. Εσένα Σταμάτη;
Εμένα μ'αρέσει μόνο το κρασί και η μπύρα! Εσένα Ευτυχία;
Εμένα μ'αρέσει ο καφές πάρα πολύ αλλά και το τσάι. Δεν πίνω ποτέ λεμονάδες ή χυμούς.

Evangelia, was magst du gern?
Ich mag Kaffee, Saft und griechischen Wein. Und du, Stamati?
Ich mag nur Wein und Bier.
Und du, Eftichia?
Ich mag Kaffee sehr gerne, aber auch Tee.
Ich trinke niemals Limonade oder Saft.

Übung 4 - Track 25

1.
Έναν καφέ παρακαλώ!
Μία λεμονάδα παρακαλώ!
Einen Kaffee bitte!
Eine Limonade bitte.

2.
Μία μπύρα για 'μένα!
Κι εγώ έναν χυμό.
Ein Bier für mich.
Und für mich einen Saft.

3.
Θα ήθελα ένα τσάι.
Εγώ θέλω ένα κρασί.
Ich hätte gern einen Tee.
Ich möchte einen Wein.

Übung 6 - Track 26

1.
Τι θα πάρετε;
Έναν καφέ παρακαλώ!
Μία λεμονάδα παρακαλώ!

Was kann ich Ihnen bringen, bitte?
Einen Kaffee bitte!
Eine Limonade bitte!

2.
Τι θέλετε παρακαλώ;
Μία μπύρα για 'μένα!
Κι εγώ έναν χυμό.

Was möchten Sie bitte?
Ein Bier für mich!
Und für mich einen Saft.

3.
Θα ήθελα ένα τσάι.
Εγώ θέλω ένα κρασί.
Αμέσως, έφτασε!

Ich hätte gern einen Tee.
Ich möchte einen Wein.
Kommt sofort!

Übung 11 - Track 27

1. αυτός, **2.** ευχαριστώ, **3.** Ευανθία, **4.** Σταύρος, **5.** δουλεύω, **6.** Παύλος, **7.** Ευτυχία, **8.** αυτές

1. *dieser,* **2.** *danke,* **3.** *Evanthia,* **4.** *Stavros,* **5.** *ich arbeite,* **6.** *Pavlos,* **7.** *Eftichia,* **8.** *diese*

Übung 13 - Track 28

Τι θα πάρετε παρακαλώ;
Μία μπύρα. Έχετε Μύθο;
Ναι, έχουμε! Κι ο κύριος;
Ένα ούζο για μένα.
Αμέσως, έφτασε!

Was kann ich Ihnen bringen, bitte?
Ein Bier. Haben Sie Mythos (Biermarke)?
Ja, haben wir! Und der Herr?
Einen Ouzo für mich.
Kommt sofort!

Übung 15 - Track 29

1.
Τσάι με λεμόνι;
Όχι, ευχαριστώ. Χωρίς λεμόνι.
Zitrone zum Tee?
Nein, danke. Ohne Zitrone.

2.
Καφέ με γάλα;
Ναι, παρακαλώ. Με πολύ γάλα.
Milch zum Kaffee?
Ja, bitte. Viel Milch.

Übung 19 - Track 30

Ναι, παρακαλώ;
Θα ήθελα ένα γλυκό κι έναν χυμό πορτοκάλι.
Η κυρία;
Εγώ θα ήθελα έναν φραπέ. Μέτριο με γάλα.
Τίποτ'άλλο;
Επίσης ένα μπουκάλι νερό κι ένα τοστ με ζαμπόν και τυρί.
Κάτι άλλο;
Και μία τυρόπιτα. Πόσο κάνουν;

Ja, bitte?
Ich hätte gerne einen Kuchen und einen Orangensaft.
Die Dame?
Ich hätte gerne einen Frappé. Mittelsüß mit Milch.
Ist das alles?
Außerdem noch eine Flasche Wasser und einen Toast mit Schinken und Käse.
Sonst noch etwas?
Und eine Käsepastete. Wie viel kostet das?

Übung 21 - Track 31

δύο, τρία, πέντε, εφτά, εννιά, έντεκα, δώδεκα, είκοσι, σαράντα, εξήντα, ογδόντα, εκατό

zwei, drei, fünf, sieben, neun, elf, zwölf, zwanzig, vierzig, sechzig, achtzig, hundert

Übung 22 - Track 32

1. Πόσο κάνει ένας νες καφέ;
   Ένας νες καφέ κάνει 3,50 ευρώ.
2. Πόσο κάνει μία λεμονάδα;
   Ένα ευρώ κι εβδομήντα λεπτά.
3. Πόσο κάνει ένα ούζο;
   Τρία ευρώ και σαράντα λεπτά.
4. Κι η τυρόπιτα, πόσο κάνει;
   Η τυρόπιτα κάνει μόνο 1,65 ευρώ.
5. Το τοστ, πόσο έχει;
   Έχει μόνο δύο ευρώ και σαράντα πέντε λεπτά.
6. Πόσο έχει η μπύρα Μύθος;
   Η μπύρα Μύθος κάνει 3,65 ευρώ.

1. *Wie viel kostet ein Neskaffee?*
   Ein Neskaffee kostet 3,50 €.
2. *Wie viel kostet eine Limonade?*
   Einen Euro und siebzig Cent.
3. *Wie viel kostet ein Ouzo?*
   Drei Euro und vierzig Cent.
4. *Und wieviel kostet die Käsepastete?*
   Die Käsepastete kostet nur 1,65 €.
5. *Und wieviel kostet der Toast?*
   Er kostet nur zwei Euro und fünfundvierzig Cent.
6. *Was kostet das Bier Mythos?*
   Das Bier Mythos kostet 3,65 €.

Übung 23 - Track 33

1. Πόσο κάνει το γιαούρτι σας παρακαλώ;
   Πέντε και πενήντα.
2. Πόσο κάνει ένα σάντουιτς;
   Πέντε ευρώ και εβδομήντα λεπτά.
3. Πόσο έχει ο φραπές;
   Τέσσερα, όχι τρία ευρώ! Τέσσερα ευρώ ακριβώς.
4. Πόσο έχει ένας χυμός πορτοκάλι;
   Δύο κι ενενήντα πέντε.
5. Πόσο κάνει το μπουκάλι νερό;
   Κάνει ένα και τριάντα.
6. Πόσο κάνει μία κρέπα;
   Εφτά ευρώ κι ογδόντα ένα λεπτά!

1. *Wie viel kostet der Joghurt bitte?*
   Fünfundfünfzig Cent.
2. *Wie viel kostet ein Sandwich?*
   Fünf Euro und siebzig Cent.
3. *Wie viel kostet der Frappé?*
   Vier, nicht drei Euro! Genau vier Euro.
4. *Wie viel kostet ein Orangensaft?*
   Zwei Euro und fünfundneunzig Cent.
5. *Wie viel kostet die Flasche Wasser?*
   Sie kostet einen Euro dreißig.
6. *Wie viel kostet ein Crêpe?*
   Sieben Euro und einundachtzig Cent.

LEKTION 5

Übung 1 - Track 34

1. Εγώ πάω με τα πόδια.
2. Εγώ με το αυτοκίνητο.
3. Κι εγώ με το μηχανάκι.
4. Εγώ πάω μόνο με το μετρό.
5. Εγώ παίρνω το τρόλεϊ.
6. Εγώ πάω πάντα με το ποδήλατο.
7. Κι εγώ με το ταξί!
8. Εγώ παίρνω το τραμ.
9. Κι εγώ το λεωφορείο.

1. *Ich gehe zu Fuß.*
2. *Ich fahre mit dem Auto.*

3. *Und ich mit dem Motorrad.*
4. *Ich fahre nur mit der U-Bahn.*
5. *Ich nehme den Oberleitungsbus.*
6. *Ich fahre immer mit dem Fahrrad.*
7. *Und ich mit dem Taxi.*
8. *Ich nehme die Straßenbahn.*
9. *Und ich den Bus.*

Übung 3 - Track 35

1. Εγώ πάω συχνά με το τραμ στο ταχυδρομείο.
2. Εγώ παίρνω σπάνια το ποδήλατο στην πλατεία.
3. Εγώ πάω πολλές φορές με ταξί στο γραφείο.
4. Εγώ περπατάω πάντα στο περίπτερο.
5. Εγώ ποτέ δεν πάω με λεωφορείο στο σχολείο.

1. *Ich fahre häufig mit der Straßenbahn zur Post.*
2. *Ich nehme selten das Fahrrad zum Platz.*
3. *Ich fahre oft mit dem Taxi ins Büro.*
4. *Ich gehe immer zu Fuß zum Kiosk.*
5. *Ich fahre nie mit dem Bus zur Schule.*

Übung 4 - Track 36

1. Πόση ώρα κάνετε με τα πόδια στην πλατεία;
   Μόνο πέντε λεπτά.
2. Πόση ώρα κάνεις να πας στο περίπτερο;
   Μόνο δύο λεπτά.
3. Πόση ώρα κάνει το τραμ μέχρι το ταχυδρομείο;
   Περίπου ένα τέταρτο.
4. Πόση ώρα κάνεις μέχρι το σχολείο;
   Περίπου δέκα λεπτά με τα πόδια.
5. Πόση ώρα κάνει το ταξί στο γραφείο σου;
   Είκοσι λεπτά το πολύ.

1. *Wie lange brauchen Sie zu Fuß bis zum Platz?*
   Nur fünf Minuten.
2. *Wie lange brauchst du, um zum Kiosk zu laufen?*
   Nur zwei Minuten.
3. *Wie lange brauchst du mit der Straßenbahn bis zur Post?*
   Ungefähr eine Viertelstunde.
4. *Wie lange brauchst du bis zur Schule?*
   Ungefähr zehn Minuten zu Fuß.
5. *Wie lange brauchst du mit dem Taxi zu deinem Büro?*
   Zwanzig Minuten höchstens.

Übung 6 - Track 37

Γιώργο, πώς πας στη δουλειά;
Με το αυτοκίνητο ή το λεωφορείο;
Πάω συχνά με το λεωφορείο.
Πόση ώρα κάνει από το σπίτι;
Κάνει περίπου είκοσι πέντε λεπτά.
Τι ώρα παίρνεις το λεωφορείο;
Γύρω στις οχτώ η ώρα.
Τι ώρα τελειώνεις την δουλειά;
Δουλεύω μέχρι τις πέντε η ώρα.
Μετά τι κάνεις;
Πάω σ'ένα μπαρ με τα πόδια.

Jorgo, wie kommst du zur Arbeit?
Mit dem Auto oder mit dem Bus?
Ich fahre häufig mit dem Bus.
Wie lange (Wie viel Zeit) brauchst du von zu Hause aus?
Ich brauche ungefähr fünfundzwanzig Minuten.
Um wie viel Uhr nimmst du den Bus?
Gegen acht Uhr.
Wie lange arbeitest du? (Um wie viel Uhr hörst du auf zu arbeiten?)
Ich arbeite bis fünf Uhr.
Was machst du danach?
Ich gehe zu Fuß in eine Bar.

Übung 8 - Track 38

ο σταθμός - οι σταθμοί, ο χυμός - οι χυμοί,
der Bahnhof - die Bahnhöfe, der Saft - die Säfte

η πλατεία - οι πλατείες, η δουλειά - οι δουλειές
der Platz - die Plätze, die Arbeitstelle - die Arbeitsstellen

το γραφείο - τα γραφεία, το μπουκάλι - τα μπουκάλια
das Büro - die Büros, die Flasche - die Flaschen

το τραμ - τα τραμ, το μετρό - τα μετρό
die Straßenbahn - die Straßenbahnen, die U-Bahn - die U-Bahnen

Übung 10 - Track 39

1. Η στάση είναι δεξιά.
2. Ο Κολοσσός της Ρόδου είναι αριστερά.
3. Η πλατεία είναι όλο ευθεία. Όλο ίσια.
4. Το ξενοδοχείο Ακρόπολη είναι μετά την πλατεία.
5. Το κάστρο είναι μετά τα φανάρια 20 μέτρα.
6. Το ταχυδρομείο είναι στον τρίτο δρόμο δεξιά.
7. Η Μητρόπολη είναι στην δεύτερη οδό αριστερά.
8. Η παλιά πόλη είναι στο τέλος του δρόμου.

1. *Die Haltestelle ist rechts.*
2. *Der Koloss von Rhodos ist links.*
3. *Der Platz ist immer geradeaus!*
4. *Das Hotel Akropolis ist nach dem Platz.*
5. *Die Burg ist 20 Meter nach der Ampel.*
6. *Die Post ist an der dritten Straße rechts.*

7. *Die Kathedrale ist an der zweiten Straße links.*
8. *Die Altstadt ist am Ende der Straße.*

Übung 12 - Track 40

1. αεροδρόμιο, **2.** νοσοκομείο, **3.** μουσείο, **4.** κλαμπ, **5.** αγορά, **6.** σταθμός, **7.** θέατρο, **8.** σινεμά

1. *Flughafen,* **2.** *Krankenhaus,* **3.** *Museum,* **4.** *Club,* **5.** *Markt,* **6.** *Bahnhof,* **7.** *Theater,* **8.** *Kino*

Übung 14 - Track 41

1. Πού είναι η Ακρόπολη; Είναι εδώ κοντά;
Όχι. Η Ακρόπολη δεν είναι εδώ κοντά.
Wo ist die Akropolis? Ist sie hier in der Nähe?
Nein. Die Akropolis ist nicht hier in der Nähe.

2. Υπάρχει στάση εδώ κοντά;
Ναι. Υπάρχει στάση εδώ κοντά.
Gibt es eine Haltestelle hier in der Nähe?
Ja. Es gibt eine Haltestelle hier in der Nähe.

3. Υπάρχει κανένα περίπτερο εδώ κοντά;
Ναι. Υπάρχει ένα περίπτερο εδώ κοντά.
Gibt es hier in der Nähe einen Kiosk?
Ja. Es gibt einen Kiosk hier in der Nähe.

4. Πού είναι το ενυδρείο; Είναι κοντά;
Όχι. Δεν είναι κοντά.
Wo ist das Aquarium? Ist es in der Nähe?
Nein. Es ist nicht in der Nähe.

5. Η παλιά πόλη είναι κοντά;
Όχι. Η παλιά πόλη δεν είναι κοντά.
Ist die Altstadt in der Nähe?
Nein. Die Altstadt ist nicht in der Nähe.

6. Είναι κοντά η Μητρόπολη;
Ναι. Είναι πολύ κοντά.
Ist die Kathedrale in der Nähe?
Ja. Sie ist sehr nah.

Übung 15 - Track 42

1. Στον δεύτερο δρόμο δεξιά.
2. Στον δεύτερο δρόμο αριστερά.
3. Μέσα από την πλατεία και ευθεία.
4. Αμέσως αριστερά, εδώ!

1. *An der zweiten Straße rechts.*
2. *An der zweiten Straße links.*
3. *Über den Platz und immer geradeaus.*
4. *Gleich hier links!*

Übung 17 - Track 43

1. Πώς πας στην δουλειά; – Με το μετρό.
Wie kommst du zur Arbeit? - Mit der U-Bahn.

2. Τι ώρα πας στην δουλειά;
Στις οχτώμιση./ Στις οχτώ και μισή.
Um wie viel Uhr gehst du zur Arbeit? -
Um halb neun.

3. Τι ώρα τελειώνεις την δουλειά; –
Στις πέντε η ώρα.
Bis wann arbeitest du? (Wann bist du fertig mit der Arbeit?) - Um fünf Uhr.

4. Είναι κοντά στο ταχυδρομείο; –
Όχι, δεν είναι κοντά.
Ist es in der Nähe der Post? -
Nein, es ist nicht in der Nähe.

5. Τι κάνεις μετά την δουλειά; –
Πάω σε μία ταβέρνα.
Was machst du nach der Arbeit? -
Ich gehe in eine Taverne.

Übung 18 - Track 44

1. Τι ώρα είναι;
2. Δουλεύω από τις εννιά μέχρι τις πέντε.
3. Πόσην ώρα κάνει;
4. Κάνει είκοσι πέντε λεπτά.
5. Τι ώρα παίρνετε το λεωφορείο;

1. *Wie spät ist es?*
2. *Ich arbeite von neun bis fünf.*
3. *Wie lange dauert es?*
4. *Es dauert fünfundzwanzig Minuten.*
5. *Um wie viel Uhr nehmen Sie den Bus?*

RÜCKBLICK 1

Übung 1 - Track 45

1. Με λένε Κώστα. Κ-Ω-Σ-Τ-Α.
2. Με λένε Άννα. Α-Ν-Ν-Α.
3. Εγώ είμαι ο Γιάννης. Γ-Ι-Α-Ν-Ν-Η-Σ.
4. Κι εγώ είμαι η Δήμητρα. Δ-Η-Μ-Η-Τ-Ρ-Α.

1. *Ich heiße Kosta. K-O-S-T-A.*
2. *Ich heiße Anna. A-N-N-A.*
3. *Ich bin (der) Jannis. J-A-N-N-I-S.*
4. *Und ich bin (die) Dimitra. D-I-M-I-T-R-A.*

Übung 4 - Track 46

1. Είναι έξι παρά τέταρτο.
2. Είναι εφτάμιση ακριβώς.

3. Είναι δύο και είκοσι.
4. Είναι δώδεκα και τέταρτο.

1. *Es ist Viertel vor sechs.*
2. *Es ist genau halb acht.*
3. *Es ist zwanzig nach zwei.*
4. *Es ist Viertel nach zwölf.*

Übung 8 - Track 47

1. Γεια σας. Με λένε Γιώργο Αποστολίδη. Είμαι ο γραμματέας στο Νέο Μουσείο. Το μουσείο είναι στην Πλάκα.

Hallo. Ich heiße Jorgos Apostolidis. Ich bin der Sekretär im Neuen Museum. Das Museum ist in Plaka.

2. Γεια σας. Εμένα με λένε Αγγελική Κουκουλά. Έχω τώρα μια ταβέρνα ακριβώς στην πλατεία Παγκρατίου.

Guten Tag. Ich heiße Angeliki Koukoula. Ich habe jetzt eine Taverne genau am Pangratiou Platz.

3. Γεια σας. Εγώ είμαι ο Νίκος Κουτσουβέλης. Είμαι μαθηματικός αλλά έχω ένα μπαρ στα Εξάρχεια, στην Ιπποκράτους.

Guten Tag. Ich bin Nikos Koutouvelis. Ich bin Mathematiker, aber ich habe eine Bar in Exarchia, in der Ippokratusstraße.

Übung 9 - Track 48

1. Το μουσείο είναι δίπλα στον σταθμό.
2. Η ταβέρνα είναι απέναντι από την πλατεία.
3. Το μπαρ είναι στην οδό Παγκρατίου.

1. *Das Museum ist neben dem Bahnhof.*
2. *Die Taverne ist gegenüber vom Platz.*
3. *Die Bar ist in der Pangratioustraße.*

Übung 11 - Track 49

1. Πώς σας λένε; – Με λένε Μπετίνα.
Wie heißen Sie? - Ich heiße Bettina.

2. Από πού είστε; – Είμαι από τη Γερμανία.
Woher kommen Sie? - Ich komme aus Deutschland.

3. Πού μένετε; – Μένω στην Πάτρα.
Wo wohnen Sie? - Ich wohne in Patra.

4. Μιλάτε Ελληνικά; – Ναι, πολύ καλά.
Sprechen Sie Griechisch? - Ja, sehr gut.

5. Τι δουλειά κάνετε; – Είμαι δασκάλα.
Was machen Sie beruflich? (Welche Arbeit machen Sie?) - Ich bin Lehrerin.

6. Πού δουλεύετε; – Δουλεύω σ'ένα σχολείο.
Wo arbeiten Sie? - Ich arbeite an einer Schule.

Übung 12 - Track 50

1. Θέλετε έναν καφέ μέτριο;
Όχι, έναν σκέτο παρακαλώ!
Möchten Sie einen mittelsüßen Kaffee?
Nein, einen ohne Zucker bitte!

2. Κι ένα μπουκάλι νερό;
Ναι, ένα μικρό παρακαλώ.
Und eine Flasche Wasser?
Ja, eine kleine bitte.

3. Το τοστ με ντομάτα και τυρί;
Ναι, και με ζαμπόν!
Den Toast mit Tomate und Käse?
Ja, und mit Schinken.

4. Κι ένα παγωτό σοκολάτα;
Όχι, ένα παγωτό βανίλια!
Und ein Schokoladeneis?
Nein, ein Vanilleeis.

Übung 13 - Track 51

1.
Τι θα πάρετε παρακαλώ;
Έναν φραπέ μέτριο με γάλα.
Η κυρία;
Έναν χυμό πορτοκάλι.
Αμέσως!

Was nehmen Sie bitte?
Einen Frappé mittelsüß mit Milch.
Die Dame?
Einen Orangensaft.
Sofort!

2.
Τι θέλετε παρακαλώ;
Μια πορτοκαλάδα μπλε.
Ο κύριος;
Ένα τοστ με ζαμπόν και τυρί, έναν μέτριο κι ένα ποτήρι νερό.
Τώρα αμέσως!

Was möchten Sie bitte?
Eine Orangenlimonade ohne Kohlensäure („blau").
Der Herr?
Einen Toast mit Schinken und Käse, einen (Kaffee) mittelsüß und ein Glas Wasser.
Ja, sofort!

3.
Ναι, παρακαλώ!
Ένα ούζο παρακαλώ.
Με νερό και παγάκια;
Μόνο παγάκια και μία καράφα νερό.
Αμέσως, έφτασε!

Ja, bitte!
Einen Ouzo bitte.
Mit Wasser und Eis?
Nur Eis und eine Karaffe Wasser.
Kommt sofort!

LEKTION 6

Übung 1/2 - Track 52

1. Ντομάτες Ρόδου,
2. Ελιές Καλαμάτας,
3. Κρασί Αχαΐας,
4. Πορτοκάλια Κρήτης,
5. Ούζο Χίου,
6. Κοτόπουλα Άρτας
7. Λάδι Μυτιλήνης,
8. Μήλα Τρίπολης,
9. Τυρί Μετσόβου

1. *Tomaten aus Rhodos,*
2. *Oliven aus Kalamata,*
3. *Wein aus Achaia,*
4. *Orangen aus Kreta,*
5. *Ouzo aus Chios,*
6. *Hähnchen aus Arta,*
7. *Öl aus Mytilini,*
8. *Äpfel aus Tripolis,*
9. *Käse aus Metsovo*

Übung 3 - Track 53

Διάλογος 1
Καλημέρα, τι θέλετε παρακαλώ;
Θα ήθελα ένα κιλό ντομάτες.
Τίποτ'άλλο;
Ναι, εκατό γραμμάρια ελιές Καλαμάτας.
Μήπως έχετε και μήλα Τρίπολης;
Αμέ, βέβαια!

Dialog 1
Guten Morgen, was möchten Sie bitte?
Ich hätte gern 1 Kilo Tomaten.
Darf es noch etwas sein?
Ja, 100 g Oliven aus Kalamata.
Haben Sie vielleicht auch Äpfel aus Tripolis?
Na klar!

Διάλογος 2
Γεια σας κυρία Ελπίδα!
Χαίρετε, κύριε Κώστα! Έχετε τυρί Μετσόβου;
Όπως πάντα ναι. Πόσο θέλετε;
Μισό κιλό και τρία μικρά αγγούρια Κρήτης.
Αμέσως, κυρία μου!

Dialog 2
Guten Tag, Frau Elpida!
Guten Tag, Herr Kosta! Haben Sie Käse aus Metsovo?
Wie immer ja. Wie viel möchten Sie?
Ein halbes Kilo, und 3 kleine Gurken aus Kreta.
Sofort!

Übung 5/6 - Track 54

Διάλογος 1
Χαίρετε κυρία Μαυρίδη.
Γεια σας κύριε Κώστα!
Τι θέλετε σήμερα;
Θέλω μισό κιλό φέτα. Τι φέτα έχετε σήμερα;
Φέτα Δωδώνης και φέτα Μυτιλήνης.
Δώστε μου Δωδώνης.

Dialog 1
Guten Tag, Frau Mavridi.
Hallo, Herr Kosta!
Was möchten Sie heute?
Ich möchte ein halbes Kilo Feta. Welchen Feta haben Sie heute?
Feta Dodonis und Feta aus Mytilini.
Geben Sie mir Dodonis.

Διάλογος 2
Γεια σου κυρία Άννα.
Καλησπέρα κύριε Γιώργο.
Τι θέλετε σήμερα;
Θέλω λίγες ελιές.
Πράσινες ή μαύρες;
Πράσινες. Είναι καλές;
Βέβαια! Πόσες θέλετε;

Dialog 2
Hallo, Frau Anna.
Guten Abend, Herr Jorgo.
Was hätten Sie heute gern?
Ich hätte gern ein paar Oliven.
Grüne oder schwarze?
Grüne. Sind sie gut?
Sicher! Wie viele möchten Sie?

Übung 11 - Track 55

Θα ήθελα δύο γιαούρτια, ένα βαζάκι μαρμελάδα, και εκατό γραμμάρια ζαμπόν.

Ich hätte gern 2 Joghurt, 1 Glas Marmelade, und 100 g Schinken.

Übung 13 - Track 56

1. Ένα βαζάκι μαρμελάδα κάνει 4 ευρώ και 55 λεπτά.
2. Ένα πακέτο μακαρόνια έχει 1 ευρώ και 25 λεπτά.
3. Ένα ποτήρι κρασί κάνει 3 ευρώ και 80 λεπτά.
4. Ένα μπουκάλι νερό έχει ενάμιση ευρώ ακριβώς.
5. Μία φρατζόλα ψωμί κοστίζει 1 ευρώ και 10 λεπτά.
6. Μία κονσέρβα σαρδέλες κοστίζει 2 ευρώ και 60 λεπτά.
7. Ένα κουτί λεμονάδα κάνει 2 ευρώ ακριβώς.
8. Ένα κομμάτι τυρί έχει περίπου 9 ευρώ το κιλό.

1. *1 Glas Marmelade kostet 4,55 € (4 € und 55 Cent).*
2. *1 Päckchen Spaghetti kostet 1,25 € (1 € und 25 Cent).*
3. *1 Glas Wein kostet 3,80 € (3 € und 80 Cent).*
4. *Eine Flasche Wasser kostet genau 1,50 €.*
5. *1 Laib Brot kostet 1,10 € (1 € und 10 Cent).*
6. *1 Konserve Sardellen kostet 2,60 € (2 € und 60 Cent).*
7. *1 Dose Limonade kostet genau 2 €.*
8. *1 Stück Käse kostet ungefähr 9 € pro kg.*

Übung 16 - Track 57

εκατό, διακόσια, τριακόσια, τετρακόσια, πεντακόσια, εξακόσια, εφτακόσια, οχτακόσια, εννιακόσια, χίλια

hundert, zweihundert, dreihundert, vierhundert, fünfhundert, sechshundert, siebenhundert, achthundert, neunhundert, tausend

Übung 18 - Track 58

1. Πόσο κάνει μισό κιλό κιμάς; – Κάνει 8 ευρώ και 70 λεπτά.
2. Πόσο κάνει ένα κιλό μπριζόλες; – Κάνει 14 ευρώ και 60 λεπτά.
3. Πόσο κάνει ενάμιση κιλό λουκάνικα; – Έχει 9 ευρώ και 20 λεπτά.
4. Πόσο κάνουν 2 κιλά κοτόπουλο; – Κάνουν 5 ευρώ και 65 λεπτά.

1. *Wie viel kostet ein halbes Kilo Hackfleisch? - Es kostet 8,70 €.*
2. *Wie viel kostet 1 Kilo Steak? - Es kostet 14,60 €.*
3. *Wie viel kosten 1 ½ Kilo Würste? - Sie kosten 9,20 €.*
4. *Wie viel kosten 2 Kilo Hähnchen? - Sie kosten 5,65 €.*

Übung 19 - Track 59

1. Καλημέρα! Τι θέλει η κυρία;
Θα ήθελα ένα αγγούρι και λίγο σκόρδο.
Κάτι άλλο;
Μάλιστα, κι ένα γιαούρτι σας παρακαλώ.
Μικρό ή μεγάλο;
Μεγάλο παρακαλώ. Πόσο κάνουν όλα μαζί;

1. Guten Morgen! Was möchte die Dame?
Ich möchte gern eine Gurke und etwas Knoblauch.
Darf es noch etwas sein?
Ja, und einen Joghurt bitte.
Klein oder groß?
Groß bitte. Was macht das zusammen?

2. Γεια σας! Τι θέλει ο κύριος;
Θα ήθελα ένα σκόρδο.
Τίποτα άλλο;
Ναι! Και μία μελιτζάνα.
Μεγάλη ή μικρή;
Μικρή, παρακαλώ. Πόσο κάνουν όλα;

2. Hallo! Was möchte der Herr?
Ich hätte gern eine Knolle Knoblauch.
Darf es noch etwas sein?
Ja! Und eine Aubergine.
Groß oder klein?
Klein, bitte. Wie viel kostet das alles?

Übung 21 - Track 60

1. Πόσο κάνει το βούτυρο;
2. Πόσο κάνουν οι ντομάτες;
3. Πόσα μήλα θέλεις;
4. Πόσο χρειάζεσαι;
5. Πόση ώρα κάνει;
6. Πόσο κάνουν οι πράσινες ελιές;

1. *Wie viel kostet die Butter?*
2. *Wie viel kosten die Tomaten?*
3. *Wie viele Äpfel willst du?*
4. *Wie viel brauchst du?*
5. *Wie lange dauert es?*
6. *Wie viel kosten die grünen Oliven?*

Übung 22 - Track 61

1. Θέλετε ένα κιλό φέτα Μυτιλήνης;
   Όχι, ένα κιλό φέτα Δωδώνης παρακαλώ!
   Möchten Sie 1 kg Feta aus Mytilini?
   Nein, 1 kg Feta Dodonis bitte!

2. Θέλετε ένα κιλό ντομάτες;
Όχι ένα κιλό, μισό κιλό!
Möchten Sie 1 kg Tomaten?
Nicht 1 kg, sondern ein halbes!

3. Θέλετε τρία τέταρτα ελιές Καλαμάτας;
Όχι τρία τέταρτα, ένα τέταρτο!
Möchten Sie ¾ kg Oliven aus Kalamata?
Nein, nicht ¾, sondern ¼ kg!

4. Θέλετε διακόσια γραμμάρια βούτυρο;
Όχι, μόνο εκατό γραμμάρια παρακαλώ!
Möchten Sie 200 g Butter?
Nein, nur 100 g, bitte!

LEKTION 7

Übung 1 - Track 62

1. μπλε, **2.** γκρι, **3.** ροζ, **4.** καφέ, **5.** άσπρο **6.** μαύρο, **7.** κόκκινο, **8.** πράσινο, **9.** κίτρινο, **10.** πορτοκαλί

1. *blau*, **2.** *grau*, **3.** *rosa*, **4.** *braun*, **5.** *weiß*, **6.** *schwarz*, **7.** *rot*, **8.** *grün*, **9.** *gelb*, **10.** *orange*

Übung 2 - Track 63

1. φανελάκι, **2.** φούστα, **3.** παπούτσια, **4.** σακάκι, **5.** πουκάμισο **6.** παντελόνι, **7.** πουλόβερ, **8.** φουστάνι, **9.** κάλτσες, **10.** τζιν

1. *T-Shirt, Unterhemd*, **2.** *Rock*, **3.** *Schuhe*, **4.** *Jackett*, **5.** *Bluse/Hemd*, **6.** *Hose*, **7.** *Pullover*, **8.** *Kleid*, **9.** *Strümpfe*, **10.** *Jeans*

Übung 3 - Track 64

1. άσπρο πουκάμισο, **2.** μαύρο παντελόνι, **3.** ροζ φούστα, **4.** πράσινο πουλόβερ, **5.** καφέ παπούτσια **6.** κίτρινο φανελάκι, **7.** κόκκινο φουστάνι, **8.** πορτοκαλί σακάκι, **9.** μπλε τζιν, **10.** γκρι κάλτσες

1. *weiße Bluse/weißes Hemd*, **2.** *schwarze Hose*, **3.** *rosa Rock*, **4.** *grüner Pullover*, **5.** *braune Schuhe*, **6.** *gelbes Top*, **7.** *rotes Kleid*, **8.** *orangenes Jackett*, **9.** *blaue Jeans*, **10.** *graue Strümpfe*

Übung 4/5/7 - Track 65

Αντωνία, εσύ τι λες;
Εγώ προτείνω ένα κίτρινο φουστάνι
ή μία κίτρινη φούστα.
Το κίτρινο χρώμα δεν μου αρέσει.
Εγώ λέω ένα άσπρο ή ένα μαύρο πουλόβερ.
Πουλόβερ; Εγώ πιστεύω ένα τζιν ή ένα φούτερ.
Μπράβο Χρήστο! Καλή ιδέα ένα φούτερ!
Αλλά τι χρώμα;
Εγώ νομίζω ένα πράσινο ή κόκκινο φούτερ.
Τι λες Αντωνία;
Δεν έχω ιδέα! Μήπως ... κόκκινο; Ναι, ναι, κόκκινο!

Antonia, was meinst du?
Ich schlage ein gelbes Kleid oder einen gelben Rock vor.
Gelb mag ich nicht. (Die gelbe Farbe mag ich nicht.)
Ich würde sagen, (sage,) einen weißen oder einen schwarzen Pullover.
(Einen) Pullover? Ich glaube, (besser) eine Jeans oder ein Anorak.
Bravo Christo! Gute Idee, ein Anorak! Aber welche Farbe?
Ich denke, ein grüner oder roter Anorak.
Was sagst du, Antonia?
Ich habe keine Ahnung! Vielleicht ... rot? Ja, ja, rot!

Übung 6 - Track 66

1. απλός, απλή, απλό, **2.** στενός, στενή, στενό, **3.** έξαλλος, έξαλλη, έξαλλο, **4.** μακρύς, μακριά, μακρύ, **5.** φαρδύς, φαρδιά, φαρδύ, **6.** κοντός, κοντή, κοντό, **7.** ακριβός, ακριβή, ακριβό, **8.** φτηνός, φτηνή, φτηνό

1. *schlicht (m), schlicht (w), schlicht (n)* **2.** *eng, schmal*, **3.** *schrill*, **4.** *lang*, **5.** *weit*, **6.** *kurz*, **7.** *teuer*, **8.** *billig*

Übung 19 - Track 67

1. Μπορώ να δω ένα πιο μικρό φούτερ κι ένα πιο απλό σακάκι;
2. Μπορώ να έχω ένα πιο φτηνό πουκάμισο κι ένα πιο μακρύ παντελόνι;
3. Μπορώ να δοκιμάσω ένα πιο μεγάλο τζιν κι ένα πιο κοντό φουστάνι;

1. *Kann ich einen kleineren Anorak und ein schlichteres Jackett sehen?*
2. *Kann ich eine billigere Bluse und eine längere Hose haben?*
3. *Kann ich eine größere Jeans und ein kürzeres Kleid anprobieren?*

Übung 21 - Track 68

Βαγγέλη, τι λες να πάρουμε στα γενέθλια της Κωνσταντίνας;
Εγώ προτείνω λουλούδια, γλυκά, ή ένα βιβλίο.
Όχι! Εγώ πιστεύω μία τσάντα ή μια μπλούζα.
Ίσως ένα CD.
CD ίσως αλλά όχι τσάντα ή μπλούζα.

Τι λες για ένα DVD;
Εγώ προτιμώ ένα CD με ελληνική μουσική.
Εντάξει, καλή ιδέα!

Vangeli, was meinst du, was kaufen wir zu Konstantinas Geburtstag?
Ich schlage Blumen, Süßigkeiten oder ein Buch vor.
Nein! Ich denke, eine Tasche oder ein Shirt.
Vielleicht eine CD.
(Eine) CD vielleicht, aber keine Tasche und (oder) kein Shirt.
Was sagst du zu einer DVD?
Ich bevorzuge eine CD mit griechischer Musik.
Ok, gute Idee!

Übung 23 - Track 69

Καλημέρα σας. Τι θέλετε παρακαλώ;
Καλημέρα σας! Έχετε πουκάμισα παρακαλώ;
Ναι, βέβαια! Ελάτε από 'δω! Τι χρώμα σας αρέσει;
Νομίζω μπλε. Ίσως άσπρο.
Με ρίγες ή απλό;
Συγνώμη, δεν καταλαβαίνω.
Ένα πουκάμισο με ρίγες όπως αυτό ή απλό χωρίς ρίγες;
Το πουκάμισο με ρίγες παρακαλώ.
Λοιπόν, έχουμε αυτό, αυτό κι αυτό.
Αυτό μου αρέσει καλύτερα. Παίρνετε VISA;

Guten Tag. Was möchten (wünschen) Sie?
Guten Tag! Haben Sie Hemden?
Ja, natürlich! Kommen Sie hier lang! Was für eine Farbe gefällt Ihnen?
Ich glaube blau; vielleicht weiß.
Mit Streifen oder ohne (einfach)?
Entschuldigen Sie, das verstehe ich nicht.
Ein Hemd mit Streifen wie das hier oder eins ohne Streifen?
Das Hemd mit Streifen bitte.
Also, es gibt das, das und das.
Das gefällt mir besser. Nehmen Sie VISA?

LEKTION 8

Übung 1 - Track 70

1. Πάω μπάνιο, **2.** Βλέπω τηλεόραση, **3.** Πίνω καφέ, **4.** Τρώω έξω, **5.** Πάω χορό, **6.** Πάω σινεμά, **7.** Κοιμάμαι, **8.** Κάνω γυμναστική

1. *Baden gehen,* **2.** *Fernsehen,* **3.** *Kaffee trinken,* **4.** *Essen gehen,* **5.** *Tanzen gehen,* **6.** *ins Kino gehen,* **7.** *Schlafen,* **8.** *Sport treiben*

Übung 2/3/4 - Track 71

1. Εμένα μ'αρέσει πολύ ο χορός κι η μουσική. Πάω συχνά έξω.
2. Κι εμένα ο καφές με τον Κώστα. Πολλές φορές, αλλά όχι πάντα!
3. Εγώ τρώω έξω συχνά. Στο σπίτι μερικές φορές.

1. *Ich mag Tanzen und Musik gerne. Ich gehe oft aus.*
2. *Und ich mag Kaffee trinken mit Kostas. Oft, aber nicht immer!*
3. *Ich gehe oft essen. Manchmal esse ich zu Hause.*

Übung 5/6/7 - Track 72

Τι σας αρέσει πιο πολύ; Το βουνό, η εξοχή ή η θάλασσα;
Μου αρέσει και το βουνό κι η θάλασσα.
Τότε προτείνω να πάτε στο Πήλιο.
Έχει και βουνό και θάλασσα μαζί.
Καλή ιδέα. Μ'αρέσουν τα σπορ και το μπάνιο στην θάλασσα πάρα πολύ.
Το βουνό έχει δάσος;
Ναι, βέβαια. Κι υπάρχουν πολλές πανσιόν και δωμάτια.

Was gefällt Ihnen besser? Die Berge, der ländliche Raum oder das Meer?
Mir gefallen die Berge und das Meer.
Dann schlage ich vor, dass Sie nach Pilio gehen.
Dort gibt es Berge und auch Meer.
Gute Idee. Ich mag Sport und das Baden im Meer sehr gern.
Sind die Berge bewaldet?
Ja, sicher. Und es gibt viele Pensionen und Zimmer.

Übung 17 - Track 73

1. Πόσο συχνά βλέπεις τηλεόραση; – Πολλές φορές.
   Wie oft schaust du fern? -Oft.
2. Κάνεις γυμναστική; – Ναι, συχνά.
   Treibst du Sport? - Ja, oft.
3. Πίνεις καφέ; – Βέβαια, πάντα!
   Trinkst du Kaffee? - Sicher, immer!
4. Πας θέατρο; – Όχι, ποτέ!
   Gehst du ins Theater? - Nein, nie!
5. Πας σινεμά; – Ναι, μερικές φορές.
   Gehst du ins Kino? - Ja, ab und zu.
6. Πας μπάνιο; – Ναι, λίγες φορές.
   Gehst du baden? - Ja, manchmal.

7. Πας για χορό; - Χορό; Χμ! Σπάνια!
Gehst du tanzen? - Tanzen? Hm! Selten!

Übung 18 - Track 74

1. Τρως συχνά σπίτι με φίλους;
2. Πας συχνά έξω για χορό;
3. Μιλάς συχνά στο κινητό;
4. Είσαι συχνά στο ίντερνετ;
5. Βλέπεις συχνά τηλεόραση;

1. *Isst du oft mit Freunden zu Hause?*
2. *Gehst du oft aus zum Tanzen?*
3. *Telefonierst du oft mit dem Handy?*
4. *Bist du oft im Internet?*
5. *Schaust du oft fern?*

Übung 19 - Track 75

1. Σου αρέσει ο χορός;
2. Σου αρέσει η μουσική;
3. Σου αρέσει το τζόγκινγκ;
4. Σ'αρέσει να τρως έξω;
5. Σ'αρέσει ν'ακούς ράδιο;
6. Σ'αρέσει να κάνεις μπάνιο;

1. *Tanzt du gerne?*
2. *Magst du Musik?*
3. *Joggst du gerne?*
4. *Isst du gerne auswärts?*
5. *Hörst du gerne Radio?*
6. *Badest du gerne?*

LEKTION 9

Übung 1 - Track 76

1. Η πρώτη μέρα της εβδομάδας είναι η Κυριακή.
2. Μετά είναι η Δευτέρα.
3. Πριν την Κυριακή είναι το Σάββατο.
4. Πριν το Σάββατο είναι η Παρασκευή.
5. Μετά την Δευτέρα είναι η Τρίτη.
6. Η τέταρτη μέρα είναι η Τετάρτη.
7. Και μετά είναι η Πέμπτη.

1. *Der erste Tag der Woche ist der Sonntag.*
2. *Danach kommt der Montag.*
3. *Vor Sonntag kommt der Samstag.*
4. *Vor Samstag kommt der Freitag.*
5. *Nach dem Montag kommt der Dienstag.*
6. *Der vierte Tag ist der Mittwoch.*
7. *Und danach kommt der Donnerstag.*

Übung 2 - Track 77

1. Κάθε Κυριακή βλέπω τηλεόραση.
2. Την Δευτέρα μαθαίνω χορό.
3. Την Τρίτη μου αρέσει να ακούω μουσική.
4. Κάθε Τετάρτη πάω παραλία για μπάνιο.
5. Την Πέμπτη παίζω κιθάρα.
6. Την Παρασκευή ψάχνω στο ίντερνετ τι να κάνω.
7. Κάθε Σάββατο διαβάζω πολλά βιβλία.
8. Μια Κυριακή θέλω να πάω βόλτα στο δάσος.

1. *Jeden Sonntag schaue ich fern.*
2. *Montags lerne ich tanzen.*
3. *Dienstags höre ich gerne Musik.*
4. *Jeden Mittwoch gehe ich am Strand schwimmen (zum Strand zum Schwimmen).*
5. *Donnerstags spiele ich Gitarre.*
6. *Freitags schaue ich im Internet, was ich tun könnte.*
7. *Jeden Samstag lese ich viele Bücher.*
8. *An einem Sonntag möchte ich im Wald spazieren gehen.*

Übung 3 - Track 78

1. Την Κυριακή θα έχει ήλιο αλλά θα κάνει κρύο.
2. Την Δευτέρα θα έχει αέρα και δυνατή βροχή στην Αθήνα.
3. Την Τρίτη θα έχει συννεφιά αλλά θα κάνει ζέστη.

1. *Am Sonntag wird es sonnig, aber kalt.*
2. *Am Montag wird es in Athen windig und es wird stark regnen.*
3. *Am Dienstag wird es bewölkt, aber warm.*

Übung 4 - Track 79

1. Στα βόρεια θα έχει χιόνια.
2. Στα βορειοδυτικά θα έχει αέρα.
3. Στα νοτιοανατολικά θα κάνει κρύο αλλά θα έχει ήλιο.
4. Στα νότια θα έχει δυνατό αέρα.

1. *Im Norden wird es schneien.*
2. *Im Nordwesten wird es windig.*
3. *Im Südosten wird es kalt, aber sonnig.*
4. *Im Süden wird es sehr windig.*

Übung 9 - Track 80

Μ'αρέσει πολύ η μουσική. Ακούω ελληνική μουσική κάθε μέρα. Την Τρίτη παίζω κιθάρα και την Παρασκευή μαθαίνω χορό. Πολλές φορές ψάχνω τραγούδια στο ίντερνετ.

Ich mag Musik sehr gern. Ich höre jeden Tag griechische Musik. Dienstags spiele ich Gitarre und freitags lerne ich tanzen. Oft suche ich Lieder im Internet.

Übung 10 - Track 81

1. Την Δευτέρα ο καιρός θα είναι με βροχή.
2. Την Τρίτη θα κάνει πολύ αέρα.
3. Την Τετάρτη θα έχει συννεφιά.
4. Την Πέμπτη θα φυσάει.

1. *Am Montag wird das Wetter regnerisch.*
2. *Am Dienstag wird es sehr windig.*
3. *Am Mittwoch wird es bewölkt.*
4. *Am Donnerstag wird es windig.*

Übung 16 - Track 82

1. Πάμε για μπάνιο αύριο;
   Δεν μου αρέσει αυτή η ιδέα.
   Gehen wir morgen baden?
   Diese Idee gefällt mir nicht.

2. Πάμε για ένα καφέ τότε;
   Ίσως. Τι καιρό θα έχει;
   Gehen wir dann Kaffee trinken?
   Vielleicht. Wie soll das Wetter werden? (Wie wird das Wetter sein?)

3. Αύριο, όχι πολύ καλό. Αλλά θα έχει ήλιο το Σάββατο ή την Κυριακή.
   Ωραία.
   Το Σάββατο ή την Κυριακή;
   Morgen wird es nicht sehr schön sein. Aber Samstag oder Sonntag wird die Sonne scheinen.
   Gut. Samstag oder Sonntag?

4. Προτείνω το Σάββατο. Γύρω στις 5:30;
   Εντάξει, καλή ιδέα!
   Τότε στις 5:30 το Σάββατο;
   Ich schlage Samstag vor. Gegen halb sechs?
   Ok, gute Idee!
   Dann um halb sechs am Samstag?

5. Ναι. Στις 5:30 το Σάββατο.
   Γεια σου, τότε μέχρι το Σάββατο!
   Ja. Um 5:30 Uhr am Samstag.
   Tschüss, bis Samstag dann! (Tschüss, dann bis Samstag!)

LEKTION 10

Übung 1 - Track 83

1. Η αδελφή μου είναι η Γεωργία.
2. Η μαμά μου είναι η Ελισσάβετ.
3. Η Άννα είναι η κόρη μου.
4. Η Κατερίνα είναι η γιαγιά μου.
5. Η θεία μου είναι η Ελένη.

1. *Meine Schwester ist Georgia.*
2. *Meine Mutter ist Elisabeth.*
3. *Anna ist meine Tochter.*
4. *Katherina ist meine Oma.*
5. *Meine Tante ist Eleni.*

Übung 2 - Track 84

1. Ποια είναι αυτή; - Αυτή είναι η θεία μου.
   Wer ist das? - Das ist meine Tante.

2. Ποιος είναι αυτός; – Αυτός είναι ο παππούς μου.
   Wer ist das? - Das ist mein Großvater.

3. Ποιο παιδί είναι εδώ; – Αυτός είναι ο γιος μας.
   Welches Kind ist das (hier)? - Das ist unser Sohn.

Übung 4 - Track 85

Αυτή είναι η μαμά μου. Η αδελφή της λέγεται Ελένη. Αυτός είναι ο αδελφός μου ο Κώστας. Αυτά είναι τα παιδιά μας, η Άννα κι ο Αντώνης. Είναι μεγάλη η οικογένειά σου Ιωάννα;

Das ist meine Mutter. Ihre Schwester heißt Eleni. Das ist mein Bruder Kostas. Das sind unsere Kinder, Anna und Antonis. Ist deine Familie groß, Ioanna?

Übung 5 - Track 86

1. το υπόγειο, **2.** το γκαράζ, **3.** το σαλόνι, **4.** το γραφείο, **5.** η τραπεζαρία, **6.** το υπνοδωμάτιο, **7.** η τουαλέτα, **8.** οι σκάλες, **9.** ο διάδρομος

1. *der Keller,* **2.** *die Garage,* **3.** *das Wohnzimmer,* **4.** *das Büro,* **5.** *das Esszimmer,* **6.** *das Schlafzimmer* **7.** *die Toilette,* **8.** *die Treppen,* **9.** *der Korridor*

Übung 15 - Track 87

1. Ο παππούς μου είναι πολύ γέρος.
2. Ο θείος μου δεν έχει μαλλιά.
3. Ο γιος του είναι μόνο 2 χρονών.
4. Ο αδελφή μου είναι όμορφη.
5. Ο αδελφός μου έχει γένια.
6. Η μαμά μου είναι κοντή.
7. Το μωρό μας είναι ξανθό.
8. Ο ξάδελφός μου έχει μουστάκι.

1. *Mein Opa ist sehr alt.*
2. *Mein Onkel hat keine Haare.*
3. *Sein Sohn ist erst zwei Jahre alt.*
4. *Meine Schwester ist hübsch.*
5. *Mein Bruder hat einen Bart.*
6. *Meine Mutter ist klein.*
7. *Unser Baby ist blond.*
8. *Mein Vetter hat einen Schnurrbart.*

Übung 17 - Track 88

1. Το κρεβάτι είναι χαλασμένο/βρώμικο.
2. Η πετσέτα είναι βρώμικη.
3. Ο νιπτήρας είναι χαλασμένος/βρώμικος.
4. Το στρώμα είναι χαλασμένο/βρώμικο.
5. Η τηλεόραση είναι χαλασμένη.
6. Το ράδιο είναι χαλασμένο.
7. Το τηλέφωνο είναι χαλασμένο.
8. Το ντουζ είναι βρώμικο/χαλασμένο.
9. Η μπαταρία είναι βρώμικη/χαλασμένη.
10. Η τουαλέτα είναι βρώμικη.
11. Το καλοριφέρ είναι χαλασμένο.
12. Το παράθυρο είναι χαλασμένο.

1. *Das Bett ist kaputt/schmutzig.*
2. *Das Handtuch ist schmutzig.*
3. *Das Waschbecken ist kaputt/schmutzig.*
4. *Die Matratze ist kaputt/schmutzig.*
5. *Der Fernseher ist kaputt.*
6. *Das Radio ist kaputt.*
7. *Das Telefon ist kaputt.*
8. *Die Dusche ist schmutzig/kaputt.*
9. *Der Wasserhahn ist schmutzig/kaputt.*
10. *Die Toilette ist schmutzig*
11. *Der Heizkörper ist kaputt.*
12. *Das Fenster ist kaputt.*

RÜCKBLICK 2

Übung 2 - Track 89

1. Πόσο κάνουν 5 μπανάνες; – Τέσσερα ευρώ και είκοσι πέντε λεπτά.
   Wie viel kosten 5 Bananen? - 4,25 €

2. Πόσο κάνει μισό κιλό ντομάτες; – Ενάμιση ευρώ.
   Wie viel kostet ½ kg Tomaten? - 1,50 €.

3. Πόσο κάνουν μισό κιλό αχλάδια; – Δύο ευρώ και εβδομήντα πέντε λεπτά.
   Wie viel kostet ½ kg Birnen? - 2,75 €.

4. Πόσο κάνουν αυτά τα καρότα; – Τρία ευρώ και δεκαπέντε λεπτά.
   Wie viel kosten diese Karotten? - 3,15 €.

5. Πόσο κάνει ένα κιλό πορτοκάλια; – Έξι ευρώ και είκοσι.
   Wie viel kostet 1 kg Orangen? - 6,20 €.

Übung 5 - Track 90

1. Έχουμε μόνο κίτρινο χρώμα στο φουστάνι που θέλετε.
2. Ναι, παντελόνι έχουμε στο νούμερο σας μαύρο.
3. Δυστυχώς δεν έχουμε πουλόβερ ροζ.
4. Φανελάκι έχουμε μόνο κίτρινο.

1. *Das Kleid, nach dem Sie gefragt haben, haben wir nur in Gelb.*
2. *Ja, wir haben Hosen in Ihrer Größe in Schwarz.*
3. *Leider haben wir keinen rosa Pullover.*
4. *Unterhemden haben wir nur in gelb.*

Übung 8 - Track 91

1. Τι προτείνεις να πάρουμε στην Άρτεμη στα γενέθλια της;
2. Εγώ λέω να πάρουμε μια μπλούζα ή ένα πουκάμισο.
3. Δεν είναι καλή ιδέα. Εγώ νομίζω μία φούστα ή ένα φόρεμα.
4. Δεν συμφωνούμε! Τι λες για κανένα τζιν;
5. Τζιν; Χμ! Αυτό ακούγεται σαν καλή ιδέα ...

1. *Was schlägst du vor, sollen wir Artemi zu ihrem Geburtstag kaufen?*
2. *Mein Vorschlag ist ein Shirt oder eine Bluse.*
3. *Das ist keine gute Idee. Ich denke, einen Rock oder ein Kleid.*
4. *Wir sind nicht einer Meinung. Was sagst du zu einer Jeans?*
5. *Jeans? Hm! Das hört sich nach einer guten Idee an...*

Übung 9 - Track 92

1. Πίνω καφέ πάντα, αλλά δεν διαβάζω πολύ!
2. Το καλοκαίρι τρώω παγωτό και παίζω ποδόσφαιρο κάθε μέρα.
3. Δεν κάνω ποδήλατο ποτέ και δεν τρώω κρέας!

1. *Ich trinke immer Kaffee, aber ich lese nicht viel!*
2. *Im Sommer esse ich jeden Tag Eis und spiele Fußball.*
3. *Ich fahre niemals Rad und ich esse kein Fleisch!*

Übung 11 - Track 93

1. Από τον Ιούνιο μέχρι τον Σεπτέμβριο έχουμε καλοκαίρι.
2. Φυσάει και κάνει λίγο κρύο τον Ιανουάριο στην Αθήνα.
3. Έχει λίγες βροχές και κάνει λίγο κρύο το φθινόπωρο.
4. Η άνοιξη είναι η πιο ωραία εποχή στην Ελλάδα!

1. *Von Juni bis September haben wir Sommer.*
2. *Im Januar ist es windig und kühl in Athen.*
3. *Im Herbst regnet es ein bisschen und es ist kühl.*
4. *Frühling ist die schönste Jahreszeit in Griechenland!*

Track 94

Ευχαριστούμε που μάθατε μαζί μας ελληνικά!
Ελπίζουμε να ήταν ένα καλό ταξίδι.
Συγχαρητήρια και καλή συνέχεια!
Γεια! ... Γεια σας! ... Γεια χαρά! ... Αντίο! ... Γεια!
... Ciao! ...

Danke, dass Sie mit uns Griechisch gelernt haben!
Wir hoffen, dass Sie eine gute Reise hatten!
Herzlichen Glückwunsch und viel Spaß weiterhin!

Auf Wiedersehen! ... Tschüss! ... Ade! ... Ciao! ...

1 GRAMMATIKBEGRIFFE AUF DEUTSCH UND GRIECHISCH

Deutsche Bezeichnung	Erklärung/Beispiele	Griechische Bezeichnung/Beispiele
Adjektiv	**Eigenschaftswort** *die schöne Musik*	**Επίθετο** η ωραία μουσική
Adverb	**Umstandswort** *selten, natürlich, hier ...*	**Επίρρημα** σπάνια, βέβαια, εδώ ...
Aktiv	**Tätigkeitsform** *Ich lese ein Buch.*	**Ενεργητική φωνή** Διαβάζω ένα βιβλίο.
Akkusativ	**„Wen oder Was"-Fall** *Ich lese das Buch.*	**Αιτιατική** Διαβάζω το βιβλίο.
Aorist	**Vergangenheitsform (einmalig)** *Ich habe gegessen.*	**Αόριστος** έφαγα
Artikel bestimmter unbestimmter	**Geschlechtswort** *der, die, das* *ein, eine, ein*	**Άρθρο** ο, η, το ένας, μία-μια, ένα
Augment	**dem Verb vorangesetztes e**	**Αύξηση** έ-γραψα, έ-παιξα
Dativ	**„Wem"-Fall** Im Griechischen gibt es den Dativ nicht. Er wird mit dem Genitiv oder öfter mit dem Akkusativ ausgedrückt.	
Deklination	**Abwandlung/Beugung der Substantive** *der Mann, des Mannes, den Mann, die Männer ...*	**Κλίση ουσιαστικών** ο άνδρας, του άνδρα, τον άνδρα, οι άνδρες ...
Demonstrativpronomen	**hinweisendes Fürwort** *dieser, jener, solcher, so viel*	**Δεικτική αντωνυμία** αυτός, εκείνος, τέτοιος, τόσος
Femininum	**weibliches Geschlecht** *die Frau*	**Θηλυκό** η γυναίκα
Futur	**Zukunft** *ich werde lernen*	**Μέλλοντας** θα διαβάσω
Futur II	**vollendete Zukunft** *ich werde geschrieben haben*	**Συντελεσμένος Μέλλοντας** θα έχω γράψει
Genitiv	**„Wessen"-Fall** *das Buch des Mannes*	**Γενική** το βιβλίο του άνδρα
Genus	**Geschlecht** siehe Maskulinum, Femininum, Neutrum	**Γένος**
Grundzahl	**Kardinalzahl** *eins, zwei, drei, vier ...*	**Απόλυτο αριθμητικό** ένα, δύο, τρία, τέσσερα ...
Imperativ	**Befehlsform** *Komm! Setz dich!*	**Προστακτική** Έλα! Κάτσε!

Imperfekt (Präteritum)	**Vergangenheitsform** (andauernd, wiederholt) *Ich lernte den ganzen Tag.*	**Παρατατικός** Διάβαζα όλη μέρα.
Indefinit- pronomen	**unbestimmtes Fürwort** *jemand, manche, jeder, niemand*	**Αόριστη αντωνυμία** κάποιος, μερικοί, καθένας, κανένας
Indikativ	**Wirklichkeitsform** *Nikos schreibt einen Brief.*	**Οριστική** Ο Νίκος γράφει ένα γράμμα.
Interrogativ- pronomen	**fragendes Fürwort** *wer, was, wie viel*	**Ερωτηματική αντωνυμία** ποιος, τι, πόσος
Kasus	**Fall** siehe Nominativ, Genitiv, Dativ, Akkusativ, Vokativ	**Πτώση**
Komparativ	**1. Steigerungsform des Adjektivs und Adverbs** *schön/schöner/am schönsten*	**Συγκριτικός βαθμός επιθέτων και επιρρημάτων** ωραίος/ωραιότερος; πιο ωραίος/ ωραιότατος; ο πιο ωραίος ωραία/ωραιότερα; πιο ωραία/ ωραιότατα; πιο ωραία
Konjugation	**Abwandlung/Beugung der Verben** *ich will, du willst, er will, wir wollen …*	**Κλίση ρημάτων** θέλω, θέλεις, θέλει, θέλουμε …
Konjunktion	**Bindewort** *und, oder, aber, warum, als, so dass …*	**Σύνδεσμος** και, ή, αλλά, γιατί, όταν, ώστε …
Konsonant	**Mitlaut** *b, c, d, f, g, h, j, k, l …*	**Σύμφωνο** β, γ, δ, ζ, θ, κ, λ …
Maskulinum	**männliches Geschlecht** *der Mann*	**Αρσενικό** ο άνδρας
Modus	**Aussageweise** siehe Indikativ, Imperativ, Υποτακτική	**Έγκλιση**
Neutrum	**sächliches Geschlecht** *das Kind*	**Ουδέτερο** το παιδί
Nominativ	**„Wer oder Was"-Fall** *Gregor arbeitet.*	**Ονομαστική** Ο Γρηγόρης δουλεύει.
Ordnungszahl	**Ordinalzahl** *erster, zweiter, dritter …*	**Τακτικό αριθμητικό** πρώτος, δεύτερος, τρίτος
Partizip	**Mittelwort** *spielend, geliebter*	**Μετοχή** παίζοντας, αγαπημένος
Passiv	**Leideform** *Die Fehler werden vom Lehrer korrigiert.*	**Παθητική φωνή** Τα λάθη διορθώνονται από το δάσκαλο.
Perfekt, deutsches	siehe Aorist	

Perfekt, griechisches	**Vergangenheitsform** (vollendet in der Gegenwart) *Warst du mal in Japan?*	**Παρακείμενος** Έχεις πάει στην Ιαπωνία;
Personalpronomen	**persönliches Fürwort** *ich, du, er, mich, dich, wir ...*	**Προσωπική αντωνυμία** εγώ, εσύ, αυτός, εμένα, εσένα, εμείς ...
Plural	**Mehrzahl** *das Kind, die Kinder*	**Πληθυντικός αριθμός** το παιδί, τα παιδιά
Plusquamperfekt	**vollendete Vergangenheit** *ich hatte geschrieben*	**Υπερσυντέλικος** είχα γράψει
Possessivpronomen	**besitzanzeigendes Fürwort** *meiner, deiner ...*	**Κτητική αντωνυμία** δικός μου, δικός σου ...
Präfix	**Vorsilbe** *verbrauchen*	**Πρόθεμα** καταναλώνω
Präposition	**Verhältniswort** *von, danach, mit, für ...*	**Πρόθεση** από, μετά, με, για ...
Präsens	**Gegenwart** *Ich lese ein Buch.*	**Ενεστώτας** Διαβάζω ένα βιβλίο.
Pronomen	**Fürwort** Siehe jeweiliges Pronomen	**Αντωνυμία**
Reflexivpronomen	**rückbezügliches Fürwort** *ich selbst, mich selbst ...*	**Αυτοπαθής αντωνυμία** ο εαυτός μου, τον εαυτό μου ...
Relativpronomen	**bezügliches Fürwort** *derjenige, alles was ...*	**Αναφορική αντωνυμία** ο οποίος, ό,τι
Singular	**Einzahl** *das Kind*	**Ενικός αριθμός** το παιδί
Substantiv	**Nomen, Hauptwort** *das Kind, der Mann...*	**Ουσιαστικό** το παιδί, ο άνδρας
Superlativ	**2. Steigerungsform des Adjektivs und Adverbs** *schön/schöner/am schönsten*	**Υπερθετικός βαθμός επιθέτων και επιρρημάτων** ωραίος/ωραιότερος; πιο ωραίος/ ωραιότατος; ο πιο ωραίος ωραία/ωραιότερα; πιο ωραία/ ωραιότατα; πιο ωραία
Verb	**Tätigkeitswort** *ich spiele, ich koche ...*	**Ρήμα** παίζω, μαγειρεύω ...
Vokal	**Selbstlaut** *a, o, e, i, u ...*	**Φωνήεν** α, ο, ε, ι, ου ...
Vokativ	**Anrede-Fall** *Georg! Sofia! Mama!*	**Κλητική** Γιώργο! Σοφία! Μαμά!
Υποτακτική	**Wunsch-, Absichtsform** *Nikos will einen Brief schreiben.*	**Υποτακτική** Ο Νίκος θέλει να γράψει ένα γράμμα.

2 SCHRIFT UND AUSSPRACHE IM GRIECHISCHEN

1 Das Alphabet

Groß	Klein		Name	Umschrift	Aussprache
Α	**α**	άλφα	**alfa**	**a**	**Amerika**
Β	**β**	βήτα	**wita**	**w**	**Wein**
Γ	**γ**	γάμα	**gamma**	**j & y***	**jeder & y***
Δ	**δ**	δέλτα	**delta**	**engl. th**	**engl. there**
Ε	**ε**	έψιλον	**epsilon**	**e**	**Essen**
Ζ	**ζ**	ζήτα	**sita**	**z**	**Sand****
Η	**η**	ήτα	**ita**	**i**	**Inhalt**
Θ	**θ**	θήτα	**thita**	**engl. th**	**engl. think**
Ι	**ι**	γιώτα	**jota**	**i**	**Inhalt**
Κ	**κ**	κάπα	**kappa**	**k**	**Koffer**
Λ	**λ**	λάμδα	**lamda**	**l**	**Laden**
Μ	**μ**	μι	**mi**	**m**	**Milch**
Ν	**ν**	νι	**ni**	**n**	**Nachbar**
Ξ	**ξ**	ξι	**ksi**	**ks, x**	**Xylophon**
Ο	**ο**	όμικρον	**omikron**	**o**	**Opfer**
Π	**π**	πι	**pi**	**p**	**Partner**
Ρ	**ρ**	ρο	**ro**	**r**	**ital. Roma**
Σ	**σ, ς**	σίγμα	**sigma**	**s, ß**	**Klaus**
Τ	**τ**	ταυ	**taf**	**t**	**Tanne**
Υ	**υ**	ύψιλον	**ypsilon**	**i**	**Inhalt**
Φ	**φ**	φι	**fi**	**f**	**Fotograf**
Χ	**χ**	χι	**chi**	**chi**	**ich, ach*****
Ψ	**ψ**	ψι	**psi**	**psi**	**Psychologie**
Ω	**ω**	ωμέγα	**omega**	**o**	**Opfer**

* Wenn auf das γ ein i-Laut oder e-Laut folgt, wird das γ wie ein **j** ausgesprochen. Beispiele: Jeder, jemand, Jagd. Griechische Beispiele: **Γιώργος, γεια σου, Γερμανία** *(Georg, hallo, Deutschland)*. Folgt jedoch ein a-, o-Laut oder ein Konsonant, so wird das γ wie ein stimmhaftes **ch** ausgesprochen. Es ist wie eine Mischung aus einem nicht gerollten **r** und einem **g**, ein Reibelaut, wie er etwa beim Gurgeln entsteht. Diesen Laut gibt es in der deutschen Sprache nicht. Beispiele: **γάτα, παγωτό, γόνατο** *(Katze, Eis, Knie)*.

** Das ζ wird wie ein stimmhaftes s ausgesprochen, wie zum Beispiel bei den Wörtern: Siegfried, Silke, Seele, Siegel. Griechische Beispiele: **ζωή, ζώο, ζευγάρι** *(Leben, Tier, Paar)*.

*** Wenn auf ein χ ein i- oder e-Laut folgt, wird das χ wie in ich, Milch ausgesprochen. Beispiele: **χειρούργος, χέρι** *(Chirurg, Hand)*. Folgt jedoch ein a-, o-, ou- Laut oder ein Konsonant, wird das χ wie in **Achtung, machen** ausgesprochen. Beispiele: **ευχαριστώ, χορεύω** *(ich danke, ich tanze)*.

Das Griechische kennt fünf unterschiedliche Schreibweisen für den Laut **i**, zwei unterschiedliche für den Laut **e** und ferner zwei unterschiedliche Schreibweisen für den Laut **o**:

i η, ι, υ, ει, οι **e** ε, αι **o** ο, ω

Die vielen Varianten für die Schreibung der Vokale hängen mit der Herkunft der Worte zusammen, die sich vom Altgriechischen ableiten. Die Schreibweise ist sehr wichtig, da sich durch die Wahl eines falschen Vokals die Bedeutung ändern kann, z. B.:

η χ**ή**ρα - Witwe, η χ**εί**ρα - (Hand (älteres Wort)), ο χ**ή**ρος (Witwer), ο χ**οί**ρος (Schwein).

2 Vokale und Konsonanten

Die 24 Buchstaben des griechischen Alphabets unterteilen sich in sieben Vokale und 17 Konsonanten.

Vokale:	**α, ε, η, ι, ο, υ, ω**
Konsonanten:	**β, γ, δ, ζ, θ, κ, λ, μ, ν, ξ, π, ρ, σ, τ, φ, χ, ψ und das Schluss-ς.***

* Endet ein Wort auf -s, so wird dieses immer als Schluss-ς geschrieben; das σ steht nie am Ende eines Wortes. Beispiele: **κόσμος** *(Welt)*, **ελέφαντας** *(Elefant)*.

3 Vokal- und Konsonantenkombinationen

Im Griechischen gibt es diverse Vokalkombinationen. Die folgende Tabelle zeigt, welche es sind und wie sie ausgesprochen werden.

Vokalkombinationen									
ει, οι, υι	**i**	**αι**	**e**	**ου**	**u**	**αυ***	**af & aw**	**ευ***	**ef & ew**

Beispiele: **πεζοί** *(Fußgänger)*, **παίζω** *(spielen)*, **εκείνος** *(jener)*, **αύριο** *(morgen)*.

* Folgt dem αυ und ευ ein Vokal oder einer der Konsonanten β, γ, δ, ζ, λ, μ, ν, ρ, ist die Aussprache von αυ und ευ **aw** bzw. **ew**. Folgt jedoch ein θ, κ, ξ, π, σ, τ, φ, χ, oder ψ, werden αυ und ευ als **af** bzw. **ef** ausgesprochen. Beispiele:

Wort	Aussprache	Übersetzung
αυλή	awli	*Hof*
ευγενικός	ewjenikos	*höflich*
αυτοκίνητο	aftokinito	*Auto*
ευχαριστώ	efcharisto	*danke*

Konsonantenkombinationen									
μπ	**b, mb**	**ντ**	**d, nd**	**γγ, γκ**	**g, ng**	**τζ**	**dz**	**τσ, τς**	**ts**

Beispiele: **μπάλα** *(Ball)*, **ντομάτα** *(Tomate)*, **λόξυγγας** *(Schluckauf)*, **τζάκι** *(Kamin)*, **τσάι** *(Tee)*.

4 Betonung

In der griechischen Sprache wird die Wortbetonung beim Schreiben mit einem Akzent markiert.

Der Akzent ist ein Zeichen, das die genaue Betonung eines Wortes anzeigt. Er sitzt stets auf einem Vokal. Dieser Vokal wird lauter als die übrigen ausgesprochen.

Beispiele: **Γιώργος** *(Georg)*, **Σοφία** *(Sofia)*, **νερό** *(Wasser)*, **ψωμί** *(Brot)*.

Folgendes ist bei der Betonung zu beachten:

- Mehrsilbige Wörter tragen immer einen Akzent. Dieser kann auf einer der drei letzten Silben sitzen (man zählt die Silben von hinten). Beispiele: **άν-θρω-πος** *(Mensch)*, **ευ-τυ-χι-σμέ-νος** *(glücklich)*, **παι-δί** *(Kind)*.
- Einsilbige Wörter tragen kein Akzentzeichen. **Γεια σου** *(hallo)*, **και** *(und)*, **πες μου** *(sag mir)*. Ausnahme: Es gibt nur drei einsilbige Wörter, die zur Unterscheidung einen Akzent bekommen: die Fragewörter **πού** *(wo)*, **πώς** *(wie)* und die Konjunktion **ή** *(oder)*:

Πού θα πάτε φέτος διακοπές;	*Wo fahrt ihr dieses Jahr in Urlaub?*
Πώς σε λένε;	*Wie heißt du?*
Θέλεις καφέ ή τσάι;	*Möchtest du Kaffee oder Tee?*

4

- Wenn der Anfangsvokal eines Wortes groß geschrieben wird, steht der Akzent vor dem Vokal. Beispiel: **Έλα εδώ! Όχι, δε θέλω.** *(Komm her! Nein, ich will nicht.)*
- Wörter, die ganz in Großbuchstaben geschrieben werden, tragen keinen Akzent. Beispiel: **ΑΘΗΝΑ, ΘΕΣΣΑΛΟΝΙΚΗ.**
- Bei den Vokalkombinationen οι, ει, αι, αυ, ευ, ου wird der Akzent stets auf den zweiten Vokal gesetzt. Beispiele: **πεζοί** *(Fußgänger)*, **παίζω** *(spielen)*, **εκείνος** *(jener)*, **αύριο** *(morgen)*.

GRAMMATIK

Ausnahme: In einigen wenigen Wörtern wird bei den Vokalkombinationen der erste Buchstabe betont und deshalb getrennt ausgesprochen. Beispiel: **τσάι** *(Tee)*, **γάιδαρος** *(Esel)*, **νεράιδα** *(Fee)*. Bei anderen Vokalkombinationen, die getrennt ausgesprochen werden sollen und bei denen der erste Buchstabe nicht betont wird, bekommt der zweite Buchstabe zwei so genannte Trennpunkte: **χαϊδεύω** *(streicheln)*, **φαΐ** *(Essen)*, **γαϊδουράκι** *(Eselchen)*, **αϋπνία** *(Schlaflosigkeit)*.

5 Griechische Satzzeichen

1. **Punkt (.)**	6. **Strichpunkt (·)**
2. **Komma (,)**	7. **Klammern ( )**
3. **Fragezeichen (;)**	8. **Gedankenstrich (-)**
4. **Ausrufezeichen (!)**	9. **Anführungszeichen (« »)**
5. **Doppelpunkt (:)**	10. **Auslassungspunkte (...)**

3 KASUS (FALL)

Es gibt in der griechischen Sprache vier Kasus (Fälle):

1. Der **Nominativ** antwortet auf die Frage *Wer oder Was?*
2. Der **Genitiv** antwortet auf die Frage *Wessen?*
3. Der **Akkusativ** antwortet auf die Frage *Wen oder Was?*
4. Der **Vokativ** ist der Anrede-Fall.
   Beispiele für den Vokativ: mein Gott! mein Freund!

Man könnte also auf die oben genannten Beispiele die Fragen *Wer? Wessen? Wen?* stellen und so den jeweiligen Fall herausfinden.

Wer arbeitet viel? Mein Freund. (Nominativ)
Wessen Arbeit ist ermüdend? Die meines Freundes. (Genitiv)
Wen respektiere ich? Meinen Freund. (Akkusativ)

Die neugriechische Sprache besitzt keinen **Dativ**, wie es im Altgriechischen und in anderen Sprachen heute der Fall ist. Der Dativ wird im Neugriechischen durch den Genitiv und den Akkusativ ausgedrückt. Beispiele:

Τα κλειδιά είναι πάνω στο τραπέζι. *Die Schlüssel sind auf dem Tisch.*

Im deutschen Satz wird der Dativ angewendet. Da es aber im Neugriechischen keinen Dativ gibt, wird die Präposition σε zusammen mit dem Artikel το (στο) im Akkusativ benutzt.

Δώσε μου το βιβλίο. *Gib mir das Buch.*

Auch in diesem Beispiel wird im deutschen Satz der Dativ benutzt, im griechischen Satz dagegen der Akkusativ.

	Singular		Plural	
	Maskulinum			
Nominativ	**ο φίλος**	*der Freund*	**οι φίλοι**	*die Freunde*
Genitiv	**του φίλου**	*des Freundes*	**των φίλων**	*der Freunde*
Akkusativ	**το(ν)* φίλο**	*den Freund*	**τους φίλους**	*die Freunde*
Vokativ	**φίλε**	*Freund*	**φίλοι**	*Freunde*

4 ARTIKEL

Als Artikel bezeichnet man ein Wort, das ein anderes begleitet und

a) sein Geschlecht ausdrückt, wie etwa:
ο ελέφαντας, η γάτα, το πρόβατο *(der Elefant, die Katze, das Schaf).*

Der Artikel ο steht für das männliche Geschlecht.
Der Artikel η steht für das weibliche Geschlecht.
Der Artikel το steht für das neutrale Geschlecht.

4 GRAMMATIK

b) Einzahl oder Mehrzahl definiert, wie zum Beispiel:
οι ελέφαντες, οι γάτες, τα πρόβατα *(die Elefanten, die Katzen, die Schafe)*

c) den Kasus (Fall) erkennen lässt wie etwa:
τον ελέφαντα, τις γάτες, τα πρόβατα *(den Elefanten, den Katzen, die Schafe).*

Man unterscheidet zwischen
- den bestimmten Artikel **ο, η, το** *(der, die, das)*
- und den unbestimmten Artikel **ένας, μια, ένα** *(ein, eine, ein).*

1 Bestimmter Artikel

Wir benutzen den bestimmten Artikel, wenn wir etwas Konkretes bezeichnen wollen.

Ο ελέφαντας είναι το αγαπημένο μου ζώο.	*Der Elefant ist mein Lieblingstier.*
Η γάτα του γείτονα είναι πολύ παιχνιδιάρα.	*Die Katze des Nachbarn ist sehr verspielt.*
Το πρόβατο του παππού μου έχει απαλό μαλλί.	*Das Schaf meines Opas hat ein weiches Fell.*

Der bestimmte Artikel wird (hier in Begleitung eines Substantivs) wie folgt dekliniert:

	Singular					
	Maskulinum		Femininum		Neutrum	
Nominativ	**ο φίλος**	*der Freund*	**η φίλη**	*die Freundin*	**το παιδί**	*das Kind*
Genitiv	**του φίλου**	*des Freundes*	**της φίλης**	*der Freundin*	**του παιδιού**	*des Kindes*
Akkusativ	**το(ν)* φίλο**	*den Freund*	**τη(ν) φίλη**	*die Freundin*	**το παιδί**	*das Kind*
Vokativ	**φίλε**	*Freund*	**φίλη**	*Freundin*	**παιδί**	*Kind*

	Plural					
	Maskulinum		Femininum		Neutrum	
Nominativ	**οι φίλοι**	*die Freunde*	**οι φίλες**	*die Freundinnen*	**τα παιδιά**	*die Kinder*
Genitiv	**των φίλων**	*der Freunde*	**των φίλων**	*der Freundinnen*	**των παιδιών**	*der Kinder*
Akkusativ	**τους φίλους**	*die Freunde*	**τις φίλες**	*die Freundinnen*	**τα παιδιά**	*die Kinder*
Vokativ	**φίλοι**	*Freunde*	**φίλες**	*Freundinnen*	**παιδιά**	*Kinder*

2 Unbestimmter Artikel

Wir benutzen den unbestimmten Artikel, wenn wir über etwas nicht Konkretes oder Allgemeines sprechen.

Ένας φίλος μου πήγε στην Κρήτη.	*Ein Freund von mir ist nach Kreta gegangen.*

Το Σάββατο παντρεύεται μια φίλη μου.	*Am Samstag heiratet eine Freundin von mir.*
Ο Κώστας είναι ένα έξυπνο παιδί.	*Kostas ist ein kluges Kind.*

	Singular					
	Maskulinum		Femininum		Neutrum	
Nominativ	**ένας**	*ein*	**μια**	*eine*	**ένα**	*ein*
Genitiv	**ενός**	*eines*	**μιας**	*einer*	**ενός**	*eines*
Akkusativ	**ένα(ν)**	*einen*	**μια**	*eine*	**ένα**	*ein*

3 Artikel mit der Präposition σε

Man trifft in der griechischen Sprache oft auf folgende Wörter:
στου, στης, στον, στην, στο, στους, στις, στα, σε έναν, σε μια, σε ένα.

Es sind die Kombination aus der Präposition σε und Artikel. Das Wort σε kann *in, nach, zu, auf, an, bei,* oder *um* bedeuten.

Der zusammengesetzte Artikel tritt im Genitiv und Akkusativ auf und wird wie folgt dekliniert:

	Singular			**Plural**		
	Maskulinum	Femininum	Neutrum	Maskulinum	Femininum	Neutrum
Genitiv	**στου**	**στης**	**στου**	**στων**	**στων**	**στων**
Akkusativ	**στο(ν)**	**στη(ν)**	**στο**	**στους**	**στις**	**στα**

In Verbindung mit dem unbestimmten Artikel bleiben die beiden getrennt:

	Singular		
	Maskulinum	Femininum	Neutrum
Akkusativ	**σε ένα(ν)**	**σε μια**	**σε ένα**

4 Gebrauch des Artikels

Personennamen, Städte- und Ländernamen werden von einem Artikel begleitet:

Ο Γιώργος είναι ο καλύτερός μου φίλος.	*Georg ist mein bester Freund.*
Η Θεσσαλονίκη βρίσκεται στη βόρεια Ελλάδα.	*Thessaloniki befindet sich im Norden Griechenlands.*
Η Ελλάδα έχει πολλά ωραία νησιά.	*Griechenland hat viele schöne Inseln.*
Από πού είσαι; **Είμαι από την Αυστρία.**	*Woher kommst du?* *Ich komme aus Österreich.*

Will man auf einen bestimmten Tag, Monat oder eine bestimmte Jahreszeit hinweisen, verwendet man den Artikel im Akkusativ:

Τη Δευτέρα θα έχουμε καλό καιρό. *Am Montag werden wir schönes Wetter haben.*

Τον Αύγουστο θα πάμε διακοπές στην Κάρπαθο. *Im August machen wir Urlaub auf Karpathos.*

Φέτος την άνοιξη έβρεχε συνέχεια. *Dieses Jahr im Frühling hat es ständig geregnet.*

 5 SUBSTANTIVE

Substantive (auch Nomen oder Hauptwörter genannt) sind Wörter, die Personen, Orte, Tiere, Pflanzen, abstrakte Dinge oder konkrete Gegenstände bezeichnen.

Personen und Personennamen: Frau, Mann, Gregor, Maria.
Länder, Städte, Flüsse, Berge: Deutschland, Athen, Donau, Olymp.
Tiere und Pflanzen: Katze, Elefant, Kastanienbaum.
abstrakte Dinge: Frieden, Demokratie, Freude.
konkrete Gegenstände: Tisch, Stuhl, Fenster, Buch.

Merkmale

1. Genus: Bei Substantiven unterscheidet man drei Geschlechter: Maskulinum (männlich), Femininum (weiblich), Neutrum (sächlich):
   ο ελέφαντας, η γάτα, το πρόβατο *(der Elefant, die Katze, das Schaf).*

   Die Zuordnung der Geschlechter variiert von Sprache zu Sprache:
   το τραπέζι, η καρέκλα, ο ήλιος *(der Tisch, der Stuhl, die Sonne).*
2. Numerus: Substantive können sich in der Einzahl oder in der Mehrzahl befinden:
   οι ελέφαντες, οι γάτες, τα πρόβατα *(die Elefanten, die Katzen, die Schafe).*
3. Kasus: Substantive treten immer in einem Kasus (Fall) auf: Nominativ, Genitiv, Akkusativ oder Vokativ:
   ο ελέφαντας, του ελέφαντα, τον ελέφαντα, ελέφαντα *(der Elefant, des Elefanten, den Elefanten, Elefant!).*
4. Der Vokativ wird nur bei Wörtern auf -ος extra aufgeführt, da er nur dort Unterschiede aufweist. Bei allen anderen Substantiven ist der Vokativ gleich wie der Akkusativ.
5. Das Geschlecht eines Substantivs wird durch Artikel und Endung ausgedrückt.

Hier die gebräuchlichsten Substantiv-Endungen:

Endungen im Maskulinum:	**-ος, -ης, -ας, -ες, -ους, -εας.**
Endungen im Femininum:	**-α, -η, (-ος, -ω, -ου).**
Endungen im Neutrum:	**-ο, -ι, (-α, -ος, -ας, -ως, -ν, -υ).**

Aus der Tabelle wird deutlich, dass manche Substantive die gleiche Endung haben können, obwohl sie unterschiedlichen Geschlechts sind. Beispiele:

ο χυμός, η οδός, το μέρος *(der Saft, die Straße, der Ort)*
ο άνδρας, το κρέας *(der Mann, das Fleisch)*
η καρέκλα, το γάλα *(der Stuhl, die Milch).*

Großbuchstaben

Die meisten Wörter werden im Griechischen klein geschrieben.
In folgenden Fällen werden Substantive groß geschrieben:

1. Personennamen: **Νίκος, Κούλα, Γιώργος, Ρένα** *(Nikos, Kula, Georg, Rena).*
2. Länder, Städte, Flüsse, Berge: **Ελλάδα, Αθήνα, Δούναβης, Όλυμπος** *(Griechenland, Athen, Donau, Olymp).*
3. Substantive, die die Nationalität ausdrücken: **Έλληνας, Γερμανός, Γάλλος** *(Grieche, Deutscher, Franzose).*
4. Wochentage, Monate und Feiertage: **Δευτέρα, Ιανουάριος, Πάσχα, Χριστούγεννα** *(Montag, Januar, Ostern, Weihnachten).*
5. Wörter religiösen Ursprungs: **Θεός, Ιησούς Χριστός** *(Gott, Jesus Christus).*
6. Kunstwerke, literarische Werke: **η Μόνα Λίζα, η Οδύσσεια** *(die Mona Lisa, die Odyssee).*
7. Historische Ereignisse: **Δεύτερος Παγκόσμιος Πόλεμος** (Zweiter Weltkrieg)

4

GRAMMATIK

1 Gebrauch der Substantive

Gebrauch im Genitiv

<u>Besitz anzeigender Genitiv:</u>

η τσάντα της Έφης	*Efis Tasche*
το βιβλίο του Σάκη	*Sakis Buch*

<u>Genitiv bei Nachnamen</u>

Manche männlichen Nachnamen stehen im Nominativ, die weiblichen dagegen im Genitiv.

ο κύριος Καραγιάννης	*Herr Karajannis*
η κυρία Καραγιάννη	*Frau Karajanni*
ο κύριος Αθανασιάδης	*Herr Athanasiadis*
η κυρία Αθανασιάδου	*Frau Athanasiadou*
ο κύριος Παπαδόπουλος	*Herr Papadopoulos*
η κυρία Παπαδοπούλου	*Frau Papadopoulou*

Andere Nachnamen stehen sowohl in der männlichen wie in der weiblichen Form im Genitiv.

ο κύριος Ιωάννου	*Herr Ioannou*
η κυρία Ιωάννου	*Frau Ioannou*

Genitiv bei Altersangaben

Πόσων χρονών είναι ο Γιώργος;	*Wie alt ist Georg?*
Είναι έξι χρονών.	*Er ist sechs Jahre alt.*

Genitiv nach Präpositionen

Εξαιτίας της κακοκαιρίας	*Wegen des schlechten Wetters*
Μεταξύ φίλων	*Zwischen Freunden*

Genitiv mit der Funktion eines Adverbs

Θα έρθω του χρόνου.	*Ich werde nächstes Jahr kommen.*
Χθες το βράδυ έγινε της τρελής.	*Gestern Abend war die Hölle los.*
Πεθαίνω της πείνας.	*Ich sterbe vor Hunger.*
Χθες φάγαμε του σκασμού.	*Gestern haben wir bis zum Platzen/ übermäßig gegessen.*

Genitiv bei Begrüßungen, Wünschen, Anreden

Περαστικά σου!	*(Dir) gute Besserung!*
Γεια σου!	*(Dir) hallo!*
Μπράβο της!	*(Ihr) bravo!*
Καλησπέρα σας!	*(Ihnen) guten Abend!*

4

GRAMMATIK

Gebrauch im Akkusativ

Akkusativ mit der Funktion eines Adverbs

Διάβαζα όλη τη μέρα.	*Ich habe den ganzen Tag gelernt.*
Περπάτησα 4 χιλιόμετρα.	*Ich bin 4 Kilometer gelaufen.*
τη Δευτέρα	*am Montag*
τον Ιούνιο	*im Juni*
την άνοιξη	*im Frühling*
τη νύχτα	*in der Nacht*
τα Χριστούγεννα	*an Weihnachten*
το Πάσχα	*an Ostern*

Akkusativ nach Präpositionen

Θα πάω στον Κώστα.	*Ich gehe zu Kosta.*
Ένα δώρο για σένα.	*Ein Geschenk für dich.*
Από τη Θεσσαλονίκη	*Aus Thessaloniki*

Akkusativ in feststehenden Ausdrucksweisen

Πώς τα περάσατε στις διακοπές;	sinngemäß: *Wie war's im Urlaub?*
Θα τα καταφέρω.	*Ich werde es schaffen.*
Θα τα πούμε.	sinngemäß: *Wir sehen uns.*
Τα 'μαθες;	*Hast du es erfahren?*

Τα 'κανες θάλασσα.	sinngemäß: *Du hast es vermasselt.*
Τα φτιάξανε πάλι.	sinngemäß: *Sie sind wieder zusammen.*
Τα χάλασαν(ε) πριν από ένα μήνα.	sinngemäß: *Sie haben vor einem Monat Schluss gemacht.*

Gebrauch im Dativ

In der neugriechischen Sprache sind einige Ausdrücke des altgriechischen Dativs erhalten geblieben. Hier ein paar Beispiele:

εντάξει	*in Ordnung*
εν τω μεταξύ	*inzwischen, in der Zwischenzeit*
εν πάση περιπτώσει	*jedenfalls*
λόγω	*aufgrund*
δόξα τω Θεώ	*Gott sei Dank*
τοις εκατό	*Prozent*

6 ADJEKTIVE

Durch das Adjektiv werden Substantiv und Verb näher bestimmt. Beispiele:

Έχουμε ωραία θέα από το μπαλκόνι μας.	*Wir haben eine schöne Aussicht von unserem Balkon aus.*
Το άσπρο μου πουλόβερ είναι πολύ ζεστό.	*Mein weißer Pulli ist sehr warm.*
Ποιανού είναι αυτά τα όμορφα λουλούδια;	*Wem gehören diese schönen Blumen?*

Merkmale:

1. Wie man den oberen drei Beispielen entnehmen kann, passt sich das Adjektiv in Numerus, Genus und Kasus dem Substantiv an.
2. Adjektive und Substantive, die gleiche Endungen haben, werden auch gleich dekliniert.
3. Adjektive verändern bei der Deklination ihre Betonung meist nicht.

Das Adjektiv πολύς *(viel)*

	Singular					
	Maskulinum		Femininum		Neutrum	
Nominativ	**ο πολύς**	*viel*	**η πολλή**	*viel*	**το πολύ**	*viel*
Genitiv	**(του πολύ)**	*viel*	**της πολλής**	*viel*	**(του πολύ)**	*viel*
Akkusativ	**τον πολύ**	*viel*	**την πολλή**	*viel*	**το πολύ**	*viel*
Vokativ	–	–	–	–	–	–

4 GRAMMATIK

	Plural					
	Maskulinum		Femininum		Neutrum	
Nominativ	**οι πολλοί**	*viele*	**οι πολλές**	*viele*	**τα πολλά**	*viele*
Genitiv	**των πολλών**	*vieler*	**των πολλών**	*vieler*	**των πολλών**	*vieler*
Akkusativ	**τους πολλούς**	*viele*	**τις πολλές**	*viele*	**τα πολλά**	*viele*
Vokativ	–	-	–	-	–	-

Beispiele:

ο πολύς κόσμος — *die vielen Leute*
έχει πολλή κίνηση — *Es ist viel Verkehr.*
Ο Γιώργος έχει πολύ θάρρος. — *Georg hat viel Mut.*
Έχω πολλούς φίλους. — *Ich habe viele Freunde.*
Αγόρασα πολλές καρέκλες. — *Ich habe viele Stühle gekauft.*
Αγόρασα πολλά μήλα. — *Ich habe viele Äpfel gekauft.*

1 Steigerung der Adjektive

Die Steigerung wird wie folgt gebildet:

Im Komparativ wird entweder das Wort πιο vor das Adjektiv gesetzt, oder das Adjektiv bekommt die Endung: -τερος, η, ο.

Im Superlativ wird **ο** πιο vor das Adjektiv gesetzt, oder das Adjektiv bekommt die Endung: -τατος, η, ο. Beispiele:

Positiv	Komparativ	Superlativ
ψηλός *(hoch, groß)*	**πιο ψηλός** *(höher)* **ψηλότερος**	**ο πιο ψηλός** *(am höchsten)* **ψηλότατος**
όμορφος *(schön)*	**πιο όμορφος** *(schöner)* **ομορφότερος**	**ο πιο όμορφος** *(am schönsten)* **ομορφότατος**
επιεικής *(nachsichtig)*	**πιο επιεικής** *(nachsichtiger)* **επιεικέστερος**	**ο πιο επιεικής** **επιεικέστατος**
βαθύς *(tief)*	**πιο βαθύς** *(tiefer)* **βαθύτερος**	**ο πιο βαθύς** **βαθύτατος**

Unregelmäßige Steigerungsformen

Die folgenden Adjektive weichen von der oben beschriebenen Bildung der Steigerungsformen ab; sie werden unregelmäßig gebildet:

Positiv	Komparativ	Superlativ
απλός *(einfach)*	**απλούστερος**	**απλούστατος**
κακός *(schlecht)*	**χειρότερος**	**κάκιστος**

καλός *(gut)*	**καλύτερος**	**άριστος**
κοντός *(klein)*	**κοντότερος**	**κοντότατος**
λίγος *(wenig)*	**λιγότερος**	**ελάχιστος**
μεγάλος *(groß, alt)*	**μεγαλύτερος**	**μέγιστος**
μικρός *(klein, jung)*	**μικρότερος**	**ελάχιστος**
πολύς *(viel)*	**περισσότερος**	**πλείστος**
άνω Adverb *(oben)*	**ανώτερος**	**ανώτατος**
κάτω Adverb *(unten)*	**κατώτερος**	**κατώτατος**

7 ZAHLEN

Die Grundzahlen werden im Griechischen nicht dekliniert, mit Ausnahme der Zahlen: ένας, μια/μία, ένα; τέσσερις, ις, α; διακόσιοι, ες, α sowie einiger weiterer (siehe Tabelle unten). Diese deklinierbaren Zahlen haben drei Geschlechter und stimmen mit dem Substantiv, das sie begleiten, in Genus, Kasus und Numerus überein. Beispiele:

Είδα τέσσερις ελέφαντες.	*Ich habe vier Elefanten gesehen.*
Έχω τρεις γάτες.	*Ich habe drei Katzen.*
Ο βοσκός έχει διακόσια πρόβατα.	*Der Hirte hat zweihundert Schafe.*

	Grundzahlen	Ordnungszahlen
0	**μηδέν**	
1	**ένας, μια/μία, ένα**	**πρώτος, η, ο**
2	**δυο/δύο**	**δεύτερος, η, ο**
3	**τρεις, τρεις, τρία**	**τρίτος, η, ο**
4	**τέσσερ-ις/-ις/-α**	**τέταρτος, η, ο**
5	**πέντε**	**πέμπτος, η, ο**
6	**έξι**	**έκτος, η, ο**
7	**εφτά/επτά**	**έβδομος, η, ο**
8	**οχτώ/οκτώ**	**όγδοος, η, ο**
9	**εννιά/εννέα**	**ένατος, η, ο**
10	**δέκα**	**δέκατος, η, ο**
11	**έντεκα**	**ενδέκατος, η, ο**
12	**δώδεκα**	**δωδέκατος, η, ο**
13	**δεκατρ-είς/-είς/-ία**	**δέκατος τρίτος, η, ο**
14	**δεκατέσσερις/-α**	**δέκατος τέταρτος, η, ο**
15	**δεκαπέντε**	**δέκατος πέμπτος, η, ο**
16	**δεκαέξι**	**δέκατος έκτος, η, ο**
17	**δεκαεφτά**	**δέκατος έβδομος, η, ο**
18	**δεκαοχτώ**	**δέκατος όγδοος, η, ο**

19	**δεκαεννιά**	**δέκατος ένατος, η, ο**
20	**είκοσι**	**εικοστός, ή, ό**
30	**τριάντα**	**τριακοστός, ή, ό**
40	**σαράντα**	**τεσσαρακοστός, ή, ό**
50	**πενήντα**	**πεντηκοστός, ή, ό**
60	**εξήντα**	**εξηκοστός, ή, ό**
70	**εβδομήντα**	**εβδομηκοστός, ή, ό**
80	**ογδόντα**	**ογδοηκοστός, ή, ό**
90	**ενενήντα**	**ενενηκοστός, ή, ό**
100	**εκατό(ν)**	**εκατοστός, ή, ό**
200	**διακόσιοι, ες, α**	**διακοσιοστός, ή, ό**
300	**τριακόσιοι, ες, α**	**τριακοσιοστός, ή, ό**
400	**τετρακόσιοι, ες, α**	**τετρακοσιοστός, ή, ό**
500	**πεντακόσιοι, ες, α**	**πεντακοσιοστός, ή, ό**
600	**εξακόσιοι, ες, α**	**εξακοσιοστός, ή, ό**
700	**εφτακόσιοι, ες, α**	**εφτακοσιοστός, ή, ό**
800	**οχτακόσιοι, ες, α**	**οχτακοσιοστός, ή, ό**
900	**εννιακόσιοι, ες, α**	**εννιακοσιοστός, ή, ό**
1000	**χίλιοι, ες, α**	**χιλιοστός, ή, ό**
2000	**δυο χιλιάδες**	**δισχιλιοστός, ή, ό**
10 000	**δέκα χιλιάδες**	**μυριοστός, ή, ό / δεκάκις χιλιοστός, ή, ό**
100 000	**εκατό χιλιάδες**	**εκατοντάκις χιλιοστός, ή, ό**
1 000 000	**ένα εκατομμύριο**	**εκατομμυριοστός, ή, ό**
1 000 000 000	**ένα δισεκατομμύριο**	**δισεκατομμυριοστός, ή, ό**

§ 8 DATUM UND UHRZEIT

Beim Datum stehen die Grundzahlen im Femininum. Der erste Tag eines Monats wird mit der Ordnungszahl πρώτη ausgedrückt.

Πόσες του μήνα/μηνός έχουμε σήμερα; — *Den Wievielten haben wir heute?*

Σήμερα είναι δυο/τρεις/τέσσερις Ιανουαρίου. — *Heute ist der zweite/dritte/vierte Januar.*

Σήμερα έχουμε την πρώτη Αυγούστου. — *Heute haben wir den ersten August.*

Die Jahre stehen im Neutrum Singular.

Πότε γεννήθηκες; — *Wann bist du geboren?*

Γεννήθηκα στις τέσσερις Ιουλίου του χίλια εννιακόσια ογδόντα ένα. — *Ich bin am vierten Juli 1981 geboren.*

Die Uhrzeit steht im Femininum.

Τι ώρα είναι;	*Wie spät ist es?*
Είναι μια/δύο/τρεις/ τέσσερις/πέντε η ώρα.	*Es ist eins/zwei/drei/ vier/fünf Uhr.*
Τι ώρα θα συναντηθούμε;	*Wann treffen wir uns?*
Στις έξι και τέταρτο.	*Um Viertel nach sechs.*
Στις εφτά και μισή.	*Um sieben Uhr dreißig.*
Στις οχτώ παρά τέταρτο.	*Um Viertel vor acht.*
Στη μια/μία ακριβώς.	*Um genau ein Uhr.*

Στη μιάμιση	*Um 1:30*	**Στις εφτάμιση**	*Um 7:30*
Στις δυόμιση	*Um 2:30*	**Στις οχτώμιση**	*Um 8:30*
Στις τρεισήμιση	*Um 3:30*	**Στις εννιάμιση**	*Um 9:30*
Στις τεσσεράμιση	*Um 4:30*	**Στις δέκα και μισή**	*Um 10:30*
Στις πεντέμιση	*Um 5:30*	**Στις εντεκάμιση**	*Um 11:30*
Στις εξήμιση	*Um 6:30*	**Στις δωδεκάμιση**	*Um 12:30*

9 PRONOMEN

4 GRAMMATIK

Ein Pronomen kann ein Substantiv oder eine Wortgruppe ersetzen. Beispiele:

Ο Γιώργος μου μίλησε.	*Georg hat mit mir gesprochen.*
Αυτός μου μίλησε.	*Er hat mit mir gesprochen.*
Ο Γιώργος μου είπε ένα μυστικό.	*Georg hat mir ein Geheimnis erzählt.*
Αυτός μου το είπε.	*Er hat es mir erzählt.*

1 Personalpronomen

Nominativ		Genitiv			Akkusativ		
stark		stark	schwach		stark	schwach	
εγώ	*ich*	**εμένα**	**μου**	*mir*	**εμένα**	**με**	*mich*
εσύ	*du*	**εσένα**	**σου**	*dir*	**εσένα**	**σε**	*dich*
αυτός	*er*	**αυτού**	**του**	*ihm*	**αυτόν**	**τον**	*ihn*
αυτή	*sie*	**αυτής**	**της**	*ihr*	**αυτήν**	**την**	*sie*
αυτό	*es*	**αυτού**	**του**	*ihm*	**αυτό**	**το**	*es*
εμείς	*wir*	**εμάς**	**μας**	*uns*	**εμάς**	**μας**	*uns*
εσείς	*ihr*	**εσάς**	**σας**	*euch*	**εσάς**	**σας**	*euch*
αυτοί	*sie*	**αυτών**	**τους**	*ihnen*	**αυτούς**	**τους**	*sie*
αυτές	*sie*	**αυτών**	**τους**	*ihnen*	**αυτές**	**τις (τες)**	*sie*
αυτά	*sie*	**αυτών**	**τους**	*ihnen*	**αυτά**	**τα**	*sie*

Die starken Formen werden verwendet, wenn man die Person, über die man spricht, hervorheben will.

Ποιον θέλεις να δεις; Εσένα.	*Wen willst du sehen? Dich.*
Σε 'σένα μιλάω.	*Ich spreche mit dir.*

Die schwachen Formen sind gebräuchlicher.

Θέλω να σε δω.	*Ich will dich sehen.*
Σου μιλάω.	*Ich spreche mit dir.*

2 Possessivpronomen

Das Possessivpronomen hat ebenfalls eine schwache und eine starke Form. Die schwache Form ist gebräuchlicher im Griechischen, sie entspricht der schwachen Form des Personalpronomens. Die schwache Form des Possessivpronomens steht immer nach dem Substantiv. Beispiele:

Schwaches Possessivpronomen		Beispiele	
μου	*mein*	**το βιβλίο μου**	*mein Buch*
σου	*dein*	**η τσάντα σου**	*deine Tasche*
του	*sein*	**το κινητό του**	*sein Handy*
της	*ihr*	**το αυτοκίνητό της**	*ihr Auto*
του	*sein*	**η μπάλα του**	*sein Ball*
μας	*unser*	**το βιβλίο μας**	*unser Buch*
σας	*eurer/Ihr*	**η τσάντα σας**	*eure/Ihre Tasche*
τους	*ihr*	**το κινητό τους**	*ihr Handy*
τους	*ihr*	**το αυτοκίνητό τους**	*ihr Auto*
τους	*ihr*	**η μπάλα τους**	*ihr Ball*

Um den Besitz besonders zu betonen, benutzt man die starke Form. Die starke Form setzt sich aus der schwachen Form und dem deklinierbaren Adjektiv δικός, ή, ό *(eigen)* zusammen. Diese Form steht meistens vor dem Substantiv.

Αυτό είναι το δικό μου βιβλίο.	*Dies ist mein Buch.*
Αυτό είναι το δικό της αυτοκίνητο.	*Dies ist ihr Auto.*
Δικά σας είναι αυτά τα κλειδιά;	*Gehören diese Schlüssel Ihnen?*
Η Ρένα και ο Γρηγόρης έχουν δικό τους σπίτι.	*Rena und Gregor besitzen ein (ihr) eigenes Haus.*

3 Demonstrativpronomen

αυτός, ή, ο	*dieser, -e, -es*	**αυτός ο γιατρός**	*dieser Arzt*
εκείνος, η, ο	*jener, -e, -es*	**εκείνο το βιβλίο**	*jenes Buch*

τέτοιος, α, ο	*solcher, -e, -es*	**τέτοια τύχη**	*solches Glück*
τόσος, η, ο	*so, soviel, so groß*	**τόσο κρύο**	*so kalt*

Die Demonstrativpronomen werden wie Adjektive dekliniert.

4 Interrogativpronomen

1. **ποιος; ποια; ποιο;**	*wer? welcher? welche? welches?*
Genitiv: a) ποιου/ποιας b) ποιανού/ποιανής c) τίνος	*wessen?*
2. **πόσος; πόση; πόσο;**	*wie viel?*
3. **τι;** (undeklinierbar)	*was? wie? was für ein?*

Ποιος ήρθε;	*Wer ist gekommen? (Sg.)*
Ποιοι ήρθαν;	*Wer ist gekommen? (Pl.)*
Ποιανού είναι αυτό το βιβλίο;	*Wem (m) gehört dieses Buch?*
Ποιανής είναι αυτή η τσάντα;	*Wem (f) gehört diese Tasche?*
Πόση ζάχαρη να βάλω;	*Wie viel Zucker soll ich hinein tun?*
Τι κάνεις;	*Wie geht es dir?*
Τι είναι αυτό;	*Was ist das?*
Τι ώρα φεύγει το τρένο;	*Um wie viel Uhr fährt der Zug?*
Τι δουλειά κάνεις;	*Was machst du beruflich?*

Die Interrogativpronomen werden wie Adjektive dekliniert. Ausnahme ist das undeklinierbare τι.

5 Indefinitpronomen

1. **κάποιος, α, ο**	*a) jemand* *b) irgendeiner, irgendeine, irgendein*
2. **κανένας (κανείς), καμία, κανένα**	*a) jemand* *b) irgendein, irgendeine, irgendein* *c) niemand*
3. **μερικοί, ές, ά**	*einige, manche*
4. **(κάθε) καθένας, καθεμιά, καθένα**	*jeder, jede, jedes*
5. **άλλος, άλλη, άλλο**	*andere (r, s); noch; mehr*
6. **τίποτα (τίποτε)** (undeklinierbar)	*a) etwas, b) nichts*
7. **κάτι** (undeklinierbar)	*etwas*

Die Indefinitpronomen werden wie Adjektive dekliniert. Ausnahmen bilden die undeklinierbaren τίποτα, κάτι und die Pronomen κανένας, καμία, κανένα und καθένας, καθεμιά, καθένα. Diese werden wie der unbestimmte Artikel dekliniert.

Κάποιος ήρθε.	*Jemand ist gekommen.*
Δώσ' μου κάποια συμβουλή.	*Gib mir irgendeinen Rat.*
Τηλεφώνησε κανείς;	*Hat jemand angerufen?*
Έχεις κανένα νέο;	*Hast du irgendeine Neuigkeit?*
Δεν ήρθε κανείς.	*Niemand ist gekommen.*
Θα λείψω για μερικές μέρες.	*Ich werde für einige Tage abwesend sein.*
Κάθε μέρα βρέχει.	*Jeden Tag regnet es.*
Θα έρθω μια άλλη φορά.	*Ich komme ein anderes Mal.*
Είπες τίποτα;	*Hast du etwas gesagt?*
Όχι, τίποτα δεν είπα.	*Nein, ich habe nichts gesagt.*
Ξέχασες κάτι;	*Hast du etwas vergessen?*

10 VERBEN

Verben, auch Tätigkeitswörter genannt, drücken eine Tätigkeit oder einen Zustand aus. Beispiele:

Η Μαρία γράφει ένα γράμμα.	*Maria schreibt einen Brief.*
Ο Φίλιππος κοιμάται.	*Philipp schläft.*

Subjekt, Objekt

Um das Subjekt eines Satzes zu identifizieren, stellt man im obigen Beispiel folgende Fragen:

- Wer schreibt einen Brief? Wer schläft?
  Die Antwort ist: Maria, Philipp. Somit sind Μαρία und Φίλιππος Subjekte und sie befinden sich damit im Nominativ.
- Was schreibt Maria?
  Die Antwort ist: einen Brief. Also ist γράμμα das Akkusativobjekt des Satzes.

Aktiv und Passiv

Man unterscheidet zwischen

- Verben auf -ω: Aktiv
- Verben auf -μαι: Passiv

Diese Endungen sagen aus, wie ein Verb konjugiert wird. Endet ein Verb in der ersten Person Singular im Präsens auf -ω, wie zum Beispiel γράφω *(ich schreibe)*, so wird es im Aktiv konjugiert. Endet es in der ersten Person Singular im Präsens auf -μαι, wie zum Beispiel κοιμάμαι *(ich schlafe)*, so wird es im Passiv konjugiert.

Stamm und Endung von Verben

Verben können ihre Form verändern, das heißt, sie können konjugiert werden. Sie haben drei Personen im Singular und drei im Plural.

Der unveränderbare Teil eines Verbs ist der sogenannte Stamm; der sich jeweils ändernde Teil des Verbs ist die Endung. Stamm und Endung sind im folgenden Beispiel farblich voneinander abgesetzt.

Singular	1. Person	**εγώ γράφω**	*ich schreibe*
	2. Person	**εσύ γράφεις**	*du schreibst*
	3. Person	**αυτός/αυτή/αυτό γράφει**	*er/sie/es schreibt*
Plural	1. Person	**εμείς γράφουμε**	*wir schreiben*
	2. Person	**εσείς γράφετε**	*ihr schreibt, Sie schreiben*
	3. Person	**αυτοί/αυτές/αυτά γράφουν(ε)**	*sie schreiben*

Die Verwendung des Personalpronomens εγώ, εσύ, αυτός ... ist oft nicht notwendig und im Griechischen meist auch nicht üblich, da die Endung des Verbs schon auf die Person, über die gesprochen wird, hinweist. Zur stärkeren Betonung kann jedoch die Person zusätzlich genannt werden.

Beispiel: **Εγώ γράφω, όχι αυτός.** *(Ich schreibe, nicht er.)*

1 Bildung der Zeitformen

Verben treten in verschiedenen Zeitformen auf. Für die Bildung der Zeitformen sind Kenntnis von Präsens- und Aorist-Stamm und die Endungen der jeweiligen Zeitformen notwendig. Die Konjugationstabellen im Kapitel Konjugationsarten sind beispielhaft für die Bildung der Zeitformen und deren Konjugation.

Nachfolgend sind zunächst die Zeitformen des Verbs γράφω im Aktiv dargestellt.

Präsens Stamm	**γράφω**	*ich schreibe*	Präsens: Dauer, Wiederholung
	έγραφα	*ich schrieb, ich habe geschrieben*	Imperfekt: Dauer, Wiederholung
	θα γράφω	*ich werde schreiben*	Futur: Dauer, Wiederholung
Aorist Stamm	**θα γράψω**	*ich werde schreiben*	Futur: punktuell, einmalig
	έγραψα	*ich habe geschrieben, ich schrieb*	Aorist: punktuell, einmalig
	έχω γράψει	*ich habe geschrieben*	Perfekt: Bezug zur Gegenwart
	είχα γράψει	*ich hatte geschrieben*	Plusquamperfekt
	θα έχω γράψει	*ich werde geschrieben haben*	Futur II

2 Modi

Imperativ

Mit dem Imperativ drückt man Befehle aus, man spricht eine Bitte, Aufforderung oder einen Wunsch aus. Den Imperativ trifft man im Präsens und Aorist. Am gebräuchlichsten ist die Anwendung im Aorist.

Der Imperativ wird sowohl im Aktiv als auch im Passiv in der 2. Person Singular und 2. Person Plural gebildet:

Aktiv: -ε, -τε

2. Person Sing.	2. Person Pl.	
γράψε	**γράψτε**	*schreib, schreibt/schreiben Sie*
δώσε	**δώστε**	*gib, gebt/geben Sie*
πάρε	**πάρτε**	*nimm, nehmt/nehmen Sie*
μίλησε	**μιλήστε**	*sprich, sprecht/sprechen Sie*

Passiv: -ου, -ειτε

2. Person Sing.	2. Person Pl.	
ντύσου	**ντυθείτε**	*zieh dich an, zieht euch an/ziehen Sie sich an*
βάψου	**βαφτείτε**	*schmink dich, schminkt euch/schminken Sie sich*
ετοιμάσου	**ετοιμαστείτε**	*bereite dich vor, bereitet euch vor/bereiten Sie sich vor*
κοιμήσου	**κοιμηθείτε**	*schlaf, schlaft/schlafen Sie*

Der Imperativ kann auch durch Υποτακτική zum Ausdruck gebracht werden.

Bejahung:

Imperativ	Υποτακτική	
γράψε	**να γράψεις**	*schreib*
γράψτε	**να γράψετε**	*schreibt/schreiben Sie*

Verneinung: Die Verneinung wird mit Υποτακτική und μη(ν) ausgedrückt.

μη γράψεις	**να μη γράψεις**	*schreib nicht*
μη γράψετε	**να μη γράψετε**	*schreibt/schreiben Sie nicht*

4

GRAMMATIK

3 Konjugationsarten

Hilfsverben είμαι und έχω

Präsens	Futur	Imperfekt
είμαι *ich bin*	**θα είμαι** *ich werde sein*	**ήμουν** *ich war*
είσαι *du bist*	**θα είσαι** *du ...*	**ήσουν** *du ...*
είναι *er/sie/es ist*	**θα είναι**	**ήταν**
είμαστε *wir sind*	**θα είμαστε**	**ήμασταν**
είσαστε/είστε *ihr seid/Sie sind*	**θα είστε**	**ήσασταν**
είναι *sie sind*	**θα είναι**	**ήταν**

Präsens	Futur	Imperfekt
έχω *ich habe*	**θα έχω** *ich werde haben*	**είχα** *ich hatte*
έχεις *du hast*	**θα έχεις** *du ...*	**είχες** *du ...*
έχει *er/sie/er hat*	**θα έχει**	**είχε**
έχουμε *wir haben*	**θα έχουμε**	**είχαμε**
έχετε *ihr habt/Sie haben*	**θα έχετε**	**είχατε**
έχουν *sie haben*	**θα έχουν**	**είχαν**

4 Unregelmäßige Verben

Unregelmäßige Verben sind Verben, die nicht entsprechend der Konjugationsgruppen 1 und 2 konjugiert und gebildet werden.

Präsens

gehen	*sagen*	*hören*	*weinen*	*essen*
πάω	**λέω**	**ακούω**	**κλαίω**	**τρώω**
πας	**λες**	**ακούς**	**κλαις**	**τρως**
πάει	**λέει**	**ακούει**	**κλαίει**	**τρώει**
πάμε	**λέμε**	**ακούμε**	**κλαίμε**	**τρώμε**
πάτε	**λέτε**	**ακούτε**	**κλαίτε**	**τρώτε**
πάνε	**λένε**	**ακούνε**	**κλαίνε**	**τρώνε**

§ 11 ADVERBIEN

Lokale Adverbien

Die lokalen Adverbien sind stets die Antwort auf die Frage: πού; *(wo?)*

		κάπου	*irgendwo*	**κοντά**	*nahe*	**μακριά**	*weit*
εδώ	*hier*	**εκεί**	*dort*	**δεξιά**	*rechts*	**αριστερά**	*links*
πάνω	*oben*	**κάτω**	*unten*	**ανάμεσα**	*zwischen*	**παντού**	*überall*
μέσα	*innen*	**έξω**	*außen*	**ψηλά**	*hoch*	**χαμηλά**	*niedrig*
μπροστά	*vorne*	**πίσω**	*hinten*	**βόρεια**	*nördlich*	**νότια**	*südlich*

Modale Adverbien

Die modalen Adverbien sind die Antwort auf die Frage: πώς; *(wie?)*

		κάπως	*irgendwie*
καλά	*gut*	**έτσι κι έτσι**	*so lala/so und so*
ωραία	*schön*	**άσχημα**	*schlecht*
έτσι	*so*	**ευχαρίστως**	*gerne*

ευτυχώς	*glücklicherweise*	**δυστυχώς**	*leider*
τυχαία	*zufällig*	**ξαφνικά**	*plötzlich*
σιγά	*langsam*	**κυρίως**	*hauptsächlich*

Temporale Adverbien

Die temporalen Adverbien sind die Antwort auf die Frage: πότε; *(wann?)*

πότε;	*wann?*	**κάποτε**	*irgendwann*
τώρα	*jetzt*	**τότε**	*dann*
πριν	*vorher*	**μετά**	*nachher*
σήμερα	*heute*	**αύριο**	*morgen*
φέτος	*dieses Jahr*	**πέρυσι**	*letztes Jahr*
συχνά	*oft*	**πάντα**	*immer*
κάπου κάπου	*manchmal*	**ποτέ**	*niemals*
νωρίς	*früh*	**αργά**	*spät*

Adverbien der Menge

Die Adverbien der Menge sind stets die Antwort auf die Frage: πόσο; *(wie viel?)*

4

πόσο;	*wie viel*	**τόσο**	*so viel*
λίγο	*wenig*	**πολύ**	*viel*
αρκετά	*genug/ziemlich*	**καθόλου**	*überhaupt nicht*

GRAMMATIK

Zustimmende / Verneinende Adverbien

σίγουρα	*sicher*	**όντως**	*in der Tat*
βεβαίως	*sicherlich*	**σωστά**	*richtig*
ναι	*ja*	**όχι**	*nein*
ίσως	*vielleicht*	**πιθανόν**	*möglich*
δε(ν)*	*nicht*	**μη(ν)***	*nicht*

Μη(ν) wird bei verneinenden Befehlen verwendet, δε(ν) in allen anderen Fällen.

Steigerung der Adverbien

Außer den oben genannten Adverbien gibt es noch Adverbien, die von einem Adjektiv abgeleitet werden. Die Steigerung dieser Adverbien ähnelt der Steigerung der Adjektive, die Endungen unterscheiden sich allerdings.

Positiv	Komparativ	Superlativ
ψηλά *(hoch, groß)*	**πιο ψηλά** *(höher)*/ **ψηλότερα**	**πολύ ψηλά** *(am höchsten)*/ **ψηλότατα**
όμορφα *(schön)*	**πιο όμορφα/ομορφότερα**	**πολύ όμορφα /ομορφότατα**
επιεικώς *(nachsichtig)*	**επιεικέστερα**	**πολύ επιεικώς/επιεικέστατα**
βαθιά *(tief)*	**πιο βαθιά/βαθύτερα**	**πολύ βαθιά/βαθύτατα**

Adverb πολύ, λίγο

Positiv	Komparativ	Superlativ
πολύ *(viel)*	**περισσότερο/πιο πολύ**	**πάρα πολύ**
λίγο *(wenig)*	**λιγότερο/πιο λίγο**	**πολύ λίγο**

12 PRÄPOSITIONEN

Präpositionen mit Akkusativ

ανά	*pro*	**ανά ώρα**	*pro Stunde*
από	*von*	**Από πού είσαι;**	*Woher kommst du?*
	aus	**Από την Αθήνα.**	*Aus Athen.*
	aus	**από ξύλο**	*aus Holz*
	von	**Ο φούρνος είναι εκατό μέτρα από εδώ.**	*Der Bäcker ist hundert Meter von hier (entfernt).*
	seit	**από χθες**	*seit gestern*
	ab	**από αύριο**	*ab morgen*
	vor	**Έτρεμε από το φόβο.**	*Er/sie/es zitterte vor Angst.*
	als (Komparativ)	**Τα Ελληνικά είναι πιο εύκολα από τα Ιαπωνικά.**	*Griechisch ist leichter als Japanisch.*
για	*für*	**Πάω στη Γερμανία για δουλειές.**	*Ich gehe beruflich nach Deutschland.*
	für	**Αυτό είναι για σένα.**	*Das ist für dich.*
	zu	**Πάμε για φαΐ;**	*Gehen wir essen?*
	über	**Μιλάνε για τον καιρό.**	*Sie sprechen über das Wetter.*
	nach	**Το τρένο για Θεσσαλονίκη έφυγε.**	*Der Zug nach Thessaloniki ist weg.*
μετά	*nach*	**μετά από εμένα**	*nach mir*
		μετά το μεσημέρι	*nach dem Mittag*
μέχρι	*bis*	**Θα σε πάω μέχρι την πόρτα.**	*Ich bringe dich zur Tür.*
		Περιμένω μέχρι να γυρίσουν.	*Ich warte, bis sie zurückkommen.*
πριν	*vor*	**Θα σε δω πριν τις γιορτές.**	*Ich werde dich vor den Feiertagen sehen.*
προς	*zu*	**προς το βουνό**	*zum Berg*
	nach	**προς τη Δύση**	*nach Westen*
	an	**προς την κυρία Καρέζη**	*an Frau Karezi*
σε	*in*	**στο σχολείο**	*in der Schule*
		σε μία ώρα	*in einer Stunde*
		σ' αυτή την περίπτωση	*in diesem Falle*
	zu	**στο σπίτι**	*zu Hause*

	auf	**στο τραπέζι**	*auf dem Tisch*
	an	**στον τοίχο**	*an der Wand*
	bei	**στο γιατρό**	*beim Arzt*
	um	**στις δώδεκα**	*um zwölf*
	nach	**στην Ιταλία**	*nach Italien*
χωρίς	*ohne*	**χώρις εσένα**	*ohne dich*

13 KONJUNKTIONEN

Konjunktionen werden auch Bindewörter genannt, weil sie Wörter, Satzteile oder Sätze miteinander verbinden.

Die gebräuchlichsten Konjunktionsarten sind nachfolgend aufgelistet.

Konjunktionen	
anreihend	**και** *(und)*, **ούτε** *(auch nicht, weder)*
entgegengesetzt	**αλλά** *(sondern, aber)*, **όμως** *(jedoch)*, **ωστόσο** *(dennoch)*
ausschließend	**ή** *(oder)*, **είτε** *(ob...oder)*
zeitlich	**όταν** *(wenn, als, sobald)*, **αφού** *(nachdem)*, **πριν** *(bevor)*, **μόλις** *(sobald)*, **ώσπου** *(bis)*, **ενώ** *(während)*
begründend	**γιατί** *(weil, da)*, **επειδή** *(weil, da)*, **αφού** *(da)*, **μια και** *(zumal, da)*
einräumend	**αν και** *(auch wenn, obwohl)*, **παρόλο που** *(obwohl)*
konditional	**αν, εαν** *(wenn)*
eine Folge beschreibend	**που** *(dass)*, **ώστε** *(so, dass)*
den Zweck, die Absicht angebend	**για να** *(damit)*
sich auf etwas beziehend	**που** *(dass)*, **ότι** *(dass)*, **πως** *(dass)*

Wortverzeichnis Griechisch - Deutsch

το	**CD**	*CD*
το	**DVD**	*DVD*

Α

	Α!	*Ah!*
το	**άγαλμα, τα αγάλματα**	*Statue*
	αγαπάω/ώ (αγαπ-άω, -άς, -άει, -άμε, -άτε, -ούν/άνε)	*lieben*
η	**αγάπη**	*Liebe*
	αγαπημένος, -η, -ο	*lieblings-*
	αγαπητή...	*liebe ...* (Ansprache im Brief)
η	**Αγγλία**	*England*
η	**Αγγλίδα, οι Αγγλίδες**	*Engländerin*
τα	**Αγγλικά**	*Englisch*
ο	**Άγγλος, οι Άγγλοι**	*Engländer*
το	**αγγούρι, τα αγγούρια**	*Gurke*
η	**αγορά, οι αγορές**	*Markt*
η	**αδελφή/αδερφή, οι αδελφές/αδερφές**	*Schwester*
ο	**αδελφός/αδερφός, οι αδελφοί/οι αδερφοί**	*Bruder*
ο	**αέρας**	*Wind*
το	**αεροδρόμιο, τα αεροδρόμια**	*Flughafen*
η	**Αθήνα**	*Athen*
η	**αίθουσα συνεδρίασης**	*Sitzungssaal*
η	**αίθουσα, οι αίθουσες**	*Saal*
	ακόμα	*noch*
	ακουστικά	*akustisch* (Adverb)
	ακούω (ακού-ω, -ς, -ει, -με, -τε, ουν(ε))	*hören*
	ακούω ράδιο	*Radio hören*
	ακριβός,-ή,-ό	*teuer*
	ακριβώς	*genau*
η	**Ακρόπολη**	*Akropolis*
το	**αλάτι**	*Salz*
	αλλά	*aber*
	άλλος,-η,-ο	*anderer*
η	**αλχημεία**	*Alchemie*
	αμέ	*natürlich* (ugs.)
	αμέσως	*sofort*
	Αμέσως, έφτασε!	*Kommt sofort!*
	ανάμεικτος,-η,-ο	*gemischt*
η	**Ανατολή**	*Osten*
η	**αναχώρηση, οι αναχωρήσεις**	*Abfahrt, Abreise*
το	**αναψυκτικό, τα αναψυκτικά**	*Erfrischungsgetränk*
η	**άνοιξη**	*Frühling*
	ανταλάσσω (ανταλάσσ-ω, -εις, -ει, -ουμε, -ετε, -ουν (ε))	*austauschen*
	αντί για	*statt*
	αντίο	*Auf Wiedersehen*
ο	**άντρας, οι άντρες**	*Mann*
	απέναντι	*gegenüber*
	απλός,-ή,-ό	*schlicht, einfarbig*
	από	*von/aus*
	Από εδώ/'δώ ο/η...	*Das ist* (m/w)...
	Από πού είσαι;, Από πού είστε;	*Woher kommst du?, Woher kommen Sie?*
	Από πού είστε;	*Woher kommen Sie?/ Woher kommt ihr?*
	από τις...μέχρι τις	*von ... bis (Uhrzeit, Datum)*
	απόψε	*heute Abend*
ο	**Απρίλιος**	*April*
	αρέσω (αρέσ-ω, -εις, -ει, -ουμε, -ετε, -ουν(ε))	*gefallen*
ο	**αριθμός κινητού**	*Handynummer*
ο	**αριθμός, οι αριθμοί**	*Nummer*
	αριστερά	*links*
	αρκετά	*genug, ziemlich*
η	**Άρτα**	*Arta*
το	**αρτοποιείο, τα αρτοποιεία**	*Bäckerei* (als Betriebsnamens-schild)
	αρχαιολογικός,-ή,-ό	*archäologisch*
	αρχαίος,-α,-ο	*antik*
η	**αρχιτεκτονική**	*Architektur*
	άσπρος,-η,-ο	*weiß*
η	**αστραπή**	*Blitz*
	άσχημα	*schlecht/schrecklich* (Adverb)
η	**Αττική**	*Attika*
το	**αυγό/αβγό, τα αυγά/αβγά**	*Ei*
ο	**Αύγουστος**	*August*
	αύριο	*morgen*
	αυτά	*sie* (n Pl) (stark)
	αυτές	*sie* (f Pl) (stark)
	αυτή	*sie* (f Sg) (stark)
	αυτή(ν)	*sie* (f Sg)
	αυτό	*es* (n Sg) (stark)
	αυτό(ν)	*ihn* (stark)
	αυτοί	*sie* (m/m+f Pl)
το	**αυτοκίνητο, τα αυτοκίνητα**	*Auto*
	αυτός	*er* (m Sg) (stark)
	αυτούς	*sie* (m/m+f Pl) (stark)
η	**άφιξη, οι αφίξεις**	*Ankunft*
η	**Αχαία**	*Achaia*
το	**αχλάδι, τα αχλάδια**	*Birne*

Β

το	**βαζάκι, τα βαζάκια**	*Gläschen* (z. B. Marmelade)
ο	**βαθμός, οι βαθμοί**	*Grad*
η	**βανίλια**	*Vanille*
	βέβαια	*natürlich*
το	**Βερολίνο**	*Berlin*
το	**βιβλίο**	*Buch*
	βλέπω τηλεόραση	*fernsehen*
ο	**Βόλος**	*Volos*
η	**βόλτα, οι βόλτες**	*Spaziergang, Spazierfahrt*
	βορειοανατολικά	*nordöstlich*
	βορειοδυτικά	*nordwestlich*
ο	**Βορράς**	*Norden*
το	**Βουκουρέστι**	*Bukarest*
το	**βουνό, τα βουνά**	*Berg*
το	**βούτυρο**	*Butter*
το	**βράδυ, τα βράδια**	*Abend*
	βρέχει	*es regnet*
η	**βροχή**	*Regen*
η	**βρύση, οι βρύσες**	*Wasserhahn*
	βρώμικος,-η,-ο	*schmutzig*

Γ

το	**γάλα, τα γάλατα**	*Milch*
η	**Γαλλία**	*Frankreich*
η	**Γαλλίδα, οι Γαλλίδες**	*Französin*
τα	**Γαλλικά**	*Französisch*
ο	**Γάλλος, οι Γάλλοι**	*Franzose*
	γεια	*hallo, tschüss, Gesundheit!, Prost/Zum Wohl!* (beim Duzen einer oder mehrerer Personen)
	γεια σας	*hallo, tschüss, Gesundheit!, Prost/Zum Wohl!* (beim Siezen einer Person und bei der Ansprache mehrerer Personen)
	γεια σου	*hallo, tschüss, Gesundheit!, Prost/Zum Wohl!* (beim Duzen einer Person)
	γεια χαρά	*hallo, tschüss*
τα	**γενέθλια (nur Pl)**	*Geburtstag*
τα	**γένια (nur Pl)**	*Bart*
η	**Γερμανία**	*Deutschland*

Wortverzeichnis Griechisch - Deutsch

η	**Γερμανίδα, οι Γερμανίδες**	*Deutsche*
τα	**Γερμανικά**	*Deutsch*
	γερμανικός,-ή,-ό	*deutsch*
ο	**Γερμανός, οι Γερμανοί**	*Deutscher*
	γέρος, γριά	*alt*
	για 'μένα	*für mich*
η	**γιαγιά, οι γιαγιάδες**	*Oma, Großmutter*
το	**γιαούρτι, τα γιαούρτια**	*Joghurt*
	γιατί	*weil, warum*
ο/η	**γιατρός, οι γιατροί**	*Arzt/Ärztin*
	γίνομαι (γίνομαι, γίνεσαι, γίνεται, γινόμαστε, γίνεστε, γίνονται)	*werden*
	γιορτάζω (γιορτάζ-ω, -εις, -ει, -ουμε, -ετε, -ουν(ε))	*feiern*
η	**γιορτή**	*Feier*
η	**γιορτή Κωνσταντίνου και Ελένης**	*Namenstag von Konstantinos und Eleni*
η	**γιορτή της Παναγίας**	*Mariä Himmelfahrt*
ο	**γιος, οι γιοι**	*Sohn*
το	**γκαράζ, τα γκαράζ**	*Garage*
το	**γκολφ**	*Golf*
	γκρι	*grau*
το	**γλυκό, τα γλυκά**	*Kuchen, Süßigkeit*
	γλυκός,-ιά,-ό	*süß*
το	**γράμμα, τα γράμματα**	*Brief*
το	**γραμμάριο, τα γραμμάρια**	*Gramm*
ο/η	**γραμματέας, οι γραμματείς**	*Sekretär/in*
το	**γραφείο, τα γραφεία**	*Büro*
	γράφω (γράφ-ω, -εις, -ει, -ουμε, -ετε, -ουν)	*schreiben*
	γράψε, γράψτε	*schreib, schreibt*
	γρήγορα	*schnell* (Adverb)
	γρήγορος,-η,-ο	*schnell*
το	**γυμναστήριο, τα γυμναστήρια**	*Fitnessstudio*
η	**γυμναστική**	*Sport*
	γύρω	*(her)um*
η	**γωνία, οι γωνίες**	*Ecke*

Δ

η	**δασκάλα, οι δασκάλες**	*Lehrerin*
το	**δάσος**	*Wald*
	δέκα	*zehn*
ο	**Δεκέμβριος**	*Dezember*
	Δεν έχω ιδέα.	*Ich habe keine Ahnung.*
	δεν...	*... nicht*
	δεξιά	*rechts*
η	**Δευτέρα, οι Δευτέρες**	*Montag*
	δεύτερος,-η,-ο	*zweiter,-e,-es*
τα	**δημητριακά**	*Getreide, Müsli*
	διαβάζω (διαβάζ-ω, -εις, -ει, -ουμε, -ετε, -ουν)	*lesen*
ο	**διάδρομος, οι διάδρομοι**	*Flur*
οι	**διακοπές (nur Pl)**	*Urlaub*
	διακόσια	*zweihundert*
	διακόσια τριάντα	*zweihundertdreißig*
ο	**διάλογος, οι διάλογοι**	*Dialog*
η	**διεύθυνση, οι διευθύνσεις**	*Adresse*
το	**δίκλινο (δωμάτιο)**	*Doppelzimmer*
	δίνω (δίν-ω, -εις, -ει, -ουμε, -ετε, -ουν(ε))	*geben*
	δίπλα	*neben*
	δοκιμάζω	*anprobieren*
η	**δουλειά**	*Arbeit*
	δουλεύω (δουλεύ-ω, -εις, -ει, -ουμε, -ετε, -ουν(ε))	*arbeiten*
ο	**δρόμος, οι δρόμοι**	*Straße, Weg*
	δυνατός,-ή,-ό	*stark*
	δύο	*zwei*
η	**Δύση**	*Westen*
	δυστυχώς	*leider*
	δω	Zukunfts-/Infinitivform von „βλέπω"
	δώδεκα	*zwölf*
η	**Δωδώνη**	*Dodoni*
το	**δωμάτιο, τα δωμάτια**	*Zimmer*
	δωρεάν	*umsonst*
το	**δώρο**	*Geschenk*
	δώσε μου	*gib mir*
	δώστε μου	*geben Sie mir / gebt mir*

Ε

η	**εβδομάδα, οι εβδομάδες**	*Woche*
	εβδομήντα	*siebzig*
	εγώ	*ich*
η	**Έδεσσα**	*Edessa*
	εδώ	*hier*
τα	**είδη καφέ**	*Kaffeesorten*
το	**είδος, τα είδη**	*Sorte*
	είκοσι	*zwanzig*
	είμαι (είμαι, είσαι, είναι, είμαστε, είστε, είναι)	*sein - (ich) bin, (du) bist, (er/sie/es) ist, (wir) sind, (Sie) sind/(ihr) seid, (sie) sind*
	Είμαι (Έλληνας).	*Ich bin (Grieche).*
	είμαι (φωτογράφος)	*ich bin (Fotograf)*
	είμαι από τον/την/το...	*ich bin aus...*
	είμαι ο/η...	*ich bin* (m/w)*...*
	είναι...χρονών	*... Jahre alt sein*
	εκατό	*einhundert*
	εκατό	*hundert*
	εκατό γραμμάρια (ελιές)	*hundert Gramm (Oliven)*
	εκεί	*dort, da*
η	**εκκλησία, οι εκκλησίες**	*Kirche*
η	**έκπτωση, οι εκπτώσεις**	*Rabatt, Ermäßigung*
ο	**εκτυπωτής, οι εκτυπωτές**	*Drucker*
	έλα, ελάτε (Imperativ von „έρχομαι")	*komm, kommt/kommen Sie*
ο	**ελεύθερος χρόνος**	*Freizeit*
	ελεύθερος,-η,-ο	*frei*
η	**ελιά, οι ελιές**	*Olive*
η	**Ελλάδα**	*Griechenland*
ο	**Έλληνας, οι Έλληνες**	*Grieche*
η	**Ελληνίδα, οι Ελληνίδες**	*Griechin*
τα	**Ελληνικά**	*Griechisch*
ο	**Ελληνικός**	*Mokka*
	ελληνικός,-ή,-ό	*griechisch*
	ελπίζω (ελπίζ-ω, -εις, -ει, -ουμε, -ετε, -ουν(ε))	*hoffen*
	εμάς	*uns* (stark)
	εμείς	*wir*
	εμένα	*mich* (stark)
	ένα	*ein* (sächl. unbest. Art., Nom u. Akk)
	ένα	*eins*
	ένα κιλό (ντομάτες)	*ein Kilo Tomaten*
	ένα τέταρτο	*ein Viertel*
	ενάμισης, μιάμιση, ενάμισι	*anderthalb*
	έναν	*einen* (sächl. unbest. Art. Akk)
	ένας	*ein* (sächl. unbest. Art. Nom)
	ενενήντα	*neunzig*
	εννιά	*neun*
	εννιακόσια	*neunhundert*
	εντάξει	*okay*
	έντεκα	*elf*
	εντελώς	*ganz*
το	**ενυδρείο, τα ενυδρεία**	*Aquarium*
	εξακόσια	*sechshundert*
	εξακόσια εβδομήντα	*sechshundertsiebzig*
	έξαλλος,-η,-ο	*schrill*
τα	**Εξάρχεια**	*Exarchia* (Stadtviertel in Athen)
	εξήντα	*sechzig*
	έξι	*sechs*

η	**εξοχή**	*Land*
	έξυπνος,-η,-ο	*schlau*
	έξω	*draußen*
το	**επίθετο, τα επίθετα**	*Nachname*
	επίσης	*auch*
η	**εποχή, οι εποχές**	*Jahreszeit*
το	**έργο, τα έργα**	*Film*
	έρχομαι (έρχομαι, έρχεσαι, έρχεται, ερχόμαστε, έρχεστε, έρχονται)	*kommen*
	εσάς	*euch/Ihnen* (stark)
	εσείς	*ihr, Sie*
	εσείς;	*(und) Ihnen, euch?*
	εσένα	*dich* (stark)
το	**εστιατόριο, τα εστιατόρια**	*Restaurant*
	εσύ	*du*
	εσύ;	*(und) dir?*
	έτσι	*so*
	έτσι κι έτσι	*so lala, es geht so*
	ευθεία/ίσια	*geradeaus*
	ευρώ το κιλό	*Euro pro kg*
το	**ευρώ, τα ευρώ**	*Euro*
	ευχαριστώ	*danke*
	ευχαριστώ πολύ	*vielen Dank*
	εφτά	*sieben*
	εφτακόσια	*siebenhundert*
	έχει αέρα	*es ist windig*
	έχει αστραπές	*es blitzt*
	έχει βροχή	*es regnet*
	έχει ήλιο	*es ist sonnig*
	έχει συννεφιά	*es ist bewölkt*
	έχει χιόνι	*es schneit*
	έχει χιόνια	*es schneit*
	έχω - έχω, έχεις, έχω, έχουμε, έχετε, έχουν	*haben*

Z

το	**ζαμπόν**	*Schinken*
η	**ζάχαρη**	*Zucker*
το	**ζαχαροπλαστείο**	*Konditorei*
η	**ζέστη**	*Wärme*

H

	η	*die* (weibl. best. Art.)
	ή	*oder*
ο/η	**ηθοποιός, οι ηθοποιοί**	*Schauspieler/in*
η	**ηλιοθεραπεία**	*Sonnenbad*
ο	**ήλιος**	*Sonne*
η	**ημέρα (von „μέρα")**	*Tag*
η	**ημερομηνία, οι ημερομηνίες**	*Datum*
το	**Ηράκλειο**	*Heraklion*

Θ

	θα	Begleitwort der Zukunftsform
	θα ήθελα	*ich hätte gern*
ο	**θάλαμος, οι θάλαμοι**	*Kammer*
η	**θάλασσα**	*Meer*
το	**θέατρο, τα θέατρα**	*Theater*
η	**θεία, οι θείες**	*Tante*
ο	**θείος, οι θείοι**	*Onkel*
	θέλω	*wollen*
τα	**Θεοφάνια**	*Epiphanie* (Fest am 6. Januar)
η	**θερμοκρασία**	*Temperatur*
η	**Θεσσαλονίκη**	*Thessaloniki*

I

ο	**Ιανουάριος**	*Januar*
το	**ιατρείο, τα ιατρεία**	*Arztpraxis*
η	**ιδέα, οι ιδέες**	*Idee*
οι	**Ιεράρχες**	*Heilige Drei Könige*
το	**ίντερνετ**	*Internet*
ο	**Ιούλιος**	*Juli*
ο	**Ιούνιος**	*Juni*
η	**ιππασία**	*Reiten*
η	**Ισπανία**	*Spanien*
η	**Ισπανίδα, οι Ισπανίδες**	*Spanierin*
ο	**Ισπανός, οι Ισπανοί**	*Spanier*
το	**ιστιοφόρο, τα ιστιοφόρο**	*Segelboot*
η	**ιστορία αγάπης**	*Liebesgeschichte*
η	**ιστορία, οι ιστορίες**	*Geschichte*
	ίσως	*vielleicht*
η	**Ιταλία**	*Italien*
η	**Ιταλίδα, οι Ιταλίδες**	*Italienerin*
τα	**Ιταλικά**	*Italienisch*
ο	**Ιταλός, οι Ιταλοί**	*Italiener*
τα	**Ιωάννινα**	*Ioannina*

K

η	**Καβάλα**	*Kavala*
	κάθε	*jeder,-e,-s*
	κάθε μέρα	*jeden Tag*
	καθόλου	*gar nicht*
	καθόλου καλά	*überhaupt nicht gut*
	και (είκοσι)	*(20) Min. nach*
	και τέταρτο	*Viertel nach*
	και...και, και...κι	*sowohl ... als auch*
ο	**καιρός**	*Wetter*
το	**κακάο**	*Kakao*
	καλά	*gut* (Adverb)
	καλά	*gut*
η	**Καλαμάτα**	*Kalamata*
οι	**καλές τέχνες (nur Pl)**	*bildende Kunst*
	Καλή ιδέα!	*Gute Idee!*
	καλή συνέχεια	*viel Spaß weiterhin*
	καλημέρα	*guten Morgen* (bis etwa 14 Uhr)
	καλημέρα σας	*guten Morgen* (bis etwa 14 Uhr, Sie-Form)
	καληνύχτα	*gute Nacht*
	καλησπέρα	*guten Tag, guten Abend* (ab etwa 14 Uhr)
	Καλό βράδυ!	*Schönen Abend!*
	Καλό ταξίδι!	*Gute Reise!*
το	**καλοκαίρι**	*Sommer*
το	**καλοριφέρ, τα καλοριφέρ**	*Heizung*
	καλός,-ή,-ό	*gut* (Adjektiv)
η	**κάλτσα, οι κάλτσες**	*Strumpf*
	καλύτερα	*besser*
το	**κάμπινγκ, τα κάμπινγκ**	*Camping*
	κάνει ζέστη	*es ist kalt*
	κάνει κρύο	*es ist kalt*
	κάνει...λεπτά	*(es) dauert ... Minuten*
	κανένας, καμία, κανένα	*irgendein, niemand*
	κάνω	*machen*
	κάνω γυμναστική	*Sport machen*
	κάνω διακοπές	*Urlaub machen*
	κάνω ηλιοθεραπεία	*sich sonnen*
	κάνω μπάνιο	*schwimmen, baden*
	κάνω...λεπτά	*ich brauche ... Minuten*
η	**καράφα, οι καράφες**	*Karaffe*
	καρό	*kariert*
το	**καρότο, τα καρότα**	*Karotte*
το	**κάστρο, τα κάστρα**	*Schloss*

	καταλαβαίνω (καταλαβαίν-ω, -εις, -ει, -ουμε, -ετε, -ουν(ε))	*verstehen*
ο	**κατάλογος, οι κατάλογοι**	*Speisekarte*
	κάτι	*etwas*
	κάτω	*unten*
	καφέ	*braun*
το	**καφενείο**	*Café* (meist für ältere Männer)
ο	**καφές, οι καφέδες**	*Kaffee*
η	**καφετέρια**	*Café*
το	**κέντρο, τα κέντρα**	*Zentrum*
το	**κέτσαπ**	*Ketchup*
η	**κηπουρική**	*Gärtnerei*
	κι εγώ	*ich auch*
	κι, και	*und, auch*
η	**κιθάρα, οι κιθάρες**	*Gitarre*
το	**κιλό, τα κιλά**	*Kilo*
ο	**κιμάς**	*Hackfleisch*
το	**κινητό**	*Handy(nummer)*
το	**κίτρινος,-η,-ο**	*gelb*
το	**κλαμπ, τα κλαμπ**	*Club*
	κοιμάμαι (κοιμ-άμαι, -άσαι, -άται, -όμαστε, -άστε, -ούνται)	*schlafen*
	κόκκινος,-η,-ο	*rot*
ο	**κολοσσός, οι κολοσσοί**	*Koloss*
το	**κομμάτι, τα κομμάτια**	*Stück*
το	**κομμωτήριο, τα κομμωτήρια**	*Friseursalon*
η	**κονσέρβα, οι κονσέρβες**	*Dose*
	κοντά	*in der Nähe*
	κοντός,-ή,-ό	*kurz, klein*
η	**κόρη, οι κόρες**	*Tochter*
	κοστίζω (κοστίζ-ω, -εις, -ει, -ουμε, -ετε, -ουν(ε))	*kosten*
το	**κοτόπουλο, τα κοτόπουλα**	*Hühnchen*
το	**κουλουράκι, τα κουλουράκια**	*Keks*
το	**κουτί, τα κουτιά**	*Schachtel*
το	**κρασί, τα κρασιά**	*Wein*
το	**κρέας, τα κρέατα**	*Fleisch*
το	**κρεβάτι, τα κρεβάτια**	*Bett*
το	**κρεμμύδι, τα κρεμμύδια**	*Zwiebel*
το	**κρεοπωλείο, τα κρεοπωλεία**	*Metzgerei*
η	**κρέπα, οι κρέπες**	*Crêpe*
η	**Κρήτη**	*Kreta*
το	**κρουασάν, τα κρουασάν**	*Croissant*
το	**κρύο**	*Kälte*
	κυρία	*Frau* (Anrede)
η	**κυρία, οι κυρίες**	*Frau*
η	**Κυριακή, οι Κυριακές**	*Sonntag*
	κύριε	*Herr* (Anrede)
ο	**κύριος, οι κύριοι**	*Herr*
η	**κωμωδία, οι κωμωδίες**	*Komödie*

Λ

η	**Λάρισα**	*Larisa*
	λέγομαι (λέγομαι, λέγεσαι, λέγεται, λεγόμαστε, λέγεστε, λέγονται)	*heißen*
η	**λεμονάδα, οι λεμονάδες**	*Limonade*
το	**λεμόνι, τα λεμόνια**	*Zitrone*
η	**λέξη, οι λέξεις**	*Wort*
το	**λεπτό, τα λεπτά**	*Cent, Minute*
τα	**λεφτά/χρήματα**	*Geld*
	λέω (λέω, λες, λέει, λέμε, λέτε, λέν(ε))	*sagen*
το	**λεωφορείο, τα λεωφορεία**	*Bus*
	λίγα (Γερμανικά)	*ein bisschen (Deutsch)*
	λίγες φορές	*wenige Male*
	λίγοι,-ες,-α	*wenige* (Pluralformen)
	λίγος,-η,-ο	*ein bisschen*
ο	**λογαριασμός, οι λογαριασμοί**	*Rechnung*
	λοιπόν	*also*
το	**Λονδίνο**	*London*
το	**λουκάνικο, τα λουκάνικα**	*Wurst*
το	**λουλούδι, τα λουλούδια**	*Blume*

Μ

	μ'	*mir* (von „μου")
το	**μαγαζί, τα μαγαζιά**	*Geschäft*
η	**Μαδρίτη**	*Madrid*
	μαζί	*zusammen*
	μαθαίνω (μαθαίν-ω, -εις, -ει, -ουμε, -ετε, -ουν(ε))	*lernen*
ο	**μαθηματικός, οι μαθηματικοί**	*Mathematiker*
ο	**Μάιος**	*Mai*
τα	**μακαρόνια**	*Nudeln*
	μακριά	*weit*
	μακρύς, μακριά, μακρύ	*lang*
	μάλιστα	*ja, richtig*
τα	**μαλλιά (nur Pl)**	*Haare*
η	**μαμά, οι μαμάδες**	*Mama*
	μάξι	*maxi*
η	**μαρμελάδα**	*Marmelade*
ο	**Μάρτιος**	*März*
	μας	*uns* (schwach)
	μαύρος,-η,-ο	*schwarz*
	με	*mich* (schwach)
	με	*mit*
	με (γάλα)	*mit (Milch)*
	Με λένε...	*Ich heiße ...*
	με συγχωρείτε	*entschuldigen Sie*
	με τα πόδια	*zu Fuß*
	με το αυτοκίνητο/μηχανάκι	*mit dem Auto/Moped*
	μεγάλος,-η,-ο	*groß*
	μεθαύριο	*übermorgen*
	μελαγχολικά	*melancholisch* (Adverb)
το	**μέλι**	*Honig*
η	**μελιτζάνα, οι μελιτζάνες**	*Aubergine*
η	**μελιτζανοσαλάτα**	*Auberginensalat*
	μένω (μέν-ω, -εις, -ει, -ουμε, -ετε, -ουν)	*wohnen/leben*
	μένω στον/στην/στο	*ich wohne in ...*
η	**μέρα**	*Tag*
η	**μέρα της εβδομάδας**	*Wochentag*
ο	**μερακλής, οι μερακλήδες**	*Feinschmecker, jemand, der etwas gerne tut*
η	**μερέντα**	*Nuss-Nougat-Creme*
	μερικές φορές	*ein paar Mal*
	μέσα	*in, drinnen*
	μέσα από	*durch*
	μετά	*danach, nachher (örtlich und zeitlich)*
τα	**μετρητά λεφτά/χρήματα**	*Bargeld*
	μέτρια	*durchschnittlich* (Adverb)
	μέτριος,-ια,-ιο	*mittelsüß*
το	**μέτρο**	*Meter*
το	**μετρό, τα μετρό**	*U-Bahn*
το	**Μέτσοβο**	*Metsovo*
	μέχρι	*bis*
το	**μήλο, τα μήλα**	*Apfel*
ο	**μήνας**	*Monat*
	μήπως	*vielleicht*
η	**Μητρόπολη**	*Kathedrale*
το	**μηχανάκι, τα μηχανάκια**	*Moped*
	μια χαρά	*gut/toll*
	μία/μια	*eine* (weibl. unbest. Art., Nom u. Akk)
	μικρό/μεσαίο/μεγάλο/έξτρα μεγάλο	*S/M/L/XL* (Kleidergrößen)
	μικρός,-ή,-ό	*klein*

	Μιλάς (Ιταλικά);	*Sprichst du (Italienisch)?*
	μιλάω στο κινητό	*auf dem Handy telefonieren*
	μιλάω/ώ (μιλ-άω, -άς, -άει, -άμε, -άτε, -ούν/άν(ε))	*sprechen*
	μίνι	*mini*
	μισό κιλό	*ein halbes Kilo*
	Μισό λεπτό!	*Moment!*
	μισός,-ή,-ό	*halb*
το	**Μόναχο**	*München*
	μόνο	*nur*
το	**μονόκλινο (δωμάτιο)**	*Einzelzimmer*
	μοντέρνος,-α,-ο	*modern*
η	**Μόσχα**	*Moskau*
	μου	*mir*
το	**μουσείο, τα μουσεία**	*Museum*
	μουσικά	*musikalisch* (Adverb)
η	**μουσική**	*Musik*
το	**μουστάκι, τα μουστάκια**	*Schnurrbart*
το	**μπαλέτο**	*Ballett*
ο	**μπαμπάς, οι μπαμπάδες**	*Papa*
η	**μπανάνα, οι μπανάνες**	*Banane*
το	**μπάνιο, τα μπάνια**	*Bad* (Handlung, Zimmer)
το	**μπαρ, τα μπαρ**	*Bar*
το	**μπάσκετ**	*Basketball*
η	**μπαταρία, οι μπαταρίες**	*Batterie, Wasserhahn*
το	**μπέικον**	*Speck*
το	**μπισκότο, τα μπισκότα**	*Keks, Kekse*
	μπλε	*blau*
η	**μπλούζα, οι μπλούζες**	*Shirt*
	μπορώ (μπορ-ώ, -είς, -εί, -ούμε, -είτε, -ούν(ε))	*können*
η	**μπουγάτσα, οι μπουγάτσες**	Blätterteigtasche mit einer süßen, vanilligen Füllung
το	**μπουκάλι, τα μπουκάλια**	*Flasche*
η	**μπουτίκ**	*Boutique*
	μπράβο	*bravo*
η	**μπριζόλα, οι μπριζόλες**	*Steak*
η	**μπύρα, οι μπύρες**	*Bier*
	Μύθος	*Mythos* (Biermarke)
	Μυτιλήνη	*Mytilini*
το	**μωρό, τα μωρά**	*Baby*

N

	να	Begleitwort bei Modalverben und Infinitivkonstruktionen
	ναι	*ja*
	ναι, παρακαλώ	*ja, bitte*
	νέος,-α,-ο	*neu, jung*
το	**νερό**	*Wasser*
ο	**νες καφέ**	*Nescafé* (warmer Instant-kaffee)
ο	**νιπτήρας, οι νιπτήρες**	*Waschbecken*
ο	**Νοέμβριος**	*November*
	νομίζω (νομίζ-ω, -εις, -ει, -ουμε, -ετε, -ουν(ε))	*denken*
η	**νοσοκόμα, οι νοσοκόμες**	*Krankenpflegerin*
το	**νοσοκομείο, τα νοσοκομεία**	*Krankenhaus*
ο	**νοσοκόμος, οι νοσοκόμοι**	*Krankenpfleger*
	νοτιοανατολικά	*südöstlich*
	νοτιοδυτικά	*südwestlich*
ο	**Νότος**	*Süden*
το	**νούμερο**	*Nummer, Größe*
το	**νούμερο παπούτσι**	*Schuhgröße*
η	**ντίσκο, οι ντίσκο**	*Disko*
η	**ντομάτα, οι ντομάτες**	*Tomate*
το	**ντουζ, τα ντουζ**	*Dusche*

Ξ

η	**ξαδέλφη/ξαδέρφη, οι ξαδέλφες/ξαδέρφες**	*Cousine*
ο	**ξάδελφος/ξάδερφος, οι ξάδελφοι/οι ξάδερφοι**	*Cousin*
η	**Ξάνθη**	*Xanthi*
	ξανθός,-ή/-ιά,-ό	*blond*
το	**ξενοδοχείο, τα ξενοδοχεία**	*Hotel*
	Ξέρεις (Γαλλικά);	*Kannst du (Französisch)?*
	ξέρω (ξέρ-ω, -εις, -ει, -ουμε, -ετε, -ουν(ε))	*können*
το	**ξύδι**	*Essig*

O

	ο	*der* (männl. best. Art.)
	ογδόντα	*achtzig*
η	**οδός, οι οδοί**	*Straße, Weg*
η	**οθόνη, οι οθόνες**	*Bildschirm*
	οι φωτογραφίες διακοπών	*Urlaubsbilder*
η	**οικογένεια, οι οικογένειες**	*Familie*
ο	**Οκτώβριος**	*Oktober*
	όλα	*alles*
	όλα μαζί	*alles zusammen*
	όλο	*immer*
	όλο ευθεία/όλο ίσια	*immer geradeaus*
η	**ομίχλη**	*Nebel*
	όμορφος/-η/-ο	*hübsch*
	όμως	*aber*
το	**όνομα, τα ονόματα**	*Name*
η	**όπερα, οι όπερες**	*Oper*
το	**οπωροπωλείο, τα οπωροπωλεία**	*Obst- und Gemüseladen*
	όπως	*wie* (Vergleich)
	ότι	*dass*
	Ούζο 12	Ouzomarke
	Ούζο Μυτιλήνης	Ouzomarke
	Ούζο Πλωμάρι	Ouzomarke
το	**ούζο, τα ούζα**	*Ouzo*
	όχι	*nein*
	όχι, ευχαριστώ	*nein, danke*
	οχτακόσια	*achthundert*
	οχτακόσια ενενήντα	*achthundertneunzig*
	οχτώ	*acht*

Π

το	**παγάκι, τα παγάκια**	*Eiswürfel*
το	**Παγκράτι**	*Pangrati* (Stadtviertel in Athen)
το	**παγωτό βανίλια**	*Vanilleeis*
το	**παγωτό, τα παγωτά**	*Eis*
το	**παιδί, τα παιδιά**	*Kind*
	παίζω (παίζ-ω, -εις, -ει, -ουμε, -ετε, -ουν)	*spielen*
	παίζω κιθάρα	*Gitarre spielen*
	παίρνω (παίρν-ω, -εις, -ει, -ουμε, -ετε, ουν(ε))	*nehmen*
το	**πακέτο, τα πακέτα**	*Paket, Päckchen*
η	**παλιά πόλη**	*Altstadt*
	παλιός,-ά,-ό	*alt*
	Πάμε σε/ για...;	*Gehen wir ...?*
η	**Παναγία**	*Mutter Gottes*
το	**πανεπιστήμιο, τα πανεπιστήμια**	*Universität*
η	**πανσιόν, οι πανσιόν**	*Pension*
	πάντα	*immer*
το	**παντελόνι, τα παντελόνια**	*Hose*
	πάνω	*oben*
το	**παπούτσι, τα παπούτσια**	*Schuh*
ο	**παππούς, οι παππούδες**	*Opa, Großvater*

Wortverzeichnis Griechisch - Deutsch

	πάρα πολύ	*sehr* (betont)
	παρά τέταρτο	*Viertel vor*
το	**παράθυρο, τα παράθυρα**	*Fenster*
	παρακαλώ	*bitte*
η	**παραλία, οι παραλίες**	*Strand*
η	**Παρασκευή, οι Παρασκευές**	*Freitag*
το	**Παρίσι**	*Paris*
το	**πάρκινγκ, τα πάρκινγκ**	*Parkplatz*
το	**πάρκο, τα πάρκα**	*Park*
το	**Πάσχα**	*Ostern*
η	**πατάτα, οι πατάτες**	*Kartoffel*
η	**Πάτρα**	*Patras*
	πάω (πάω, πας, πάει, πάμε, πάτε, πάν(ε))	*gehen/fahren*
	πάω για ένα καφέ	*Kaffee trinken gehen*
	πάω για μπάνιο	*schwimmen gehen*
	πάω για ύπνο	*schlafen gehen*
	πάω για χορό	*tanzen gehen*
	πάω για ψώνια	*einkaufen gehen*
	πάω έξω	*rausgehen*
	πάω σινεμά	*ins Kino gehen*
η	**πεζοπορία**	*Wandern*
η	**Πέμπτη, οι Πέμπτες**	*Donnerstag*
	πέμπτος,-η,-ο	*fünfter,-e,-es*
	πενήντα	*fünfzig*
	πεντακόσια	*fünfhundert*
	πέντε	*fünf*
	περίπου	*ungefähr*
το	**περίπτερο, τα περίπτερα**	*Kiosk*
	περνάω (περν-άω, -άς, άει, άμε, άτε, ούν(ε))	*verbringen*
	περπατάω/ώ (περπατ-άω/ώ, -άς, -άει/ά, -άμε, -άτε, -άν(ε))	*laufen*
η	**πετσέτα, οι πετσέτες**	*Handtuch*
το	**Πήλιο**	*Pelion*
ο	**πίνακας, οι πίνακες**	*Gemälde*
	πίνω (πίν-ω, -εις, -ει, -ουμε, -ετε, -ουν(ε))	*trinken*
	πίνω καφέ	*Kaffee trinken*
	πιο	*mehr* (Begleitwort bei der Bildung des Komparativs)
	πιο πολύ	*am meisten*
το	**πιπέρι**	*Pfeffer*
η	**πιπεριά, οι πιπεριές**	*Paprika*
η	**πισίνα, οι πισίνες**	*Schwimmbad*
	πιστεύω (πιστεύ-ω, -εις, -ει, -ουμε, -ετε, -ουν(ε))	*glauben*
η	**Πλάκα**	*Plaka* (Stadtteil am Fuß der Akropolis)
η	**πλάκα**	*Spaß*
η	**πλατεία, οι πλατείες**	*Platz*
το	**πληκτρολόγιο, τα πληκτρολόγια**	*Tastatur*
το	**ποδήλατο, τα ποδήλατα**	*Fahrrad*
το	**πόδι, τα πόδια**	*Fuß*
το	**ποδόσφαιρο**	*Fußball*
	ποιοι, ποιες, ποια	*wer* (Pl)
	ποιος, ποια, ποιο	*wer* (Sg)
η	**πόλη**	*Stadt*
	πολλές φορές	*mehrmals*
	πολύ καλά	*sehr gut*
	πολύ λίγο	*sehr wenig*
	πολύς, πολλή, πολύ; πολλοί, πολλές, πολλά	*viel*
το	**ποντίκι, τα ποντίκια**	*Maus*
η	**πορτοκαλάδα μπλε**	*Orangenlimonade ohne Kohlensäure*
η	**πορτοκαλάδα, οι πορτοκαλάδες**	*Orangenlimonade*
	πορτοκαλί	*orange*
το	**πορτοκάλι, τα πορτοκάλια**	*Orange*
το	**πορτοφόλι**	*Geldbeutel*
	πόση ώρα	*wie lange*
	Πόσο κάνει/έχει; (Sg.) Πόσο κάνουν/έχουν; (Pl.)	*Wie viel kostet das? / Wie viel macht das zusammen?*
	πόσο συχνά	*wie oft*
	πόσοι, πόσες, πόσα	*wie viele* (Pluralformen)
	πόσος, πόση, πόσο	*wie viel*
	ποτέ	*nie*
το	**ποτήρι, τα ποτήρια**	*Glas*
το	**ποτό, τα ποτά**	*alkoholisches Getränk*
	πού	*wo* (in Fragesätzen)
	Πού είναι...;	*Wo ist ...?*
	Πού μένεις;	*Wo wohnst du?*
το	**πουκάμισο, τα πουκάμισα**	*Bluse/Hemd*
το	**πουλόβερ, τα πουλόβερ**	*Pullover*
οι	**πράσινες/μαύρες ελιές**	*grüne/schwarze Oliven*
	πράσινος,-η,-ο	*grün*
	πριν	*vor*
η	**προσφορά, οι προσφορές**	*Angebot*
	προτείνω (προτείν-ω, -εις, -ει, -ουμε, -ετε, -ουν(ε))	*vorschlagen*
	προτιμώ (προτιμ-ώ, -άς, -ά(ει), -ούμε/άμε, -άτε, -ούν(ε)/άνε))	*bevorzugen*
η	**Πρωτομαγιά**	*Erster Mai*
	πρώτος,-η,-ο	*erster,-e,-es*
η	**Πρωτοχρονιά**	*Neujahr*
ο	**πωλητής, οι πωλητές**	*Verkäufer*
η	**πωλήτρια, οι πωλήτριες**	*Verkäuferin*
	πώς	*wie* (in Fragesätzen)
	Πώς είναι...στα Ελληνικά;	*Was heißt ... auf Griechisch?*
	Πώς είσαι;	*Wie geht es dir?*
	Πώς σας λένε;	*Wie heißen Sie? / Wie heißt ihr?*
	Πώς σε λένε;/Πώς σας λένε;	*Wie heißt du?/Wie heißen Sie?*

Ρ

το	**ράδιο**	*Radio*
η	**ρετσίνα, οι ρετσίνες**	*weißer, trockener, griechischer Wein mit Harz versetzt*
η	**ρίγα**	*Streifen*
η	**ρίγανη**	*Oregano*
	ριγέ	*gestreift*
το	**ροδάκινο, τα ροδάκινα**	*Pfirsich*
η	**Ρόδος**	*Rhodos*
	ροζ	*rosa*
	ροκ	*Rock* (Musik)
η	**Ρουμανία**	*Rumänien*
η	**Ρώμη**	*Rom*
η	**Ρωσία**	*Russland*

Σ

το	**Σάββατο, τα Σάββατα**	*Samstag*
το	**Σαββατοκύριακο, τα Σαββατοκύριακα**	*Wochenende*
το	**σακάκι, τα σακάκια**	*Jackett*
η	**σαλάτα, οι σαλάτες**	*Salat*
το	**σαλόνι, τα σαλόνια**	*Wohnzimmer*
	σαν	*wie* (im Vergleich)
το	**σάντουιτς, τα σάντουιτς**	*Sandwich*
η	**σάουνα, οι σάουνες**	*Sauna*
	σαράντα	*vierzig*
η	**σαρδέλα, οι σαρδέλες**	*Sardine*
	σας	*euch/Ihnen* (schwach)
	σας παρακαλώ	*bitte* (Sie-Form)
	σε	*in*
	σε ένα (σ᾽ένα)	*in ein*
	σε έναν (σ᾽έναν)	*in einen*
	σε λίγο	*gleich*
	σε μία	*in eine*
	σε μία εβδομάδα	*in einer Woche*

	σε...λεπτά	*in ... Minuten*
	σε+τη(ν) - στη(ν)	*bei, zu* (f Sg)
	σε+τις - στις	*bei, zu* (f Pl)
	σε+το - στο	*bei, zu* (n Sg)
	σε+το(ν) - στο(ν)	*bei, zu* (m Sg)
ο	**Σεπτέμβριος**	*September*
η	**σερβιτόρα, οι σερβιτόρες**	*Kellnerin*
ο	**σερβιτόρος, οι σερβιτόροι**	*Kellner*
	σήμερα	*heute*
	σιγά	*langsam* (Adverb)
	σιγά-σιγά!	*langsam!* (wenn man jdn. darum bittet)
	σικ	*schick*
το	**σινεμά**	*Kino*
η	**σκάλα, οι σκάλες**	*Treppe*
	σκέτος,-η,-ο	*schwarz* (Kaffee)
	σκέτος/μέτριος/γλυκός καφές	*schwarzer / mittelsüßer / süßer Kaffee*
το	**σκι**	*Ski*
το	**σκόρδο, τα σκόρδα**	*Knoblauch*
ο	**σκύλος, οι σκύλοι**	*Hund*
	σνακ, τα σνακ	*Snack*
η	**σοκολάτα**	*Schokolade*
	σου	*dir*
	σου πάει, σας πάει	*das steht dir, das steht euch/ Ihnen*
το	**σούπερ μάρκετ**	*Supermarkt*
τα	**σπαγγέτι (nur Sg)**	*Spaghetti*
η	**σπανακόπιτα, οι σπανακόπιτες**	*Blätterteigtasche mit Spinat*
	σπάνια	*selten*
το	**σπίτι, τα σπίτια**	*Haus*
το	**σπορ, τα σπορ**	*Sport*
	σποραδικά	*sporadisch* (Adverb)
	στα βόρεια	*im Norden*
	στα νότια	*im Süden*
το	**στάδιο, τα στάδια**	*Stadion*
το	**σταθερό (τηλέφωνο)**	*Festnetztelefon*
ο	**σταθμός, οι σταθμοί**	*Bahnhof*
η	**στάση, οι στάσεις**	*Haltestelle*
το	**σταφύλι, τα σταφύλια**	*Weintraube*
το	**στενό, τα στενά**	*Gasse*
	στενός,-ή,-ό	*eng*
	στη μία (η ώρα)	*um 1:00/13:00 (Uhr)*
το	**στικάκι, τα στικάκια**	*(USB-)Stick*
	στις	*um (Uhrzeit)*
	στις οχτώ (η ώρα)	*um 8:00/20:00 (Uhr)*
	στις οχτώμιση/οχτώ και μισή	*um 8:30/20:30 Uhr*
	στο ίντερνετ	*im Internet*
	στο σπίτι	*zu Hause*
	στο τέλος του δρόμου	*am Ende der Straße*
	στον τρίτο δρόμο δεξιά	*an der dritten Straße rechts*
το	**στρώμα, τα στρώματα**	*Matratze*
	συγνώμη	*Entschuldigung*
	συγχαρητήρια	*herzlichen Glückwunsch*
	συγχωρώ (συγχωρ-ώ, -είς, -εί, -ούμε, -είτε, -ούν(ε))	*entschuldigen*
ο	**σύζυγος, οι σύζυγοι**	*Ehemann*
η	**σύζυγος, οι σύζυγοι**	*Ehefrau*
	συμφωνώ (συμφων-ώ, είς, εί, ούμε, είτε, ούν(ε))	*zustimmen*
η	**συνεδρίαση, οι συνεδριάσεις**	*Besprechung*
η	**συνέχεια**	*Folge, Fortsetzung*
	συνήθως	*normalerweise*
η	**συννεφιά**	*bewölkter Himmel*
	σύντομα	*bald*
	συχνά	*oft*
	σχεδόν	*fast*
	σχεδόν πάντα	*fast immer*
	σχεδόν ποτέ	*fast nie*
το	**σχολείο, τα σχολεία**	*Schule*

Τ

	Τ.Κ. (ταχυδρομικός κώδικας)	*PLZ*
	τα	*sie* (n Pl) (schwach)
	τα λέμε	*bis bald*
η	**ταβέρνα, οι ταβέρνες**	*Taverne*
το	**ταξί, τα ταξί**	*Taxi*
το	**ταξίδι, τα ταξίδια**	*Reise*
το	**ταχυδρομείο**	*Post*
	τελειώνω (τελειών-ω, -εις, -ει, -ουμε, -ετε, -ουν(ε))	*beenden*
	τελευταίος,-α,-ο	*letzter, -e, -es*
το	**τέλος**	*Ende*
το	**τένις**	*Tennis*
	τέσσερα	*vier*
η	**Τετάρτη, οι Τετάρτες**	*Mittwoch*
το	**τέταρτο, τα τέταρτα**	*1/4, Viertelstunde*
	τέταρτος,-η,-ο	*vierter, -e, -es*
	τετρακόσια	*vierhundert*
	τετρακόσια πενήντα	*vierhundertfünfzig*
η	**τέχνη**	*Kunst*
	τζαζ	*Jazz*
το	**τζατζίκι, τα τζατζίκια**	*Tzatziki*
το	**τζιν, τα τζιν**	*Jeans*
το	**τζόγκινγκ**	*Jogging*
	τη(ν)	*sie* (f Sg) (schwach)
η	**τηλεόραση, οι τηλεοράσεις**	*Fernseher*
ο	**τηλεφωνικός θάλαμος**	*Telefonzelle*
	τηλεφωνικός,-ή,-ό	*telefonisch*
το	**τηλέφωνο**	*Telefon(nummer)*
	την άνοιξη	*im Frühling*
	της	*der* (Gen von „η")
	τι	*was*
	Τι θα πάρετε;	*Was nehmen Sie?*
	Τι κάνεις;	*Wie geht es dir?*
	Τι κάνετε;	*Wie geht es Ihnen/euch?*
	Τι λες;, Τι λέτε;	*Was sagst du?, Was sagt ihr / Was sagen Sie?*
	Τι χόμπυ έχεις;	*Welche Hobbys hast du?*
	Τι ώρα είναι;	*Wie viel Uhr ist es?*
	τι ώρα...	*wie viel Uhr...*
	Τίποτ' άλλο; (von „Τίποτα άλλο;")/Κάτι άλλο;	*Sonst noch etwas?*
	τίποτα	*nichts*
	τις/τες	*sie* (f Pl) (schwach)
	το βράδυ	*abends*
	το καλοκαίρι	*im Sommer*
	το πολύ	*höchstens*
	το τετράγωνο, τα τετράγωνα	*Block* (Straße)
	το φθινόπωρο	*im Herbst*
	τοις εκατό	*(X) Prozent / %*
	τον	*ihn* (m Sg) (schwach)
	τον Ιανουάριο	*im Januar*
	Τον λογαριασμό παρακαλώ!	*Die Rechnung bitte!*
	τον χειμώνα	*im Winter*
	τοπικός,-ή,-ό	*lokal*
το	**τοστ, τα τοστ**	*Toast*
	τότε	*dann*
η	**τουαλέτα, οι τουαλέτες**	*Toilette*
	τους	*sie* (m/m+f Pl) (schwach)
το	**τραγούδι, τα τραγούδια**	*Lied*
το	**τραμ, τα τραμ**	*Straßenbahn*
η	**τραπεζαρία, οι τραπεζαρίες**	*Esszimmer*
	τρία	*drei*
	τρία τέταρτα	*drei Viertel*
	τριακόσια	*dreihundert*
	τριάντα	*dreißig*
	τριάντα εφτάμιση	*37,5*

η	**Τρίπολη**	*Tripoli*
η	**Τρίτη, οι Τρίτες**	*Dienstag*
	τρίτος,-η,-ο	*dritter,-e,-es*
το	**τρόλεϊ, τα τρόλεϊ**	*Oberleitungsbus*
	τρώω (τρώ-ω, -ς, -ει, -με, -τε, -ν(ε))	*essen*
	τρώω έξω	*essen gehen*
το	**τσάι, τα τσάγια**	*Tee*
η	**τσάντα**	*Tasche*
το	**τυρί, τα τυριά**	*Käse*
η	**τυρόπιτα, οι τυρόπιτες**	*Blätterteigtasche mit Schafskäse*
	τώρα	*jetzt*

Υ

	Υ.Γ.	*P.S.*
	υπάρχει (Sg), υπάρχουν (Pl)	*es gibt*
	υπάρχω (υπάρχ-ω, -εις, -ει, -ουμε, -ετε, ουν(ε))	*existieren*
το	**υπνοδωμάτιο, τα υπνοδωμάτια**	*Schlafzimmer*
ο	**ύπνος**	*Schlaf*
το	**υπόγειο, τα υπόγεια**	*Keller*
ο	**υπολογιστής, οι υπολογιστές/ το κομπιούτερ, τα κομπιούτερ**	*Computer*

Φ

το	**φαγητό, τα φαγητά**	*Essen*
το	**φανάρι, τα φανάρια**	*Ampel*
το	**φανελάκι, τα φανελάκια**	*Unterhemd*
	φανταστικά	*fantastisch* (Adverb)
	φαρδύς, φαρδιά, φαρδύ	*weit*
τα	**Φάρσαλα**	*Farsala*
ο	**Φεβρουάριος**	*Februar*
	φέρνω (φέρν-ω, -εις, -ει, -ουμε, -ετε, -ουν(ε))	*bringen*
	φέρνω (φέρν-ω, -εις, -ει, -ουμε, -ετε, -ουν(ε))	*bringen*
η	**φέτα**	*Feta-Käse*
η	**φέτα (ψωμί), οι φέτες (ψωμί)**	*Scheibe (Brot)*
η	**φέτα Δωδώνης**	*Dodoni-Feta*
	φέτος	*dieses Jahr*
το	**φθινόπωρο**	*Herbst*
το	**φιλί**	*Kuss*
	φιλιά	*liebe Grüße*
το	**φιλμ, τα φιλμ**	*Film*
ο	**φίλος, οι φίλοι**	*Freund*
ο	**φοιτητής, οι φοιτητές**	*Student*
η	**φοιτήτρια, οι φοιτήτριες**	*Studentin*
η	**φορά**	*Mal*
	φοράω (φορ-άω, -άς, -ά(ει), άμε, άτε, ουν/ άν(ε))	*tragen*
το	**φόρεμα, τα φορέματα**	*Kleid*
ο	**φορητός υπολογιστής/το λάπτοπ, τα λάπτοπ**	*Laptop*
ο	**φούρνος, οι φούρνοι**	*Bäckerei* (im Gespräch), *Ofen*
η	**φούστα, οι φούστες**	*Rock*
το	**φουστάνι, τα φουστάνια**	*Kleid*
το	**φούτερ, τα φούτερ**	*Sweatshirt*
ο	**φραπές, οι φραπέδες**	*Frappé* (kalter Kaffee)
η	**φρατζόλα ψωμί**	*Laib Brot*
ο	**φρέσκος χυμός**	*frisch gepresster Saft*
	φρέσκος,-ια,-ο	*frisch*
η	**φρυγανιά, οι φρυγανιές**	*Zwieback*
	φτάνω	*ankommen*
	φτηνός,-ή,-ό	*billig*
	φτιάχνω (φτιάχν-ω, -εις, -ει, -ουμε, -ετε, -ουν(ε))	*zubereiten*
	φυσάει	*es ist windig*
η	**φυσική**	*Physik*
η	**φωνή, οι φωνές**	*Stimme*
το	**φωτογραφείο, τα φωτογραφεία**	*Fotoatelier*
η	**φωτογραφία, οι φωτογραφίες**	*Foto*
ο/η	**φωτογράφος, οι φωτογράφοι**	*Fotograf*

Χ

	χαίρετε	*Ich grüße Sie!, auf Wiedersehen!*
	χαίρω πολύ	*angenehm / freut mich*
	χαλασμένος,-η,-ο	*kaputt*
ο	**χαλβάς**	*Halwa* (Süßspeise aus Ölsamen und Zucker o. anderen Süßungsmitteln)
	χάλια	*sehr schlecht/miserabel* (Adverb)
τα	**Χανιά**	*Chania*
η	**χαρά**	*Freude*
ο	**χειμώνας**	*Winter*
η	**χημεία**	*Chemie*
	χίλια	*tausend*
το	**χιόνι**	*Schnee*
	χιονίζει	*es schneit*
η	**Χίος**	*Chios*
	χμ	*hm* (Interjektion)
το	**χόμπυ, τα χόμπυ**	*Hobby*
ο	**χορός, οι χοροί**	*Tanz*
	χρειάζομαι (χρειάζομαι, χρειάζεστε, χρειάζεται, χρειαζόμαστε, χρειάζεστε, χρειάζονται)	*brauchen*
τα	**Χριστούγεννα**	*Weihnachten*
ο	**χρόνος**	*Zeit*
το	**χρώμα**	*Farbe*
ο	**χυμός ανάμεικτος**	*Multivitaminsaft*
ο	**χυμός πορτοκάλι**	*Orangensaft*
ο	**χυμός ροδάκινο**	*Pfirsichsaft*
ο	**χυμός, οι χυμοί**	*Saft*
η	**χωριάτικη σαλάτα**	*Bauernsalat*
	χωριάτικος,-η,-ο	*dörflich*
	χωρίς	*ohne*
	χωρίς ζάχαρη	*ohne Zucker*
	χωριστά/χώρια/ξεχωριστά	*getrennt*

Ψ

	ψάχνω (ψάχν-ω, -εις, -ει, -ουμε, -ετε, -ουν(ε))	*suchen*
	ψηλός,-ή,-ό	*groß*
η	**ψυχολογία**	*Psychologie*
το	**ψωμάκι, τα ψωμάκια**	*Brötchen*
το	**ψωμί, τα ψωμιά**	*Brot*
τα	**ψώνια**	*Einkäufe*

Ω

η	**ώρα, οι ώρες**	*Uhrzeit/Stunde*
	ωραία	*schön* (Adverb)
	ωραίος,-α,-ο	*schön*

37,5		**τριάντα εφτάμιση**
(20) Min. nach		**και (είκοσι)**

A

Abend	το	**βράδυ, τα βράδια**
abends		**το βράδυ**
aber		**αλλά, όμως**
Abfahrt, Abreise	η	**αναχώρηση, οι αναχωρήσεις**
Achaia	η	**Αχαία**
acht		**οχτώ**
achthundert		**οχτακόσια**
achthundertneunzig		**οχτακόσια ενενήντα**
achtzig		**ογδόντα**
Adresse	η	**διεύθυνση, οι διευθύνσεις**
Ah!		**Α!**
Akropolis	η	**Ακρόπολη**
akustisch (Adverb)		**ακουστικά**
Alchemie	η	**αλχημεία**
alkoholisches Getränk	το	**ποτό, τα ποτά**
alles		**όλα**
alles zusammen		**όλα μαζί**
also		**λοιπόν**
alt		**γέρος, γριά, παλιός,-ά,-ό**
Altstadt	η	**παλιά πόλη**
am Ende der Straße		**στο τέλος του δρόμου**
am meisten		**πιο πολύ**
Ampel	το	**φανάρι, τα φανάρια**
an der dritten Straße rechts		**στον τρίτο δρόμο δεξιά**
anderer		**άλλος,-η,-ο**
anderthalb		**ενάμισης, μιάμιση, ενάμισι**
Angebot	η	**προσφορά, οι προσφορές**
angenehm		**χαίρω πολύ**
ankommen		**φτάνω**
Ankunft	η	**άφιξη, οι αφίξεις**
anprobieren		**δοκιμάζω**
antik		**αρχαίος,-α,-ο**
Apfel	το	**μήλο, τα μήλα**
April	ο	**Απρίλιος**
Aquarium	το	**ενυδρείο, τα ενυδρεία**
Arbeit	η	**δουλειά**
arbeiten		**δουλεύω (δουλεύ-ω, -εις, -ει, -ουμε, -ετε, -ουν(ε))**
archäologisch		**αρχαιολογικός,-ή,-ό**
Architektur	η	**αρχιτεκτονική**
Arta	η	**Άρτα**
Arzt/Ärztin	ο/η	**γιατρός, οι γιατροί**
Arztpraxis	το	**ιατρείο, τα ιατρεία**
Athen	η	**Αθήνα**
Attika	η	**Αττική**
Aubergine	η	**μελιτζάνα, οι μελιτζάνες**
Auberginensalat	η	**μελιτζανοσαλάτα**
auch		**επίσης, κι, και**
auf dem Handy telefonieren		**μιλάω στο κινητό**
Auf Wiedersehen		**αντίο**
August	ο	**Αύγουστος**
austauschen		**ανταλάσσω (ανταλάσσ-ω, -εις, -ει, -ουμε, -ετε, -ουν (ε))**
Auto	το	**αυτοκίνητο, τα αυτοκίνητα**

B

Baby	το	**μωρό, τα μωρά**
Bäckerei (als Betriebsnamensschild)	το	**αρτοποιείο, τα αρτοποιεία**
Bäckerei (im Gespräch), *Ofen*	ο	**φούρνος, οι φούρνοι**
Bad (Handlung, Zimmer)	το	**μπάνιο, τα μπάνια**
Bahnhof	ο	**σταθμός, οι σταθμοί**
bald		**σύντομα**
Ballett	το	**μπαλέτο**
Banane	η	**μπανάνα, οι μπανάνες**
Bar	το	**μπαρ, τα μπαρ**
Bargeld	τα	**μετρητά λεφτά/χρήματα**
Bart	τα	**γένια (nur Pl)**
Basketball	το	**μπάσκετ**
Batterie	η	**μπαταρία, οι μπαταρίες**
Bauernsalat	η	**χωριάτικη σαλάτα**
beenden		**τελειώνω (τελειών-ω, -εις, -ει, -ουμε, -ετε, -ουν(ε))**
Begleitwort bei Modalverben und Infinitivkonstruktionen		**να**
Begleitwort der Zukunftsform		**θα**
bei, zu (f Pl)		**σε+τις - στις**
bei, zu (f Sg)		**σε+τη(ν) - στη(ν)**
bei, zu (m Sg)		**σε+το(ν) - στο(ν)**
bei, zu (n Sg)		**σε+το - στο**
Berg	το	**βουνό, τα βουνά**
Berlin	το	**Βερολίνο**
Besprechung	η	**συνεδρίαση, οι συνεδριάσεις**
besser		**καλύτερα**
Bett	το	**κρεβάτι, τα κρεβάτια**
bevorzugen		**προτιμώ (προτιμ-ώ, -άς, -ά(ει), -ούμε/άμε, -άτε, -ούν(ε)/άνε))**
bewölkter Himmel	η	**συννεφιά**
Bier	η	**μπύρα, οι μπύρες**
bildende Kunst	οι	**καλές τέχνες (nur Pl)**
Bildschirm	η	**οθόνη, οι οθόνες**
billig		**φτηνός,-ή,-ό**
Birne	το	**αχλάδι, τα αχλάδια**
bis		**μέχρι**
bis bald		**τα λέμε**
bitte		**παρακαλώ**
bitte (Sie-Form)		**σας παρακαλώ**
Blätterteigtasche mit einer süßen, vanilligen Füllung	η	**μπουγάτσα, οι μπουγάτσες**
Blätterteigtasche mit Schafskäse	η	**τυρόπιτα, οι τυρόπιτες**
Blätterteigtasche mit Spinat	η	**σπανακόπιτα, οι σπανακόπιτες**
blau		**μπλε**
Blitz	η	**αστραπή**
Block (Straße)		**το τετράγωνο, τα τετράγωνα**
blond		**ξανθός,-ή/-ιά,-ό**
Blume	το	**λουλούδι, τα λουλούδια**
Bluse/Hemd	το	**πουκάμισο, τα πουκάμισα**
Boutique	η	**μπουτίκ**
brauchen		**χρειάζομαι (χρειάζομαι, χρειάζεστε, χρειάζεται, χρειαζόμαστε, χρειάζεστε, χρειάζονται)**
braun		**καφέ**
bravo		**μπράβο**
Brief	το	**γράμμα, τα γράμματα**
bringen		**φέρνω (φέρν-ω, -εις, -ει, -ουμε, -ετε, -ουν(ε))**
Brot	το	**ψωμί, τα ψωμιά**
Brötchen	το	**ψωμάκι, τα ψωμάκια**
Bruder	ο	**αδελφός/αδερφός, οι αδελφοί/οι αδερφοί**
Buch	το	**βιβλίο**
Bukarest	το	**Βουκουρέστι**
Büro	το	**γραφείο, τα γραφεία**
Bus	το	**λεωφορείο, τα λεωφορεία**
Butter	το	**βούτυρο**

Wortverzeichnis Deutsch - Griechisch

C

Café	η	**καφετέρια**
Café (meist für ältere Männer)	το	**καφενείο**
Camping	το	**κάμπινγκ, τα κάμπινγκ**
CD	το	**CD**
Cent, Minute	το	**λεπτό, τα λεπτά**
Chania	τα	**Χανιά**
Chemie	η	**χημεία**
Chios	η	**Χίος**
Club	το	**κλαμπ, τα κλαμπ**
Computer	ο	**υπολογιστής, οι υπολογιστές/ το κομπιούτερ, τα κομπιούτερ**
Cousin	ο	**ξάδελφος/ξάδερφος, οι ξάδελφοι/οι ξάδερφοι**
Cousine	η	**ξαδέλφη/ξαδέρφη, οι ξαδέλφες/ξαδέρφες**
Crêpe	η	**κρέπα, οι κρέπες**
Croissant	το	**κρουασάν, τα κρουασάν**

D

danach, nachher (örtlich und zeitlich)		**μετά**
danke		**ευχαριστώ**
dann		**τότε**
Das ist (m/w)...		**Από εδώ/'δώ ο/η...**
das steht dir, das steht euch/Ihnen		**σου πάει, σας πάει**
dass		**ότι**
Datum	η	**ημερομηνία, οι ημερομηνίες**
(es) dauert ... Minuten		**κάνει...λεπτά**
denken		**νομίζω (νομίζ-ω, -εις, -ει, -ουμε, -ετε, -ουν(ε))**
der (Gen von „η“)		**της**
der (männl. best. Art.)		**ο**
Deutsch	τα	**Γερμανικά**
deutsch		**γερμανικός,-ή,-ό**
Deutsche	η	**Γερμανίδα, οι Γερμανίδες**
Deutscher	ο	**Γερμανός, οι Γερμανοί**
Deutschland	η	**Γερμανία**
Dezember	ο	**Δεκέμβριος**
Dialog	ο	**διάλογος, οι διάλογοι**
dich (stark)		**εσένα**
die (weibl. best. Art.)		**η**
Die Rechnung bitte!		**Τον λογαριασμό παρακαλώ!**
Dienstag	η	**Τρίτη, οι Τρίτες**
dieses Jahr		**φέτος**
dir		**σου**
dir?		**εσύ;**
Disko	η	**ντίσκο, οι ντίσκο**
Dodoni	η	**Δωδώνη**
Dodoni-Feta	η	**φέτα Δωδώνης**
Donnerstag	η	**Πέμπτη, οι Πέμπτες**
Doppelzimmer	το	**δίκλινο (δωμάτιο)**
dörflich		**χωριάτικος,-η,-ο**
dort, da		**εκεί**
Dose	η	**κονσέρβα, οι κονσέρβες**
draußen		**έξω**
drei		**τρία**
drei Viertel		**τρία τέταρτα**
dreihundert		**τριακόσια**
dreißig		**τριάντα**
dritter,-e,-es		**τρίτος,-η,-ο**
Drucker	ο	**εκτυπωτής, οι εκτυπωτές**
du		**εσύ**
durch		**μέσα από**
durchschnittlich (Adverb)		**μέτρια**
Dusche	το	**ντους, τα ντους**
DVD	το	**DVD**

E

Ecke	η	**γωνία, οι γωνίες**
Edessa	η	**Έδεσσα**
Ehefrau	η	**σύζυγος, οι σύζυγοι**
Ehemann	ο	**σύζυγος, οι σύζυγοι**
Ei	το	**αυγό/αβγό, τα αυγά/ αβγά**
ein (sächl. unbest. Art. Nom)		**ένας**
ein (sächl. unbest. Art., Nom u. Akk)		**ένα**
ein bisschen		**λίγος,-η,-ο**
ein bisschen (Deutsch)		**λίγα (Γερμανικά)**
ein halbes Kilo		**μισό κιλό**
ein Kilo Tomaten		**ένα κιλό (ντομάτες)**
ein paar Mal		**μερικές φορές**
ein Viertel		**ένα τέταρτο**
eine (weibl. unbest. Art., Nom u. Akk)		**μία/μια**
einen (sächl. unbest. Art. Akk)		**έναν**
einhundert		**εκατό**
Einkäufe	τα	**ψώνια**
einkaufen gehen		**πάω για ψώνια**
eins		**ένα**
Einzelzimmer	το	**μονόκλινο (δωμάτιο)**
Eis	το	**παγωτό, τα παγωτά**
Eiswürfel	το	**παγάκι, τα παγάκια**
elf		**έντεκα**
Ende	το	**τέλος**
eng		**στενός,-ή,-ό**
England	η	**Αγγλία**
Engländer	ο	**Άγγλος, οι Άγγλοι**
Engländerin	η	**Αγγλίδα, οι Αγγλίδες**
Englisch	τα	**Αγγλικά**
entschuldigen		**συγχωρώ (συγχωρ-ώ, -είς, -εί, -ούμε, -είτε, -ούν(ε))**
entschuldigen Sie		**με συγχωρείτε**
Entschuldigung		**συγνώμη**
Epiphanie (Fest am 6. Januar)	τα	**Θεοφάνια**
er (m Sg) (stark)		**αυτός**
Erfrischungsgetränk	το	**αναψυκτικό, τα αναψυκτικά**
Erster Mai	η	**Πρωτομαγιά**
erster,-e,-es		**πρώτος,-η,-ο**
es (n Sg) (stark)		**αυτό**
es blitzt		**έχει αστραπές**
es geht so		**έτσι κι έτσι**
es gibt		**υπάρχει (Sg), υπάρχουν (Pl)**
es ist bewölkt		**έχει συννεφιά**
es ist kalt		**κάνει ζέστη, κάνει κρύο**
es ist sonnig		**έχει ήλιο**
es ist windig		**έχει αέρα, φυσάει**
es regnet		**βρέχει, έχει βροχή**
es schneit		**έχει χιόνι, έχει χιόνια, χιονίζει**
essen		**τρώω (τρώ-ω, -ς, -ει, -με, -τε, -ν(ε))**
Essen	το	**φαγητό, τα φαγητά**
essen gehen		**τρώω έξω**
Essig	το	**ξύδι**
Esszimmer	η	**τραπεζαρία, οι τραπεζαρίες**
etwas		**κάτι**
euch/Ihnen (schwach)		**σας**
euch/Ihnen (stark)		**εσάς**
Euro	το	**ευρώ, τα ευρώ**
Euro pro kg		**ευρώ το κιλό**
Exarchia (Stadtviertel in Athen)	τα	**Εξάρχεια**
existieren		**υπάρχω (υπάρχ-ω, -εις, -ει, -ουμε, -ετε, ουν(ε))**

F

Fahrrad	το	**ποδήλατο, τα ποδήλατα**
Familie	η	**οικογένεια, οι οικογένειες**
fantastisch (Adverb)		**φανταστικά**
Farbe	το	**χρώμα**
Farsala	τα	**Φάρσαλα**
fast		**σχεδόν**
fast immer		**σχεδόν πάντα**
fast nie		**σχεδόν ποτέ**
Februar	ο	**Φεβρουάριος**
Feier	η	**γιορτή**
feiern		**γιορτάζω (γιορτάζ-ω, -εις, -ει, -ουμε, -ετε, -ουν(ε))**
Feinschmecker, jemand, der etwas gerne tut	ο	**μερακλής, οι μερακλήδες**
Fenster	το	**παράθυρο, τα παράθυρα**
fernsehen		**βλέπω τηλεόραση**
Fernseher	η	**τηλεόραση, οι τηλεοράσεις**
Festnetztelefon	το	**σταθερό (τηλέφωνο)**
Feta-Käse	η	**φέτα**
Film	το	**έργο, τα έργα, φιλμ, τα φιλμ**
Fitnessstudio	το	**γυμναστήριο, τα γυμναστήρια**
Flasche	το	**μπουκάλι, τα μπουκάλια**
Fleisch	το	**κρέας, τα κρέατα**
Flughafen	το	**αεροδρόμιο, τα αεροδρόμια**
Flur	ο	**διάδρομος, οι διάδρομοι**
Folge, Fortsetzung	η	**συνέχεια**
Foto	η	**φωτογραφία, οι φωτογραφίες**
Fotoatelier	το	**φωτογραφείο, τα φωτογραφεία**
Fotograf	ο/η	**φωτογράφος, οι φωτογράφοι**
Frankreich	η	**Γαλλία**
Franzose	ο	**Γάλλος, οι Γάλλοι**
Französin	η	**Γαλλίδα, οι Γαλλίδες**
Französisch	τα	**Γαλλικά**
Frappé (kalter Kaffee)	ο	**φραπές, οι φραπέδες**
Frau	η	**κυρία, οι κυρίες**
Frau (Anrede)		**κυρία**
frei		**ελεύθερος,-η,-ο**
Freitag	η	**Παρασκευή, οι Παρασκευές**
Freizeit	ο	**ελέυθερος χρόνος**
Freude	η	**χαρά**
Freund	ο	**φίλος, οι φίλοι**
freut mich		**χαίρω πολύ**
frisch		**φρέσκος,-ια,-ο**
frisch gepresster Saft	ο	**φρέσκος χυμός**
Friseursalon	το	**κομμωτήριο, τα κομμωτήρια**
Frühling	η	**άνοιξη**
fünf		**πέντε**
fünfhundert		**πεντακόσια**
fünfter,-e,-es		**πέμπτος,-η,-ο**
fünfzig		**πενήντα**
für mich		**για 'μένα**
Fuß	το	**πόδι, τα πόδια**
Fußball	το	**ποδόσφαιρο**

G

ganz		**εντελώς**
gar nicht		**καθόλου**
Garage	το	**γκαράζ, τα γκαράζ**
Gärtnerei	η	**κηπουρική**
Gasse	το	**στενό, τα στενά**
geben		**δίνω (δίν-ω, -εις, -ει, -ουμε, -ετε, -ουν(ε))**
geben Sie mir / gebt mir		**δώστε μου**
Geburtstag	τα	**γενέθλια (nur Pl)**
gefallen		**αρέσω (αρέσ-ω, -εις, -ει, -ουμε, -ετε, -ουν(ε))**
gegenüber		**απέναντι**
Gehen wir ...?		**Πάμε σε/ για...;**
gehen/fahren		**πάω (πάω, πας, πάει, πάμε, πάτε, πάν(ε))**
gelb	το	**κίτρινος,-η,-ο**
Geld	τα	**λεφτά/χρήματα**
Geldbeutel	το	**πορτοφόλι**
Gemälde	ο	**πίνακας, οι πίνακες**
gemischt		**ανάμεικτος,-η,-ο**
genau		**ακριβώς**
genug, ziemlich		**αρκετά**
geradeaus		**ευθεία/ίσια**
Geschäft	το	**μαγαζί, τα μαγαζιά**
Geschenk	το	**δώρο**
Geschichte	η	**ιστορία, οι ιστορίες**
gestreift		**ριγέ**
Getreide, Müsli	τα	**δημητριακά**
getrennt		**χωριστά/χώρια/ ξεχωριστά**
gib mir		**δώσε μου**
Gitarre	η	**κιθάρα, οι κιθάρες**
Gitarre spielen		**παίζω κιθάρα**
Glas	το	**ποτήρι, τα ποτήρια**
Gläschen (z. B. Marmelade)	το	**βαζάκι, τα βαζάκια**
glauben		**πιστεύω (πιστεύ-ω, -εις, -ει, -ουμε, -ετε, -ουν(ε))**
gleich		**σε λίγο**
Golf	το	**γκολφ**
Grad	ο	**βαθμός, οι βαθμοί**
Gramm	το	**γραμμάριο, τα γραμμάρια**
grau		**γκρι**
Grieche	ο	**Έλληνας, οι Έλληνες**
Griechenland	η	**Ελλάδα**
Griechin	η	**Ελληνίδα, οι Ελληνίδες**
Griechisch	τα	**Ελληνικά**
griechisch		**ελληνικός,-ή,-ό**
groß		**μεγάλος,-η,-ο; ψηλός,-ή,-ό**
grün		**πράσινος,-η,-ο**
grüne/schwarze Oliven	οι	**πράσινες/μαύρες ελιές**
Gurke	το	**αγγούρι, τα αγγούρια**
gut		**καλά**
gut (Adjektiv)		**καλός,-ή,-ό**
gut (Adverb)		**καλά**
gut/toll		**μια χαρά**
Gute Idee!		**Καλή ιδέα!**
gute Nacht		**καληνύχτα**
Gute Reise!		**Καλό ταξίδι!**
guten Morgen (bis etwa 14 Uhr)		**καλημέρα**
guten Morgen (bis etwa 14 Uhr, Sie-Form)		**καλημέρα σας**
guten Tag, guten Abend (ab etwa 14 Uhr)		**καλησπέρα**

H

Haare	τα	**μαλλιά (nur Pl)**
haben		**έχω - έχω, έχεις, έχω, έχουμε, έχετε, έχουν**
Hackfleisch	ο	**κιμάς**
halb		**μισός,-ή,-ό**
hallo, tschüss		**γεια χαρά**
hallo, tschüss, Gesundheit!, Prost/ Zum Wohl! (beim Duzen einer oder mehrerer Personen)		**γεια**
hallo, tschüss, Gesundheit!, Prost/ Zum Wohl! (beim Duzen einer Person)		**γεια σου**
hallo, tschüss, Gesundheit!, Prost/ Zum Wohl! (beim Siezen einer Person und bei der Ansprache mehrerer Personen)		**γεια σας**

Deutsch		Griechisch
Haltestelle	η	**στάση, οι στάσεις**
Halwa (Süßspeise aus Ölsamen und Zucker o. anderen Süßungsmitteln)	ο	**χαλβάς**
Handtuch	η	**πετσέτα, οι πετσέτες**
Handy(nummer)	το	**κινητό**
Handynummer	ο	**αριθμός κινητού**
Haus	το	**σπίτι, τα σπίτια**
Heilige Drei Könige	οι	**Ιεράρχες**
heißen		**λέγομαι (λέγομαι, λέγεσαι, λέγεται, λεγόμαστε, λέγεστε, λέγονται)**
Heizung	το	**καλοριφέρ, τα καλοριφέρ**
Heraklion	το	**Ηράκλειο**
Herbst	το	**φθινόπωρο**
Herr	ο	**κύριος, οι κύριοι**
Herr (Anrede)		**κύριε**
herum		**γύρω**
herzlichen Glückwunsch		**συγχαρητήρια**
heute		**σήμερα**
heute Abend		**απόψε**
hier		**εδώ**
hm (Interjektion)		**χμ**
Hobby	το	**χόμπυ, τα χόμπυ**
höchstens		**το πολύ**
hoffen		**ελπίζω (ελπίζ-ω, -εις, -ει, -ουμε, -ετε, -ουν(ε))**
Honig	το	**μέλι**
hören		**ακούω (ακού-ω, -ς, -ει, -με, -τε, ουν(ε))**
Hose	το	**παντελόνι, τα παντελόνια**
Hotel	το	**ξενοδοχείο, τα ξενοδοχεία**
hübsch		**όμορφος/-η/-ο**
Hühnchen	το	**κοτόπουλο, τα κοτόπουλα**
Hund	ο	**σκύλος, οι σκύλοι**
hundert		**εκατό**
hundert Gramm (Oliven)		**εκατό γραμμάρια (ελιές)**
I		
ich		**εγώ**
ich auch		**κι εγώ**
ich bin (Fotograf)		**είμαι (φωτογράφος)**
Ich bin (Grieche).		**Είμαι (Έλληνας).**
ich bin (m/w)...		**είμαι ο/η...**
ich bin aus...		**είμαι από τον/την/το...**
ich brauche...Minuten		**κάνω...λεπτά**
Ich grüße Sie!, auf Wiedersehen!		**χαίρετε**
Ich habe keine Ahnung.		**Δεν έχω ιδέα.**
ich hätte gern		**θα ήθελα**
Ich heiße ...		**Με λένε...**
ich wohne in ...		**μένω στον/στην/στο**
Idee	η	**ιδέα, οι ιδέες**
ihn (m Sg) (schwach)		**τον**
ihn (stark)		**αυτό(ν)**
Ihnen?, euch?		**εσείς;**
ihr, Sie		**εσείς**
im Frühling		**την άνοιξη**
im Herbst		**το φθινόπωρο**
im Internet		**στο ίντερνετ**
im Januar		**τον Ιανουάριο**
im Norden		**στα βόρεια**
im Sommer		**το καλοκαίρι**
im Süden		**στα νότια**
im Winter		**τον χειμώνα**
immer		**πάντα**
immer		**όλο**
immer geradeaus		**όλο ευθεία/όλο ίσια**
in		**σε**
in ... Minuten		**σε...λεπτά**
in der Nähe		**κοντά**
in ein		**σε ένα (σ΄ένα)**
in eine		**σε μία**
in einen		**σε έναν (σ΄έναν)**
in einer Woche		**σε μία εβδομάδα**
in, drinnen		**μέσα**
ins Kino gehen		**πάω σινεμά**
Internet	το	**ίντερνετ**
Ioannina	τα	**Ιωάννινα**
irgendein, niemand		**κανένας, καμία, κανένα**
Italien	η	**Ιταλία**
Italiener	ο	**Ιταλός, οι Ιταλοί**
Italienerin	η	**Ιταλίδα, οι Ιταλίδες**
Italienisch	τα	**Ιταλικά**
J		
ja		**ναι**
ja, bitte		**ναι, παρακαλώ**
ja, richtig		**μάλιστα**
Jackett	το	**σακάκι, τα σακάκια**
... Jahre alt sein		**είναι...χρονών**
Jahreszeit	η	**εποχή, οι εποχές**
Januar	ο	**Ιανουάριος**
Jazz		**τζαζ**
Jeans	το	**τζιν, τα τζιν**
jeden Tag		**κάθε μέρα**
jeder,-e,-s		**κάθε**
jetzt		**τώρα**
Jogging	το	**τζόγκινγκ**
Joghurt	το	**γιαούρτι, τα γιαούρτια**
Juli	ο	**Ιούλιος**
Juni	ο	**Ιούνιος**
K		
Kaffee	ο	**καφές, οι καφέδες**
Kaffee trinken		**πίνω καφέ**
Kaffee trinken gehen		**πάω για ένα καφέ**
Kaffeesorten	τα	**είδη καφέ**
Kakao	το	**κακάο**
Kalamata	η	**Καλαμάτα**
Kälte	το	**κρύο**
Kammer	ο	**θάλαμος, οι θάλαμοι**
Kannst du (Französisch)?		**Ξέρεις (Γαλλικά);**
kaputt		**χαλασμένος,-η,-ο**
Karaffe	η	**καράφα, οι καράφες**
kariert		**καρό**
Karotte	το	**καρότο, τα καρότα**
Kartoffel	η	**πατάτα, οι πατάτες**
Käse	το	**τυρί, τα τυριά**
Kathedrale	η	**Μητρόπολη**
Kavala	η	**Καβάλα**
Keks	το	**κουλουράκι, τα κουλουράκια**
Keks, Kekse	το	**μπισκότο, τα μπισκότα**
Keller	το	**υπόγειο, τα υπόγεια**
Kellner	ο	**σερβιτόρος, οι σερβιτόροι**
Kellnerin	η	**σερβιτόρα, οι σερβιτόρες**
Ketchup	το	**κέτσαπ**
Kilo	το	**κιλό, τα κιλά**
Kind	το	**παιδί, τα παιδιά**
Kino	το	**σινεμά**
Kiosk	το	**περίπτερο, τα περίπτερα**
Kirche	η	**εκκλησία, οι εκκλησίες**
Kleid	το	**φόρεμα, τα φορέματα, φουστάνι, τα φουστάνια**
klein		**μικρός,-ή,-ό**
Knoblauch	το	**σκόρδο, τα σκόρδα**
Koloss	ο	**κολοσσός, οι κολοσσοί**
komm, kommt/kommen Sie		**έλα, ελάτε (Imperativ von „έρχομαι")**

6

DEUTSCH - GRIECHISCH

kommen		**έρχομαι (έρχομαι, έρχεσαι, έρχεται, ερχόμαστε, έρχεστε, έρχονται)**
Kommt sofort!		**Αμέσως, έφτασε!**
Komödie	η	**κωμωδία, οι κωμωδίες**
Konditorei	το	**ζαχαροπλαστείο**
können		**μπορώ (μπορ-ώ, -είς, -ει, -ούμε, -είτε, -ούν(ε))**
können		**ξέρω (ξέρ-ω, -εις, -ει, -ουμε, -ετε, -ουν(ε))**
kosten		**κοστίζω (κοστίζ-ω, -εις, -ει, -ουμε, -ετε, -ουν(ε))**
Krankenhaus	το	**νοσοκομείο, τα νοσοκομεία**
Krankenpfleger	ο	**νοσοκόμος, οι νοσοκόμοι**
Krankenpflegerin	η	**νοσοκόμα, οι νοσοκόμες**
Kreta	η	**Κρήτη**
Kuchen, Süßigkeit	το	**γλυκό, τα γλυκά**
Kunst	η	**τέχνη**
kurz, klein		**κοντός,-ή,-ό**
Kuss	το	**φιλί**

L

Laib Brot	η	**φρατζόλα ψωμί**
Land	η	**εξοχή**
lang		**μακρύς, μακριά, μακρύ**
langsam (Adverb)		**σιγά**
langsam! (wenn man jdn. darum bittet)		**σιγά-σιγά!**
Laptop	ο	**φορητός υπολογιστής/ το λάπτοπ, τα λάπτοπ**
Larisa	η	**Λάρισα**
laufen		**περπατάω/ώ (περπατ-άω/ώ, -άς, -άει/ά, -άμε, -άτε, -άν(ε))**
leben		**μένω (μέν-ω, -εις, -ει, -ουμε, -ετε, -ουν)**
Lehrerin	η	**δασκάλα, οι δασκάλες**
leider		**δυστυχώς**
lernen		**μαθαίνω (μαθαίν-ω, -εις, -ει, -ουμε, -ετε, -ουν(ε))**
lesen		**διαβάζω (διαβάζ-ω, -εις, -ει, -ουμε, -ετε, -ουν)**
letzter, -e, -es		**τελευταίος,-α,-ο**
Liebe	η	**αγάπη**
liebe ... (Ansprache im Brief)		**αγαπητή...**
liebe Grüße		**φιλιά**
lieben		**αγαπάω/ώ (αγαπ-άω, -άς, -άει, -άμε, -άτε, -ούν/άνε)**
Liebesgeschichte	η	**ιστορία αγάπης**
lieblings-		**αγαπημένος, -η, -ο**
Lied	το	**τραγούδι, τα τραγούδια**
Limonade	η	**λεμονάδα, οι λεμονάδες**
links		**αριστερά**
lokal		**τοπικός,-ή,-ό**
London	το	**Λονδίνο**

M

machen		**κάνω**
Madrid	η	**Μαδρίτη**
Mai	ο	**Μάιος**
Mal	η	**φορά**
Mama	η	**μαμά, οι μαμάδες**
Mann	ο	**άντρας, οι άντρες**
Mariä Himmelfahrt	η	**γιορτή της Παναγίας**
Markt	η	**αγορά, οι αγορές**
Marmelade	η	**μαρμελάδα**
März	ο	**Μάρτιος**
Mathematiker	ο	**μαθηματικός, οι μαθηματικοί**
Matratze	το	**στρώμα, τα στρώματα**
Maus	το	**ποντίκι, τα ποντίκια**
maxi		**μάξι**
Meer	η	**θάλασσα**
mehr (Begleitwort bei der Bildung des Komparativs)		**πιο**
mehrmals		**πολλές φορές**
melancholisch (Adverb)		**μελαγχολικά**
Meter	το	**μέτρο**
Metsovo	το	**Μέτσοβο**
Metzgerei	το	**κρεοπωλείο, τα κρεοπωλεία**
mich (schwach)		**με**
mich (stark)		**εμένα**
Milch	το	**γάλα, τα γάλατα**
mini		**μίνι**
mir		**μου**
mir (von „μου")		**μ'**
mit		**με**
mit (Milch)		**με (γάλα)**
mit dem Auto/Moped		**με το αυτοκίνητο/ μηχανάκι**
mittelsüß		**μέτριος,-ια,-ιο**
Mittwoch	η	**Τετάρτη, οι Τετάρτες**
modern		**μοντέρνος,-α,-ο**
Mokka	ο	**Ελληνικός**
Moment!		**Μισό λεπτό!**
Monat	ο	**μήνας**
Montag	η	**Δευτέρα, οι Δευτέρες**
Moped	το	**μηχανάκι, τα μηχανάκια**
morgen		**αύριο**
Moskau	η	**Μόσχα**
Multivitaminsaft	ο	**χυμός ανάμεικτος**
München	το	**Μόναχο**
Museum	το	**μουσείο, τα μουσεία**
Musik	η	**μουσική**
musikalisch (Adverb)		**μουσικά**
Mutter Gottes	η	**Παναγία**
Mythos (Biermarke)		**Μύθος**
Mytilini		**Μυτιλήνη**

N

Nachname	το	**επίθετο, τα επίθετα**
Name	το	**όνομα, τα ονόματα**
Namenstag von Konstantinos und Eleni	η	**γιορτή Κωνσταντίνου και Ελένης**
natürlich		**βέβαια**
natürlich (ugs.)		**αμέ**
Nebel	η	**ομίχλη**
neben		**δίπλα**
nehmen		**παίρνω (παίρν-ω, -εις, -ει, -ουμε, -ετε, ουν(ε))**
nein		**όχι**
nein, danke		**όχι, ευχαριστώ**
Nescafé (warmer Instantkaffee)	ο	**νες καφέ**
neu, jung		**νέος,-α,-ο**
Neujahr	η	**Πρωτοχρονιά**
neun		**εννιά**
neunhundert		**εννιακόσια**
neunzig		**ενενήντα**
nichts		**τίποτα**
... nicht		**δεν...**
nie		**ποτέ**
noch		**ακόμα**
Norden	ο	**Βορράς**
nordöstlich		**βορειοανατολικά**
nordwestlich		**βορειοδυτικά**
normalerweise		**συνήθως**
November	ο	**Νοέμβριος**
Nudeln	τα	**μακαρόνια**
Nummer	ο	**αριθμός, οι αριθμοί**
Nummer, Größe	το	**νούμερο**
nur		**μόνο**
Nuss-Nougat-Creme	η	**μερέντα**

O

- *oben* **πάνω**
- *Oberleitungsbus* το **τρόλεϊ, τα τρόλεϊ**
- *Obst- und Gemüseladen* το **οπωροπωλείο, τα οπωροπωλεία**
- *oder* **ή**
- *oft* **συχνά**
- *ohne* **χωρίς**
- *ohne Zucker* **χωρίς ζάχαρη**
- *okay* **εντάξει**
- *Oktober* ο **Οκτώβριος**
- *Olive* η **ελιά, οι ελιές**
- *Oma, Großmutter* η **γιαγιά, οι γιαγιάδες**
- *Onkel* ο **θείος, οι θείοι**
- *Opa, Großvater* ο **παππούς, οι παππούδες**
- *Oper* η **όπερα, οι όπερες**
- *orange* **πορτοκαλί**
- *Orange* το **πορτοκάλι, τα πορτοκάλια**
- *Orangenlimonade* η **πορτοκαλάδα, οι πορτοκαλάδες**
- *Orangenlimonade ohne Kohlensäure* η **πορτοκαλάδα μπλε**
- *Orangensaft* ο **χυμός πορτοκάλι**
- *Oregano* η **ρίγανη**
- *Osten* η **Ανατολή**
- *Ostern* το **Πάσχα**
- *Ouzo* το **ούζο, τα ούζα**

P

- *P.S.* **Υ.Γ.**
- *Paket, Päckchen* το **πακέτο, τα πακέτα**
- *Pangrati* (Stadtviertel in Athen) το **Παγκράτι**
- *Papa* ο **μπαμπάς, οι μπαμπάδες**
- *Paprika* η **πιπεριά, οι πιπεριές**
- *Paris* το **Παρίσι**
- *Park* το **πάρκο, τα πάρκα**
- *Parkplatz* το **πάρκινγκ, τα πάρκινγκ**
- *Patras* η **Πάτρα**
- *Pelion* το **Πήλιο**
- *Pension* η **πανσιόν, οι πανσιόν**
- *Pfeffer* το **πιπέρι**
- *Pfirsich* το **ροδάκινο, τα ροδάκινα**
- *Pfirsichsaft* ο **χυμός ροδάκινο**
- *Physik* η **φυσική**
- *Plaka* (Stadtteil am Fuß der Akropolis) η **Πλάκα**
- *Platz* η **πλατεία, οι πλατείες**
- *PLZ* **Τ.Κ. (ταχυδρομικός κώδικας)**
- *Post* το **ταχυδρομείο**
- *Prozent* **τοις εκατό**
- *Psychologie* η **ψυχολογία**
- *Pullover* το **πουλόβερ, τα πουλόβερ**

R

- *Rabatt, Ermäßigung* η **έκπτωση, οι εκπτώσεις**
- *Radio* το **ράδιο**
- *Radio hören* **ακούω ράδιο**
- *rausgehen* **πάω έξω**
- *Rechnung* ο **λογαριασμός, οι λογαριασμοί**
- *rechts* **δεξιά**
- *Regen* η **βροχή**
- *Reise* το **ταξίδι, τα ταξίδια**
- *Reiten* η **ιππασία**
- *Restaurant* το **εστιατόριο, τα εστιατόρια**
- *Rhodos* η **Ρόδος**
- *Rock* η **φούστα, οι φούστες**
- *Rock* (Musik) **ροκ**
- *Rom* η **Ρώμη**
- *rosa* **ροζ**
- *rot* **κόκκινος,-η,-ο**
- *Rumänien* η **Ρουμανία**
- *Russland* η **Ρωσία**

S

- *S/M/L/XL* (Kleidergrößen) **μικρό/μεσαίο/μεγάλο/έξτρα μεγάλο**
- *Saal* η **αίθουσα, οι αίθουσες**
- *Saft* ο **χυμός, οι χυμοί**
- *sagen* **λέω (λέω, λες, λέει, λέμε, λέτε, λέν(ε))**
- *Salat* η **σαλάτα, οι σαλάτες**
- *Salz* το **αλάτι**
- *Samstag* το **Σάββατο, τα Σάββατα**
- *Sandwich* το **σάντουιτς, τα σάντουιτς**
- *Sardine* η **σαρδέλα, οι σαρδέλες**
- *Sauna* η **σάουνα, οι σάουνες**
- *Schachtel* το **κουτί, τα κουτιά**
- *Schauspieler/in* ο/η **ηθοποιός, οι ηθοποιοί**
- *Scheibe* (Brot) η **φέτα (ψωμί), οι φέτες (ψωμί)**
- *schick* **σικ**
- *Schinken* το **ζαμπόν**
- *Schlaf* ο **ύπνος**
- *schlafen* **κοιμάμαι (κοιμ-άμαι, -άσαι, -άται, -όμαστε, -άστε, -ούνται)**
- *schlafen gehen* **πάω για ύπνο**
- *Schlafzimmer* το **υπνοδωμάτιο, τα υπνοδωμάτια**
- *schlau* **έξυπνος,-η,-ο**
- *schlecht/schrecklich* (Adverb) **άσχημα**
- *schlicht, einfarbig* **απλός,-ή,-ό**
- *Schloss* το **κάστρο, τα κάστρα**
- *schmutzig* **βρώμικος,-η,-ο**
- *Schnee* το **χιόνι**
- *schnell* **γρήγορος,-η,-ο**
- *schnell* (Adverb) **γρήγορα**
- *Schnurrbart* το **μουστάκι, τα μουστάκια**
- *Schokolade* η **σοκολάτα**
- *schön* **ωραίος,-α,-ο**
- *schön* (Adverb) **ωραία**
- *Schönen Abend!* **Καλό βράδυ!**
- *schreib, schreibt* **γράψε, γράψτε**
- *schreiben* **γράφω (γράφ-ω, -εις, -ει, -ουμε, -ετε, -ουν)**
- *schrill* **έξαλλος,-η,-ο**
- *Schuh* το **παπούτσι, τα παπούτσια**
- *Schuhgröße* το **νούμερο παπούτσι**
- *Schule* το **σχολείο, τα σχολεία**
- *schwarz* **μαύρος,-η,-ο**
- *schwarz* (Kaffee) **σκέτος,-η,-ο**
- *schwarzer / mittelsüßer / süßer Kaffee* **σκέτος/μέτριος/γλυκός καφές**
- *Schwester* η **αδελφή/αδερφή, οι αδελφές/αδερφές**
- *Schwimmbad* η **πισίνα, οι πισίνες**
- *schwimmen gehen* **πάω για μπάνιο**
- *schwimmen, baden* **κάνω μπάνιο**
- *sechs* **έξι**
- *sechshundert* **εξακόσια**
- *sechshundertsiebzig* **εξακόσια εβδομήντα**
- *sechzig* **εξήντα**
- *Segelboot* το **ιστιοφόρο, τα ιστιοφόρο**
- *sehr* (betont) **πάρα πολύ**
- *sehr gut* **πολύ καλά**
- *sehr schlecht* (Adverb) **χάλια**
- *sehr wenig* **πολύ λίγο**
- *sein - (ich) bin, (du) bist, (er/sie/es) ist, (wir) sind, (Sie) sind/(ihr) seid, (sie) sind* **είμαι (είμαι, είσαι, είναι, είμαστε, είστε, είναι)**
- *Sekretär/in* ο/η **γραμματέας, οι γραμματείς**
- *selten* **σπάνια**
- *September* ο **Σεπτέμβριος**
- *Shirt* η **μπλούζα, οι μπλούζες**

sich sonnen		**κάνω ηλιοθεραπεία**
sie (f Pl) (schwach)		**τις/τες**
sie (f Pl) (stark)		**αυτές**
sie (f Sg)		**αυτή(ν)**
sie (f Sg) (schwach)		**τη(ν)**
sie (f Sg) (stark)		**αυτή**
sie (m/m+f Pl)		**αυτοί**
sie (m/m+f Pl) (schwach)		**τους**
sie (m/m+f Pl) (stark)		**αυτούς**
sie (n Pl) (schwach)		**τα**
sie (n Pl) (stark)		**αυτά**
sieben		**εφτά**
siebenhundert		**εφτακόσια**
siebzig		**εβδομήντα**
Sitzungssaal	η	**αίθουσα συνεδρίασης**
Ski	το	**σκι**
Snack		**σνακ, τα σνακ**
so		**έτσι**
so lala		**έτσι κι έτσι**
sofort		**αμέσως**
Sohn	ο	**γιος, οι γιοι**
Sommer	το	**καλοκαίρι**
Sonne	ο	**ήλιος**
Sonnenbad	η	**ηλιοθεραπεία**
Sonntag	η	**Κυριακή, οι Κυριακές**
Sonst noch etwas?		**Τίποτ' άλλο; (von „Τίποτα άλλο;")/Κάτι άλλο;**
Sorte	το	**είδος, τα είδη**
sowohl ... als auch		**και...και, και...κι**
Spaghetti	τα	**σπαγγέτι (nur Sg)**
Spanien	η	**Ισπανία**
Spanier	ο	**Ισπανός, οι Ισπανοί**
Spanierin	η	**Ισπανίδα, οι Ισπανίδες**
Spaß	η	**πλάκα**
Spazierfahrt	η	**βόλτα, οι βόλτες**
Spaziergang	η	**βόλτα, οι βόλτες**
Speck	το	**μπέικον**
Speisekarte	ο	**κατάλογος, οι κατάλογοι**
spielen		**παίζω (παίζ-ω, -εις, -ει, -ουμε, -ετε, -ουν)**
sporadisch (Adverb)		**σποραδικά**
Sport	η, το	**γυμναστική, σπορ, τα σπορ**
Sport machen		**κάνω γυμναστική**
sprechen		**μιλάω/ώ (μιλ-άω, -άς, -άει, -άμε, -άτε, -ούν/άν(ε))**
Sprichst du (Italienisch)?		**Μιλάς (Ιταλικά);**
Stadion	το	**στάδιο, τα στάδια**
Stadt	η	**πόλη**
stark		**δυνατός,-ή,-ό**
statt		**αντί για**
Statue	το	**άγαλμα, τα αγάλματα**
Steak	η	**μπριζόλα, οι μπριζόλες**
Stimme	η	**φωνή, οι φωνές**
Strand	η	**παραλία, οι παραλίες**
Straße	ο	**δρόμος, οι δρόμοι, οδός, οι οδοί**
Straßenbahn	το	**τραμ, τα τραμ**
Streifen	η	**ρίγα**
Strumpf	η	**κάλτσα, οι κάλτσες**
Stück	το	**κομμάτι, τα κομμάτια**
Student	ο	**φοιτητής, οι φοιτητές**
Studentin	η	**φοιτήτρια, οι φοιτήτριες**
suchen		**ψάχνω (ψάχν-ω, -εις, -ει, -ουμε, -ετε, -ουν(ε))**
Süden	ο	**Νότος**
südöstlich		**νοτιοανατολικά**
südwestlich		**νοτιοδυτικά**
Supermarkt	το	**σούπερ μάρκετ**
süß		**γλυκός,-ιά,-ό**
Sweatshirt	το	**φούτερ, τα φούτερ**

T

Tag	η	**μέρα**
Tante	η	**θεία, οι θείες**
Tanz	ο	**χορός, οι χοροί**
tanzen gehen		**πάω για χορό**
Tasche	η	**τσάντα**
Tastatur	το	**πληκτρολόγιο, τα πληκτρολόγια**
tausend		**χίλια**
Taverne	η	**ταβέρνα, οι ταβέρνες**
Taxi	το	**ταξί, τα ταξί**
Tee	το	**τσάι, τα τσάγια**
Telefon(nummer)	το	**τηλέφωνο**
telefonisch		**τηλεφωνικός,-ή,-ό**
Telefonzelle	ο	**τηλεφωνικός θάλαμος**
Temperatur	η	**θερμοκρασία**
Tennis	το	**τένις**
teuer		**ακριβός,-ή,-ό**
Theater	το	**θέατρο, τα θέατρα**
Thessaloniki	η	**Θεσσαλονίκη**
Toast	το	**τοστ, τα τοστ**
Tochter	η	**κόρη, οι κόρες**
Toilette	η	**τουαλέτα, οι τουαλέτες**
Tomate	η	**ντομάτα, οι ντομάτες**
tragen		**φοράω (φορ-άω, -άς, ά(ει), άμε, άτε, ουν/άν(ε))**
Treppe	η	**σκάλα, οι σκάλες**
trinken		**πίνω (πίν-ω, -εις, -ει, -ουμε, -ετε, -ουν(ε))**
Tripoli	η	**Τρίπολη**
Tzatziki	το	**τζατζίκι, τα τζατζίκια**

U

U-Bahn	το	**μετρό, τα μετρό**
überhaupt nicht gut		**καθόλου καλά**
übermorgen		**μεθαύριο**
Uhrzeit/Stunde	η	**ώρα, οι ώρες**
um		**γύρω**
um (Uhrzeit)		**στις**
um 1:00/13:00 (Uhr)		**στη μία (η ώρα)**
um 8:00/20:00 (Uhr)		**στις οχτώ (η ώρα)**
um 8:30/20:30 Uhr		**στις οχτώμιση/οχτώ και μισή**
umsonst		**δωρεάν**
und		**κι, και**
und dir?		**εσύ;**
und Ihnen, euch?		**εσείς;**
ungefähr		**περίπου**
Universität	το	**πανεπιστήμιο, τα πανεπιστήμια**
uns (schwach)		**μας**
uns (stark)		**εμάς**
unten		**κάτω**
Unterhemd	το	**φανελάκι, τα φανελάκια**
Urlaub	οι	**διακοπές (nur Pl)**
Urlaub machen		**κάνω διακοπές**
Urlaubsbilder		**οι φωτογραφίες διακοπών**
USB-Stick	το	**στικάκι, τα στικάκια**

V

Vanille	η	**βανίλια**
Vanilleeis	το	**παγωτό βανίλια**
verbringen		**περνάω (περν-άω, -άς, άει, άμε, άτε, ούν(ε))**
Verkäufer	ο	**πωλητής, οι πωλητές**
Verkäuferin	η	**πωλήτρια, οι πωλήτριες**
verstehen		**καταλαβαίνω (καταλαβαίν-ω, -εις, -ει, -ουμε, -ετε, -ουν(ε))**
viel		**πολύς, πολλή, πολύ; πολλοί, πολλές, πολλά**

viel Spaß weiterhin		**καλή συνέχεια**
vielen Dank		**ευχαριστώ πολύ**
vielleicht		**ίσως, μήπως**
vier		**τέσσερα**
vierhundert		**τετρακόσια**
vierhundertfünfzig		**τετρακόσια πενήντα**
Viertel	το	**τέταρτο, τα τέταρτα**
Viertel nach		**και τέταρτο**
Viertel vor		**παρά τέταρτο**
Viertelstunde	το	**τέταρτο, τα τέταρτα**
vierter, -e, -es		**τέταρτος,-η,-ο**
vierzig		**σαράντα**
Volos	ο	**Βόλος**
von ... bis (Uhrzeit, Datum)		**από τις...μέχρι τις**
von/aus		**από**
vor		**πριν**
vorschlagen		**προτείνω (προτείν-ω, -εις, -ει, -ουμε, -ετε, -ουν(ε))**

W

Wald	το	**δάσος**
Wandern	η	**πεζοπορία**
Wärme	η	**ζέστη**
warum		**γιατί**
was		**τι**
Was heißt ... auf Griechisch?		**Πώς είναι...στα Ελληνικά;**
Was nehmen Sie?		**Τι θα πάρετε;**
Was sagst du?, Was sagt ihr / Was sagen Sie?		**Τι λες;, Τι λέτε;**
Waschbecken	ο	**νιπτήρας, οι νιπτήρες**
Wasser	το	**νερό**
Wasserhahn	η	**μπαταρία, οι μπαταρίες**
Wasserhahn	η	**βρύση, οι βρύσες**
Weg	ο	**δρόμος, οι δρόμοι, οδός, οι οδοί**
Weihnachten	τα	**Χριστούγεννα**
weil		**γιατί**
Wein	το	**κρασί, τα κρασιά**
Weintraube	το	**σταφύλι, τα σταφύλια**
weiß		**άσπρος,-η,-ο**
weißer, trockener, griechischer Wein mit Harz versetzt	η	**ρετσίνα, οι ρετσίνες**
weit		**μακριά, φαρδύς, φαρδιά, φαρδύ**
Welche Hobbys hast du?		**Τι χόμπυ έχεις;**
wenige (Pluralformen)		**λίγοι,-ες,-α**
wenige Male		**λίγες φορές**
wer (Pl)		**ποιοι, ποιες, ποια**
wer (Sg)		**ποιος, ποια, ποιο**
werden		**γίνομαι (γίνομαι, γίνεσαι, γίνεται, γινόμαστε, γίνεστε, γίνονται)**
Westen	η	**Δύση**
Wetter	ο	**καιρός**
wie (im Vergleich)		**σαν**
wie (in Fragesätzen)		**πώς**
wie (Vergleich)		**όπως**
Wie geht es dir?		**Πώς είσαι; Τι κάνεις;**
Wie geht es Ihnen/euch?		**Τι κάνετε;**
Wie heißen Sie?		**Πώς σας λένε;**
Wie heißen Sie? / Wie heißt ihr?		**Πώς σας λένε;**
Wie heißt du?		**Πώς σε λένε;**
wie lange		**πόση ώρα**
wie oft		**πόσο συχνά**
wie viel		**πόσος, πόση, πόσο**
Wie viel kostet das? / Wie viel macht das zusammen?		**Πόσο κάνει/έχει; (Sg.) Πόσο κάνουν/έχουν; (Pl.)**
wie viel Uhr ...		**τι ώρα...**
Wie viel Uhr ist es?		**Τι ώρα είναι;**
wie viele (Pluralformen)		**πόσοι, πόσες, πόσα**
Wind	ο	**αέρας**
Winter	ο	**χειμώνας**
wir		**εμείς**
wo (in Fragesätzen)		**πού**
Wo ist ...?		**Πού είναι...;**
Wo wohnst du?		**Πού μένεις;**
Woche	η	**εβδομάδα, οι εβδομάδες**
Wochenende	το	**Σαββατοκύριακο, τα Σαββατοκύριακα**
Wochentag	η	**μέρα της εβδομάδας**
Woher kommen Sie?		**Από πού είστε;**
Woher kommen Sie? / Woher kommt ihr?		**Από πού είστε;**
Woher kommst du?		**Από πού είσαι;**
wohnen		**μένω (μέν-ω, -εις, -ει, -ουμε, -ετε, -ουν)**
Wohnzimmer	το	**σαλόνι, τα σαλόνια**
wollen		**θέλω**
Wort	η	**λέξη, οι λέξεις**
Wurst	το	**λουκάνικο, τα λουκάνικα**

X

Xanthi	η	**Ξάνθη**

Z

zehn		**δέκα**
Zeit	ο	**χρόνος**
Zentrum	το	**κέντρο, τα κέντρα**
Zimmer	το	**δωμάτιο, τα δωμάτια**
Zitrone	το	**λεμόνι, τα λεμόνια**
zu Fuß		**με τα πόδια**
zu Hause		**στο σπίτι**
zubereiten		**φτιάχνω (φτιάχν-ω, -εις, -ει, -ουμε, -ετε, -ουν(ε))**
Zucker	η	**ζάχαρη**
zusammen		**μαζί**
zustimmen		**συμφωνώ (συμφων-ώ, είς, εί, ούμε, είτε, ούν(ε))**
zwanzig		**είκοσι**
zwei		**δύο**
zweihundert		**διακόσια**
zweihundertdreißig		**διακόσια τριάντα**
zweiter,-e,-es		**δεύτερος,-η,-ο**
Zwieback	η	**φρυγανιά, οι φρυγανιές**
Zwiebel	το	**κρεμμύδι, τα κρεμμύδια**
zwölf		**δώδεκα**

Alexandros Kiesler: 43.2;
Brigitte Slaats: 33.2;
Elke Biallas: 43.3, 46.3;
Fotolia, New York: 8.2, **40.9** (Galina Barskaya); 8.4, **51.3** (Rhombur); 8.6, **51.1**, **52.2** (MoniP); 13.3, **15.5** (Lorraine Swanson); **13.5** (Farida); **23.1** (endostock); **23.4** (pikselstock); **24.3** (David H. Seymour); **24.4** (TaoTina); **24.6** (Marco Bonan); **24.7** (Surflifes); **24.8** (Blende13); **29.7** (Konstantin Yuganov); **39.1**, **55.5** (H. Brauer); **39.3**, **51.2** (Dušan Zidar); **39.5**, **56.8** (kmit); **39.6** (ES); **40.3** (3d-Master); **40.4** (Andreas Karelias); **40.5** (Inger Anne Hulbækdal); **43.1** (goce risteski); **46.4**, **68.6** (pressmaster); **52.1** (foodinaire); **52.3** (luckylight); **52.7** (shadowvincent); **52.8**, **56.1** (HLPhoto); **55.1** (gourmecana); **55.2** (Yong Hian Lim); **56.3** (Bernd Kröger); **56.4** (Tomboy2290); **60.9** (StepStock); **71.5** (Grzegorz Kwolek); **71.7** (Vladislav Gurfinkel); **73.3** (Garret Bautista); **73.9** (Barbara Helgason); **73.10** (Aaron Kohr); **76.1** (Elena Kolchina); **76.9** (Sean Nel); **77.1-77.7 (Anna); 78.2**, **95.2** (Valentin Caragia); **90.12** (leprechaun); **91.8** (Kaesler Media);
Franziska Kurz: 43.6, 43.8;
Inken Armbrust: 8.1, 15.1, 15.2, 39.2, 40.1, 40.7;
iStockphoto: 8.5 (ulamonge); **13.6, 46.8 (EricVega);** 15.3, 94.8 **(LawrenceSawyer);** 15.5 (lisegagne); **16.2**, 48.3, 50.1, **89.1** (barsik); **16.3**, **33.1** (tomazl); **16.8** (loooby); **16.9** (Keito); **16.10** (SamVincent); **23.2** (pjjones); **23.3** (Ramsey); **24.5** (blowbackphoto); **29.2** (SKashkin); **29.3** (seanelliott); **29.5**, **75.4**; **76.4** (DrGrounds); **29.6** (bonniej); **29.8** (geotrac); **32.1, 33.4, 74.4, 89.6 (pappamaart); 32.2**, **33.8**; **68.2** (diane39); **32.4**, **33.6** (simonox); **32.5** (llandrea); **32.6** (ranplett); **32.7**, **33.5**; **39.4** (moevin); **32.8**, **33.7**; **56.7** (zimmytws); **33.3** (PhotoEuphoria); **40.8** (rbouwman); **43.4** (tunart); **46.1** (Sapsiwai); **48.1** (VickyLeon); **48.2**, **89.4** (JCollado); **48.4** (shazie28); **50.3** (jordanchez); **52.5**, **92.2** (pjohnson1); **52.9** (Vitalina); **55.4** (MarkGillow); **55.6**, **56.5** (winterling); **56.2** (nmated); **57.1** (choja); **57.2** (lewkmiller); **57.3** (Joas); **60.1** (Denisa); **60.2**, **61.4**, **94.5 (luba); 60.3** (mdilsiz); **60.5** (Paigefalk); **60.10** (kycstudio); **61.1** (phildate); **61.2** (double_p); **61.3** (gisele); **61.5** (timeless); **61.6** (forgiss); **62** (unaemlag); **68.3** (kevinruss); **68.4** (Creativalmages); **68.5** (kickstand); **68.7** (uniseller); **68.8** (apletfx); **71.1** (HHakim); **71.2** (Alyssum); **71.3, 74.7** (stephanie phillips); **73.4** (kati1313); **74.2, 94.6** (Irochka_T); **74.3**, **90.4** (ronen); **74.8**, **94.7** (DNY59); **75.2, 90.8** (Cimmerian); **75.5, 76.6** (abu); **76.3** (Bluberries); **76.5** (IschaGast); **76.7** (KameleonMedia); **82.2** (jpa1999); **85.3**, **90.1** (IrvStock); **85.5**, **89.7** (freefly); **85.6** (kickers); **89.5** (pianoman); **90.6** (ixer); **90.10** (Miles Sherrill); **91.1** (rzdeb); **91.5** (jsturgeon); **94.1** (TriggerPhoto);
Manuel Lino: 89.2;
Marlene Pohle: 47.1, 47.2, 47.3, 47.4;
Paweł Miedziński: 69; 84, 87;
PONS GmbH: 3, **4**, **5**, **34**, **48**, **78.3**, **78.4**, **91.3, 91.4, 91.7**, **95.3**, 95.4;
Shutterstock: 40.2 (ArchMan);
Stefan Theurer: 44.1, 44.2, 44.3, 44.4, 44.5, 44.6, 44.7, 44.8;
Stephan Dedio: 9.1, 9.2, 46.2;
Thinkstock: **Coverfoto (Ivan Bastien);** 8.3, **40.6** (ISO3000); **11** (Bonilla1879); **13.1** (onepony); **13.2** (YOONSOO ROH); **13.4**, **16.7** (Zoonar RF); **16.1** (oatawa); **16.4**, **46.7** (Digital Vision); **16.5** (Kurhan); **16.6** (Stockbyte); **24.1** (chrisinthai); **24.2** (Creatas Images); **29.1** (Ryan McVay); **29.4** (Michael Blann); **32.3**, **43.5** (jenifoto); **35.1** (Alexandra Grablewski); **35.2** (funkybg); **35.3** (baibaz); **35.4** (Allyso); **35.5** (bit245); **35.6**, **55.3** (Chepko); **35.7**, **52.4**, **92.5** (Purestock); **35.8** (Nungning20); **35.9** (anitha devi); **35.10** (roxanabalint); **50.2** (Designpics); **52.6**, **90.5** (moodboard); **60.4**, **60.6** (popovaphoto); **60.7** (NYS444); **60.8**, **94.3** (Tarzhanova); **61.7** (Ruslan Olinchuk); **61.8** (Rose_Carson); **68.1** (razihusin); **71.4** (Creatas); **71.6** (Jupiterimages); **71.8** (Aliaksandr Zabudzko); **71.11** (Alliya23); **73.1** (fotokostic); **73.2** (Push); **73.5** (el-rudakova); **73.6** (kieferpix); **73.7** (monkeybusinessimages); **73.8** (Rulles); **74.1** (kityowong); **74.5**, **94.9** (TongRo Images Inc); **74.6** (gopixa); **74.9** (Siri Stafford); **75.1** (DGLimages); **76.2** (NanoStockk); **76.8** (Wavebreakmedia Ltd); **77.9** (Glam-Y); **78.1** (Ingram Publishing); **82.1** (KatarzynaBialasiewicz); **82.3** (anyaberkut); **85.1** (Buccina Studios); **85.2** (Aleksandra Zlatkovic); **85.4** (dit26978); **85.7** (Anastasia Gapeeva); **85.8** (Say-Cheese); **85.9** (archideaphoto); **89.3** (Giselleflissak); **89.8** (Jack Hollingsworth); **90.2** (timonko); **90.3** (DianaRui); **90.4** (dmitriymoroz); **90.7** (BrianAJackson); **90.9** (Naypong); **90.11** (SonjaBK); **91.2** (Blackzheep); **91.6** (fad1986); **92.1** (SchulteProductions); **92.3** (nitrub); **92.4** (Olha_Afanasieva); **94.2** (jinjo0222988); **94.4** (Suradech14); **94.10** (DragonImages); **94.11** (AlexRaths);
Verena Herzog: 43.7, 46.5, 46.6;
Wolpert Fotodesign: **31.1-31.6**

PONS

Power-Sprachkurs
GRIECHISCH

Intensivkurs für Erwachsene – effizient & selbständig lernen
Mit umfangreichem Aussprachetraining und Online-Tests

von
Aristarhos Matsukas

Dieses Werk ist inhaltlich identisch mit 978-3-12-562248-7.

Der digitale Zugang zu den online angebotenen Zusatzmaterialien ist für mindestens zwei Jahre nach Erscheinen der aktuellen Auflage gewährleistet.

2. Auflage 2025

Redaktion: Inken Armbrust
Korrektorat: Caroline Michas
Logoentwurf: Erwin Poell, Heidelberg
Logoüberarbeitung: Sabine Redlin, Ludwigsburg
Tonaufnahme/Digital Mastering: Ton in Ton Medienhaus, Stuttgart
Gesprochen von: Kalliope Giannadaki, Ioannis Kominis, Aristarhos Matsukas, Fani Selou
Innenlayout/Satz: one pm, Petra Michel, Stuttgart
Druck und Bindung: Multiprint Ltd., Kostinbrod

ISBN: 978-3-12-566054-0